Mit 54 Jahren verschlägt es Betsy Lerner zurück an den Ort ihrer Kindheit nach New Haven in Connecticut. Hier lebt auch ihre verwitwete 83-jährige Mutter — diese räumliche Nähe birgt für beide Seiten durchaus Konfliktpotential. Aber Betsy will versuchen, eine Brücke zu bauen: Sie beschließt, an den seit über fünfzig Jahren stattfindenden Zusammenkünften der »Bridge Ladys« teilzunehmen. Gepflegten Damen der gehobenen Mittelschicht, die zusammen viel erlebt haben, aber alles gut hinter Perlenketten und Spielkarten zu verbergen wissen. Nach und nach versteht sie: auch wenn diese Frauen so ganz anders scheinen, bewegen sie dieselben Fragen nach Familie, Freunden und der Liebe.

BETSY LERNER arbeitet seit vielen Jahren als Literaturagentin. Sie ist Autorin mehrerer Bücher und wurde u.a. mit dem »Thomas Wolf Poetry Prize« und dem »Tony Goodwin Prize for Editors« ausgezeichnet. Mit ihrem Ehemann lebt sie in New Haven, Connecticut.

Betsy Lerner

Der Bridge-Club
meiner Mutter

Aus dem Amerikanischen
von Barbara v. Bechtolsheim

btb

Die amerikanische Originalausgabe erschien 2016
unter dem Titel »The Bridge Ladies« bei Harper Wave,
HarperCollins Publishers, New York.

 Dieses Buch ist auch als E-Book erhältlich.

MIX
Papier aus verantwor-
tungsvollen Quellen
FSC
www.fsc.org
FSC® C014496

Verlagsgruppe Random House FSC® N001967

1. Auflage
Genehmigte Taschenbuchausgabe März 2020
Copyright © 2016 Betsy Lerner
Copyright © der deutschsprachigen Ausgabe 2018
by btb Verlag in der Verlagsgruppe Random House GmbH,
Neumarkter Straße 28, 81673 München
Umschlaggestaltung: semper smile, München
Umschlagmotiv: © Getty Images/H. Armstrong Roberts;
© Shutterstock/dovla982
Druck und Einband: GGP Media GmbH, Pößneck
JT · Herstellung: sc
Printed in Germany
ISBN 978-3-442-71908-2

www.btb-verlag.de
www.facebook.com/btbverlag

Für Roslyn und Raffaella,
meine Mutter und meine Tochter

Inhalt

Vorwort 11

1. Eine eigene Sprache 23
2. Der Manhattan Bridge Club 44
3. Beim Griechen 51
4. Tausend Bette Cohens 74
5. Bingo 91
6. Wie ich deinen Vater kennenlernte 97
7. Erwartungen 130
8. Schnappen 148
9. Willkommen im Club 159
10. 1964 173
11. Schneiden 185
12. Selbstoffenbarung 193
13. Zickzack 211
14. Hol die Kinder von der Straße 226
15. Uhrzeiger 235
16. Die ganze Wahrheit 254
17. Bette in Flammen 274
18. Ist der Schüler bereit, kommt der Lehrer 293
19. Asche 305
20. Die Bridgedamen 326

Epilog 343
Danksagung 347

Du hast auf dieser Welt eine Mutter. Nur eine.
Harvey Fierstein, *Torch Song Trilogy*

Vorwort

Als Kind faszinierten mich die Bridgedamen. Regelmäßig tauchten sie in meinem Elternhaus auf, mit Haarspray, schimmernden Nylonstrümpfen und Lackhandtaschen samt Schließen, die wie Murmeln aussahen. Gerne begrüßte ich sie an der Tür, nahm ihnen die Mäntel ab, die ich dann im Flurschrank aufhängte, wo ich oft in den Falten des Nerzmantels meiner Mutter spielte. Ich beobachtete, wie sie um den Spieltisch herum Platz nahmen, ausstaffiert mit Bridgekarten, Aschenbechern, in Zellophan verpackten Zigarettenschachteln, Bridgeblock und Kristallschalen mit Bonbons. Auf Augenhöhe mit dem Bridgetisch überwachte ich gierig die Bonbons und plante hin und wieder flinke Kamikazeangriffe, um unbeobachtet von meiner Mutter ein paar davon zu ergattern. Während ich bei meinem Vater auf dem Schoß sitzen durfte, wenn er ein oder zwei Runden Rommé spielte, errichteten die Bridgedamen beim Spielen mit ihren Rücken eine quadratische Festung und verständigten sich dabei in ihrer merkwürdigen Sprache von Reizen und Stechen.

Als Teenager machte ich mich aus dem Staub, wenn die Bridgedamen kamen. Ich fand sie bescheuert. Sie arbeiteten nicht und bekamen offenbar nicht mal mit, dass der Feminismus die Welt eroberte. Billie Jean King hatte Bobby Riggs geschlagen, ein Tennismatch für den Geschlechterkampf, Gloria

Steinem hatte die Zeitschrift *Ms.* gegründet, und Helen Reddy eroberte mit ihren Songs die Herzen der Frauen. Für mich waren die Bridgedamen konventionell, ihr Horizont endete mit Familie, Synagoge und Gemeinde. Und ihre Rollen beschränkten sich auf Tochter, Mutter und Ehefrau. Darüber hinaus bildeten sie sich auch noch ein, dass ein Bridgenachmittag Spaß macht. *Ehrlich? Allen Ernstes?*

Ich wollte eine bessere Partie. Ich las Anaïs Nin und Henry Miller. Mit anderen Worten, ich war entschlossen, so früh wie möglich meine Unschuld zu verlieren und viele Beziehungen zu haben. Ich hasste unser provinzielles New Haven und meine Schule, die dermaßen der Konformität huldigte. Aus meiner Sicht war dort das kreativste Projekt für Mädchen, sich die Haare so lang wie möglich wachsen zu lassen, um beim nationalen Wettbewerb »Long & Silky« mitzumachen. Ich wollte bloß da rauskommen und mit all dem nichts mehr zu tun haben. In Tagträumen flüchtete ich mich nach New York, genau genommen nach Greenwich Village, wo ich Gleichgesinnte treffen würde, Dichter und Schriftsteller. Dann ging ich dort tatsächlich aufs College und blieb auch für das weitere Studium. Zwar gehörte ich nicht zum Inventar von Studio 54 oder Warhols Factory, aber ich baute mir ein eigenes Leben auf: Ich arbeitete im Verlag, heiratete schließlich und bekam eine Tochter.

Und dann kam alles anders. Nach zwanzig Jahren Leben und Arbeiten in New York wurde meinem Mann ein Job beim Verlag der Yale University angeboten. Auch ohne Google Maps war klar, wohin es gehen sollte: New Haven, die Stadt meiner Kindheit und Dreh- und Angelpunkt meines Leidens. Ich bestärkte ihn darin, die Stelle anzunehmen; was es eigentlich hieß, nach Hause zurückzukehren, begriff ich aber erst allmählich.

Für mich war die größte Herausforderung, dass meine Mutter nun regulär zu unserem Leben gehörte. Als ich noch in New York lebte, sprachen wir uns einmal pro Woche, Sonntagsgeplauder eben. Jetzt wohnte ich zehn Kilometer entfernt von ihr. Ich sagte mir, damit könnte ich umgehen. Immerhin war ich ja Mitte vierzig, als wir wieder in heimatliche Gefilde zogen, ich war selber Mutter, und dann flammten die Konflikte mit meiner Mutter doch wieder auf. Warum war das alles so emotional aufgeladen? Warum wurde ich immer wieder zum Teenager, sobald wir zusammen waren? War alles, was sie sagte, Kritik, oder hörte es sich nur so an? Wie wachsame Boxer schlichen wir umeinander herum. Einmal fragte sie mich, warum ich fettarmen Hüttenkäse kaufte und kein Magermilchprodukt – und erklärte damit fast einen Weltkrieg zwischen uns. Dabei ging es um Hüttenkäse, mein Gott! In der Sprache der Mutter-Tochter-Beziehung hieß das aber: War ich denn irgendwann einmal gut genug?

♦

Als sich meine Mutter im Januar 2013 von einer Operation erholen musste, wohnte ich bei ihr im Haus und kümmerte mich um sie. Zu dem Zeitpunkt wohnten wir schon seit mehr als zehn Jahren in New Haven, mein Vater lebte nicht mehr, meine Tochter war selber schon ein Teenager, wir hatten neue Freunde gefunden und kannten jeden. Ich war Partnerin in einer Literaturagentur und pendelte zweimal pro Woche nach New York, um meine Dosis Großstadt zu bekommen. Außerdem spendete Gott unserer netten kleinen Stadt seinen Segen und verlieh ihr einen Apple Store. Hatte ich irgendeinen Grund zu klagen?

Zwar freute ich mich nicht gerade übermäßig auf die Zeit mit meiner Mutter, aber mir war auch klar, dass die Aufgabe dadurch weniger mühsam war, dass sie mit ihren dreiundachtzig Jahren lieber Hilfe ablehnte, als sie zu fordern, was sich am besten mit dem bekannten jüdischen Witz zusammenfassen lässt: Wie viele jüdische Großmütter braucht es, um eine Glühbirne einzuschrauben? *Lass mal... ich sitze gern im Dunkeln.*

Jeden Tag kam eine ihrer Bridgedamen zu Besuch, in einem selbstverständlichen Turnus. Sie waren jetzt kleiner geworden, manche etwas unsicher, aber immer noch mit Schick, jederzeit passten Outfit, Accessoires, Pumps und Handtaschen farblich zusammen. Wenn sie meinten, ich sähe gut aus, fragte ich mich, ob sie mich eigentlich zu dick fanden oder ob sie mein wildes Haar störte. Wenn sie sich nach meinem Mann und meiner Tochter erkundigten, wurde mir immer wieder bewusst, dass sie bei allen Lebensritualen dabei gewesen waren: Sie hatten an meiner Bat-Mizwa-Feier teilgenommen, sie hatten bei meiner Hochzeit getanzt und zur Geburt meiner Tochter Geschenke geschickt. Ihre Großzügigkeit aber hatte ich nie so recht gewürdigt; vermutlich ahnten sie nicht, wie viel jugendlichen Groll und Respektlosigkeit ich oft gehegt hatte. Für mich waren sie alle gleich, eine wie die andere, wie die Präsidenten am Mount Rushmore, die nicht voneinander zu unterscheiden sind.

Demographisch gesehen hätten sich die Bridgedamen nicht ähnlicher sein können. Sie waren alle über achtzig, und sie hatten alle ein College besucht. Sie hatten jung geheiratet, und zwar jüdische Männer, und sie waren mit ihnen verheiratet geblieben. Sie hatten im Durchschnitt 2,5 Kinder bekommen. Keine von ihnen hatte gearbeitet, während sie die Kinder großzog, mit Ausnahme von Rhoda, die jene unsichtbare Barriere für Frauen durchbrach, als sie Vorstandsvorsitzende der Synagoge wurde. Sie erledigten die Einkäufe und kochten das Essen; das 1936 erschienene Kochbuch *The Joy of Cooking* war ihre Bibel. Sie holten die Kleidung in der Reinigung ab und hielten das Haus sauber. (Irgendwann, als es allen zunehmend besser ging, konnte sich dann jede eine Putzhilfe leisten.) Sie richteten das Zuhause ein und planten Urlaube, von den Catskills über Puerto Rico bis nach Rom.

Sie hatten die Depression und den Zweiten Weltkrieg erlebt. Einige ihrer Ehemänner waren in den Krieg gezogen. Sie waren bei der Bürgerrechtsbewegung dabei gewesen, beim Vietnamkrieg und auch bei der Frauenbewegung, selbst wenn sie nicht ihr Korsett abgelegt oder ihre BHs verbrannt hatten. Sie waren wohl schon zu alt gewesen oder in ihrer Welt zu behütet, um mit Betty Friedans *Weiblichkeitswahn* etwas anfangen oder das unaussprechliche Problem beim Namen nennen zu können. Sie hatten mitangesehen, wie ihre Kinder in andere Religionen hineingeheiratet hatten und ihre Enkel gemischtrassige Ehen eingegangen waren. In ihrer Jugend war Homosexualität komplett verheimlicht worden, wie beispielsweise bei den Filmstars Montgomery Clift und Rock Hudson. Und heute erleben sie, wie die gleichgeschlechtliche Ehe überall legalisiert wird.

Auch wenn nicht alle aus New Haven stammen, haben sie doch ihr ganzes Erwachsenenleben im weiteren Umkreis von New Haven gelebt, sie haben ihre Kinder hier großgezogen, vier von ihnen haben ihren Ehemann hier beigesetzt, und eine hat ihre Tochter hier verloren. Sie sind alle bei ziemlich guter Gesundheit (auf Holz geklopft, poch, poch, poch). Ihre erwachsenen Kinder können bei ihnen ebenso Stolz wie Sorgen auslösen. Auch wenn sie nicht angeben wollen, aber ihre Enkelkinder brillieren tatsächlich überall. Und an den Montagen treffen sie sich mittags seit fünfundfünfzig Jahren regelmäßig zum Lunch und zum Bridge, dem Kartenspiel, das in ihrer Jugend hoch im Kurs stand.

Bridge war das Fernsehen jener Tage. In den 1930er und 1940er Jahren spielte in 44 Prozent der amerikanischen Haushalte mindestens eine Person Bridge. Im Radio wurden Spiele übertragen, und in beliebten Filmen wie *Boulevard der Dämmerung* und *Der dünne Mann* kamen Bridge-Szenen vor. Robert Cohn, eine Figur in Hemingways Roman *Fiesta*, rühmt sich seiner Gewinnsträhne im Bridge. Der *New Yorker* veröffentlichte »My Lady Love, My Dove«, eine Geschichte von Roald Dahl, in der ein Paar dabei ertappt wird, wie es seine Gastgeber an einem Bridgeabend betrügt. Charles Goren war in aller Munde, als er das bis heute übliche System der Punktezählung einführte. Seine Bücher haben sich weltweit millionenfach verkauft und die Bestsellerlisten beherrscht. Seine Bridgekolumne erschien in fast zweihundert Zeitungen. Der Typ war ein Rockstar.

Dann kam das Fernsehen auf. 1954 hatten mehr als 80 Prozent der amerikanischen Haushalte einen Fernseher. Abende, die man beim Radiohören und mit geselligen Aktivitäten wie Bridge verbracht hatte, wurden durch das neue Medium verdrängt. Heute gibt es noch etwa drei Millionen aktive Bridgespieler, womit das Spiel quantitativ etwa dem Briefmarkensammeln und Fliegenfischen entspricht. 2015 stellte die *New York Times* nach achtzig Jahren ihre Bridgekolumne ein. Wie lange kann ein Spiel überleben? Keine der Bridgetöchter hat das Spiel erlernt, weder an der Seite ihrer Mutter noch im College, wo die meisten in den Lounges ihrer Mädchenwohnheime ihre Erfahrungen machten.

♦

Als jede der Damen dem grässlichen Winterwetter trotzte, um meiner Mutter einen Besuch abzustatten, war ich erstaunlicherweise froh, sie zu sehen, sogar fast außer mir vor Freude, als ich ihnen die Mäntel abnahm, wie ich es schon als Kind getan hatte, und in den Flurschrank hängte. Er war nicht mehr wie ein Kleiderkarussell in der Reinigung mit Mänteln und Hosen in Plastikfolien vollgestopft. Seit der Pelz meiner Mutter nicht länger getragen wurde, fristete der Schrank nur noch ein trauriges Dasein. Die Holzkleiderbügel klapperten aneinander wie Klangstäbe vor einem Sturm. Von meiner großen Sehnsucht nach meinem Vater, meiner zunehmenden Sorge um meine Mutter und von der Scham darüber, was ich früher von dieser kleinen Frauengruppe gehalten hatte, ließ ich mir nichts anmerken. Jede brachte eine Mahlzeit oder Brownies oder Plätzchen mit.

»Ich brauche sie wie ein Loch im Kopf«, pflegte meine Mutter zu verkünden, wenn sie gegangen waren, auch wenn wir dann das Gebäck nach dem Abendessen genüsslich verspeisten, während wir uns ein paar Episoden von *The Big Bang Theory* ansahen.

Als es meiner Mutter wieder gut ging, dachte ich noch oft an ihre Freundinnen vom Bridgeclub und wie deutlich sie sich von unserer Generation unterschieden. Schon ihre Namen standen für vergangene Zeiten: Bette, Bea, Jackie, Rhoda und meine Mutter Roz. (Auch wenn man Bridge zu viert spielt, gehören fünf Frauen zu dem Club. So können sie auch dann spielen, wenn mal jemand verhindert ist – die Show geht weiter.) Ich habe diese Frauen mein Leben lang gekannt, und doch kannte ich sie kaum. Ihre Unterstützung und Loyalität gegenüber meiner Mutter rührten mich. Sie selbst meint, die Bridgedamen hätten sich im Laufe der Jahre auseinandergelebt, ihre gegenseitige Zuneigung sei manchmal getrübt und ihr Leben durch die Folgen des Alterns eingeschränkt. Doch trotz der Differenzen und des Schweigens, das sich mit der Zeit aufgestaut hat, bleiben sie einander ergeben; sie sind pflichtbewusst, und ihre Liebe mag vielleicht hartherzig wirken, aber sie ist beständig. Mir ist ganz bewusst, dass, wenn ich einmal krank wäre, nicht so viele Freunde zu Besuch kämen. Wenn ich Glück hätte, bekäme ich ein paar SMS mit Smileys und Nachrichten auf Facebook. So bleiben wir zwar über die ganze Welt und für die Ewigkeit in Kontakt, aber ein Schmorbraten kommt auf diese Weise nicht ins Haus.

Ich fragte mich, was aus ihrem Leben geworden wäre, wenn sie unsere Möglichkeiten gehabt hätten. Haben sie von anderen Partnern geträumt? Beruhten ihre Ehen auf Liebesheiraten, oder waren sie zustande gekommen, weil ihre Ehemänner sie ernähren konnten, oder aus einer Kombination von beidem? Wenn ich meine Mutter fragte, ob sie meinen Vater liebte, war ihre Antwort immer dieselbe: Er ist ein guter Vater und ein guter Ernährer. Mir schien, dass ihre Fähigkeit zu wählen so wichtig war wie seine Fähigkeit, Geld zu verdienen. Und natürlich stimmte das auch. Für meine Mutter und für jede dieser Damen war ihr Schicksal weitgehend abhängig von ihrer Wahl des Mannes, den sie heirateten. Davon hing ihr finanzieller Wohlstand ab. Zweifellos bereiteten die Männer die Bühne, auf der die Frauen ihr Leben lebten.

»Ich habe mich deinem Vater gebeugt«, lautet die Erklärung meiner Mutter, auch wenn mich das nicht überzeugt. »Ich wollte es.«

»Mom«, antworte ich, »niemand *will* sich beugen.«

»Doch, ich wollte es wirklich.« Und sie meint es auch so. Oder sie bildet es sich ein. Ich kann mich an so manchen Tag in meiner Jugend erinnern, als dieses Sich-Beugen nicht besonders großartig aussah.

Ich wollte Hepburn und Tracy, Bogey und Bacall; ich wollte die große Liebe für sie, nicht so etwas Zaghaftes oder Ökonomisches. Aber die Damen sind von einem anderen Schlag. In erster Linie nehmen sie ihr Schicksal an. Sie sind sogar dankbar dafür! Sich erst einmal selbst zu lieben ist für sie unvorstellbar.

Wer hatte dafür schon Zeit, mit Mann und Familie, um die sie sich kümmern mussten? Sie stocherten nicht in ihrem Innenleben herum. Sie streckten nicht ihr Rückgrat auf Yogamatten, und sie verbrachten auch nicht Stunden um Stunden in Therapie, um über ihre Eltern zu klagen. Oh, diese teuren Stunden, in denen meine Freundinnen und ich unsere Eltern verdammten und gleichzeitig ihre Liebe suchten. Diese unsere Selbstbesessenheit, unseren Egoismus verstehen die Damen jedenfalls nicht.

♦

Als ich die Bridgedamen fragte, ob ich gelegentlich beim Spiel zuschauen dürfte, luden sie mich ein, montags erst beim Lunch und dann beim Bridge dabei zu sein, und manchmal auch zu sich nach Hause zu einem Gespräch über ihr Leben unter vier Augen. Anfangs war ich an den Alltagsdingen interessiert: Carpools, Vorbereitungen von Lunchpaketen, oder wie man einen Saure-Sahne-Dip mit Lipton's Zwiebelsuppenpulver anmacht. Ich wollte alles über ihre Lektüren von Dr. Spock und Dr. Seuss wissen, und wie es eigentlich war, nicht zuletzt mit Hilfe solcher Bücher eine Generation von Kindern großzuziehen, die mehr als jede andere anspruchsvoll und verwöhnt war: die Babyboomer. Mich interessierte auch, ob sie meinten, irgendetwas verpasst zu haben: die Pille, Drogen, Jimi Hendrix. Oder wie war es ihnen gegangen, wenn sie in den Jeans ihres Teenagers einen Joint gefunden hatten? Letztlich wollte ich wissen, was die Damen von all dem hielten, was für mich und meine Generation essentiell war. Ich wollte erfahren, ob wir etwas gemeinsam hatten, und was genau.

Ich hatte mir vorgestellt, ich würde ein paar Wochen zum Bridge gehen, aber am Ende blieb ich fast drei Jahre dabei. Als sie mir gegenüber offener wurden, fand ich ihre Geschichten anrührend und beeindruckend. Früher hatte ich gedacht, die Damen kennenzulernen lohne sich nicht; aber jetzt wollte ich alles von ihnen wissen, vor allem von meiner Mutter. Ich ahnte nicht, dass ich, indem ich ihre Welt kennenlernte, die Kluft zwischen den Generationen überbrücken würde, aber auch die persönliche Kluft, die bisher unsere Beziehung geprägt hatte.

Nach etwa einem Jahr begann ich mit Bridgeunterricht, und bei diesem Spiel konnte ich meine eigenen Defizite kennenlernen. Ohne besonders große natürliche Affinität zu dem Spiel blieb ich dabei, oftmals von den Damen ermutigt. Meine ältere Schwester, die über mein Vorhaben verblüfft war, fragte mich einmal mit ungläubiger Stimme: Spielst du eigentlich *gerne* Bridge? Magst du die Damen wirklich *gern*?

Heutzutage dreht sich bei den Gesprächen am Bridgetisch viel um Unfälle und Krankheiten, Tod und Sterben, und all dies ereignet sich ja auch bedenklich oft. An einem Montag sprachen die Damen über die vorherige Woche, als sie an einem Tag zu zwei Beisetzungen gehen mussten. »Du wirst uns für ziemlich morbide halten.« Betty lacht. »Aber das ist unser Leben.«

Allmählich verstehe ich. Der Tod schwebt über dem Bridgetisch. Wie könnten sie nicht Angst haben vor jenem falschen Schritt, vor jenem fatalen Sturz, bei dem sie sich das Hüftgelenk brechen und dann nicht mehr für sich sorgen können... oder noch Schlimmeres? Als ich Bea einmal fragte, woran eine Freundin von ihnen gestorben sei, sah sie mir in die Augen: »Alter, Betsy, hast du schon mal davon gehört?«

Zum Teil ist dieses Buch ein Gruppenbild der Damen, und es zeigt, was sie miteinander teilen, aber auch das, was sie für sich behalten. Genau wie meine Mutter äußern diese Frauen ihre Gefühle nicht. Leiden ist eine private Angelegenheit. Manchmal, wenn ich den Damen beim Bridgespielen zuschaue, sehe ich die jungen Mädchen, die sie einmal waren, und die Karten, die sie gezogen haben; es steht ihnen ins Gesicht geschrieben, wenn sie mit einem neuen Spiel beginnen, auch hier ist immer alles drin, Gewinn und Verlust, Erfolg und Misserfolg.

Je mehr ich über das unbeachtete Leben der Bridgedamen in Erfahrung brachte, desto besser verstand ich den holprigen Weg, der mich mit meiner Mutter verbindet. Auch dies ist unsere Geschichte.

Kapitel 1

Eine eigene Sprache

♠

Am Montag nach der Oscar-Preisverleihung 2013 traf ich mich zum ersten Mal mit den Bridgedamen. Rhoda war diesmal als Gastgeberin an der Reihe. Sie wohnt in einer winzigen Wohnung an einer kleinen Bucht. Ganz offensichtlich ist sie mit den Möbeln aus ihrer früheren Wohnung in Orange eingerichtet, einem Vorort von New Haven, wo sie siebenundzwanzig Jahre gelebt und ihre Kinder großgezogen hat. Der Esszimmertisch wirkt etwas zu groß und zu formell für den Raum, und die beiden Lampen, die das Sofa im Wohnzimmer flankieren, sind jeweils so groß wie ein Dreikäsehoch. Aber sie fühlt sich hier wohl; es sei die geeignete Verkleinerung, die beste Entscheidung, die sie je getroffen habe, sagt sie, während sie sich in ihrer Einbauküche umdreht, als würde sie ein neues Kleid vorführen. Das Allerbeste ist die Terrasse mit der schönen Aussicht aufs Wasser, wo sich Seeschwalben und Fischadler einfinden – unter ständigen Lichtspiegelungen.

Ihr Tisch ist mit Leinen und Porzellan gedeckt. Servietten sind in Silberringe gefaltet, das Vorlegebesteck ist wie eine Soldatenriege angeordnet, und vorgeschnittene Butterstücke liegen wie zusammengefallene Dominosteine in einer hübschen Schale.

Ein Duft von Nudelkugel, der durch die Wohnung zieht, weckt bei mir die Assoziation von Liebe und Geborgenheit –

wie schon immer. Auf dem Tisch steht eine tiefe Holzschale mit Salat. Am Rand der handbemalten Schale ist in hübscher Schrift Rhodas Name und der ihres verstorbenen Ehemanns zu sehen, also Peter und Rhoda. Überall in der Wohnung fallen Erinnerungen an ihr gemeinsames Leben ins Auge, aber ich bin auf diese Servierschüssel mit der volkstümlichen Schrift fixiert, die ihre Namen vereint. Ich frage mich, ob Rhoda die Inschrift sieht, ob sie sie traurig macht oder ob es einfach zur Szenerie gehört: seine Abwesenheit überall und nirgends.

Ich weiß nicht, was ich erwartet hatte, aber als die Bridgedamen bei Rhoda ankommen, wirken sie nicht gerade glücklich über das Wiedersehen, und sie begrüßen sich mit einer eher gezwungenen Freundlichkeit. Im Laufe der Zeit werde ich mitbekommen, wie sie einander mit Augenrollen, Schniefen und abwertender Körpersprache diskret Nachsicht und Erbitterung bezeigen. Nie küssen sie sich zur Begrüßung, auch keine Luftküsse gibt es. Keine Umarmung, überhaupt kein Körperkontakt. Ich frage mich, ob das immer so war. Waren sie als junge Frauen zärtlich, haben sie je ihre Gefühle gezeigt? Oder gab es da Rivalitäten und versteckte Allianzen zwischen ihnen? Hatten sie überhaupt Spaß? Es stimmt, dass ich einige meiner engsten Freunde nicht ausstehen kann; warum sollte dies bei den Damen anders sein?

Als meine Mutter mich sieht, tut sie, was sie immer tut. Wenn man nicht genau hinschaut, kann man es übersehen: diesen flüchtigen mütterlichen Blick. In wenigen Sekunden gelingt es ihr, meine Kleidung, meine Taille, den Glanz oder Nichtglanz in meinen Haaren zu inspizieren. Sie wird wissen, ob ich genug Schlaf hatte, ob ich Nägel kaue oder mich verlegen im Gesicht reibe. Zweifellos gibt es Mütter, die die Figur und das Outfit ihrer Töchter mit Stolz betrachten, aber für Roz und mich ist das, was ich anhabe und wie ich aussehe, ein

Kriegsschauplatz, und zwar seit ich meinen Kleidungsstil selbst bestimme.

Selbst wenn niemand es offen zugeben würde, die Bridge-damen haben – wie die meisten Frauen ihrer Generation – ihre Töchter auf potentielle Lebenspartner vorbereitet. Ja, sie haben uns für eine Ausbildung aufs College geschickt, aber sie hegten auch die Hoffnung, dass wir dort unseren künftigen Ehemann kennenlernen würden. Erst im letzten Frühjahr, 2015, äußerte meine Mutter den Wunsch, meine Tochter möge sich ein College mit einem guten Verhältnis aussuchen, und damit meinte sie nicht das Verhältnis von Lehrer zu Student. Die Ehe hatte für unsere Mütter eine hohe Priorität. Sie hatten Sorge um uns, dass wir dem Leben ohne den Schutz ausgesetzt wären, den in ihren Augen die Heirat eines jüdischen Ehemanns mit sich brachte.

Eine der Bridgetöchter formulierte dies folgendermaßen: »Sie gehören zu der Generation von Frauen, deren wesentliches Ziel nicht eine Karriere war, sondern einen Mann abzubekommen. Das war das Kapital.«

Diesen Druck lehnte ich ab, als ich Mitte zwanzig war. Ich wusste genau, wie dringend der Wunsch meiner Mutter war, dass ich heirate, und ich fühlte mich unzulänglich und nicht liebenswert, sogar wenn ich ihre veralteten Werte ablehnte. Ich wünschte mir eine Karriere; ich suchte nach einem Seelen-verwandten, nicht nach einer Essensmarke. Einmal fragte ich meine Mutter, was ihr lieber wäre: dass ich heirate oder den Nobelpreis gewinne. »Mach dich nicht lächerlich«, war alles, was sie darauf antwortete.

Ich stellte den Damen jeweils dieselben Fragen:

War für Sie immer klar, dass Sie heiraten würden?

Absolut.

Wäre es für Sie in Frage gekommen, einen nichtjüdischen Mann zu heiraten?

Niemals.

War für Sie klar, dass Sie Kinder haben würden?

Absolut.

Haben Sie sich je etwas anderes gewünscht?

Nein. (Außer Bette.)

Warum nicht?

Auf die Idee sind wir nie gekommen.

War es der Erwartungsdruck von außen, oder war es das, was Sie sich wünschten?

Beides.

In nur einer Generation sollte sich die ihnen bekannte Welt radikal verändern. Wenn ich mir die Bridgetöchter so anschaue, haben einige von ihnen jüdische Männer geheiratet, andere nicht, einige haben sich scheiden lassen, und einige, Gott bewahre, haben gar nicht erst geheiratet. Wir hatten Geburtenkontrolle und Universitätsabschlüsse, haben mit Männern geschlafen, mit denen wir nie eine Familie gründen wollten, wir zogen in Großstädte und lebten allein. Jedenfalls habe ich mich explizit in Opposition zu meiner Mutter definiert, indem ich Karriere und persönliches Glück für wichtiger hielt als Ehe und Kinder.

Mir ist völlig klar, dass in den Augen meiner Mutter die Art, wie ich auf ihre Bridgedamen wirke, ebenso ein Licht auf sie wirft wie auf mich. Und weil ich auf die Damen einen guten Eindruck machen möchte, bin ich durchaus bereit, mich anzustrengen, selbst wenn es für meine Mutter nie wirklich genug ist. Sie hätte gern, dass ich Make-up trage und Armbänder, Ohrschmuck oder dergleichen. Manchmal hat sie früher mit einem Anflug von Verzweiflung in der Stimme gesagt: »Nicht mal ein bisschen Lippenstift?«

Ich brauche sie gar nicht anzusehen, um zu wissen, was sie

anhat. Sie könnte ein Senior Model für Eileen Fisher sein, mit ihrer Garderobe von aufeinander abgestimmten Hosen, Oberteilen und Blazern. Perfekt wird ihr Outfit durch ihre schwarzen Mary-Jane-Pumps mit breiten Riemchen, Ohrringe und eine dazu passende Kette, die höchstwahrscheinlich von einem kuriosen Kunsthandwerksmarkt oder einem der angesagten Läden in New Haven stammt, wo sämtlicher Schmuck irgendwie ein Modell des Sonnensystems sein könnte. Aber ich zolle meiner Mutter Anerkennung dafür, dass sie ihre Kette und ihre Armbänder anlegt, ihre Bakelit-Ohrringe, die wie winzige Mah-Jongg-Steine aussehen, oder die goldenen, die an kleine Weinkörbe erinnern.

Ich staune, wie viel Sorgfalt die Frauen darauf legen, beim Bridge gut auszusehen, zumal ja niemand sonst da ist, den sie beeindrucken könnten. Aber darum geht es nicht: Diese Damen gehen nicht aus dem Haus, ohne sich in Schale zu werfen. Auszugehen ohne Lippenstift, wäre wie nackt draußen herumzulaufen. Als ich die Bridgetöchter frage, was sie von dem Montagsclub besonders in Erinnerung behalten haben, fällt ihnen als Erstes ein, wie die Damen sich kleideten. Sie waren elegant, damenhaft, immer mit Nylonstrümpfen, Pumps, Rock und Perlenkette, die Haare toupiert, gelockt, geglättet oder gesträhnt.

Ich sehe meiner Mutter an, wie erleichtert sie ist, dass ich bei meinem Besuch bei Rhoda »gut« aussehe. Was genau genommen heißt: nicht allzu schäbige schwarze Jeans, eine leger sitzende cremefarbene Bluse (»bloß kein Schwarz!«), Schuhe statt Turnschuhe und der einzige Schmuck, den ich je trage: eine goldene Taschenuhr mit einem eleganten Elfenbein-Zifferblatt, in das römische Ziffern eingraviert sind. Seit meiner Kindheit bewunderte ich sie und stöberte sie oft in den vielen Schmuckschatullen meiner Mutter auf. Als ich dann eines

Tages nach dem Collegeexamen nach Hause kam, was in meinem Fall eine gewisse Beschönigung ist, da ich es wegen einer schweren Depression kaum schaffte, und meine Mutter kam zufällig hinzu, wie ich die Uhr bewunderte.

»Nimm sie«, sagte sie.

Ich war erstaunt. Das konnte doch nicht ihr Ernst sein. Ich fühlte mich auf frischer Tat ertappt und lehnte ihr Angebot ab.

»Mir ist es lieber, dass du dich daran freust, solange ich noch am Leben bin«, beharrte sie.

Mir schien immer, dass dieses spontane Geschenk meiner Mutter ihre Art war, etwas zu vermitteln, was sie nie hätte sagen können, etwas, das immer ungesagt bleiben würde.

»Nimm sie«, drängte sie. »Ich möchte, dass sie dir gehört.«

Wenn an Montagen nachmittags Ruhe im Haus war, bedeutete dies, dass unsere Mütter beim Bridgespielen waren. Soweit wir eingeweiht waren, hätten sie eine Affäre mit dem Tennisprofi haben oder sich am Sisterhood's Stipendienfond vergreifen können. Wenn in New Haven jemand an einem Montag ermordet worden wäre, hätten die Damen ein überzeugendes Alibi gehabt. Was sie eigentlich am Bridgetisch taten, war ein Geheimnis. Sogar der Punkteblock mit seiner Zwei-Spalten-Aufteilung war wie ein Rätsel aus *Alice im Wunderland*: Wir und sie. *Wer waren sie? Wer waren wir?*

Dies war kein Spiel, das man an einem Nachmittag erlernen konnte, so wie Scrabble oder Monopoly. Es war auch nicht wie andere Kartenspiele. Nein, Bridge war komplex und definitiv nichts für Kinder. Dennoch gefiel mir alles am Kartenspielen: die Farben und ihre Symbole, die roten Cœurs und Karos, die schwarzen Piks und Treffs, bei denen ein Blatt für einen Glücksklee fehlte. Ich liebte die Rückseite der Karten: Manche hatten komplizierte Spirographenmuster, andere wiederum

Muster mit Tieren, Blumen oder mit Torbogen. Mein liebstes hatte in der Kartenmitte ein Paar geflügelte Engel und in den Ecken barbusige Meerjungfrauen. Besonders beeindruckte mich aber ein Kartenspiel, das mein Vater von einer Reise mitbrachte. Die Karten waren mit dem Pan-Am-Logo versehen, und er sagte, er habe sie geschenkt bekommen. Wie konnte so ein Schatz nichts kosten?

Ich spielte mit meinem Vater gerne War, dann Spit, dann Rommé. Ich liebte Piks und Cœurs, und bei einem Hearts-Spiel bei einem Übernachtungscamping, wo wir als kleine Gruppe bei Scheinwerferlicht auf dem Bett unserer Tutorin hinter einer Trennwand am Ende der Koje hockten, schnitt ich als die Beste ab.

Ehe ich alt genug war, irgendwelche Kartenspiele zu verstehen, erfand ich mir ein eigenes, das ich Kartenberg nannte. Ich warf eine Decke in die Luft und ließ sie in irgendeiner Form fallen. Dann legte ich die Karten in die Falten und Ecken und erschuf mir damit ein glückliches Imperium aus kaltäugigen Königen und verächtlichen Damen. Der Bube war der schneidige Prinz und die Zahlenkarten ihre ergebenen Diener. Manchmal musste ich die Decke mehrmals hochwerfen, damit sich genügend Wälle und Brüstungen ergaben, und am Ende sammelte ich die Karten ein und steckte sie wieder in ihr Etui, und die Decke blieb wie der blasse Umriss einer zerstörten Festung zurück.

Während sich die Damen zum Lunch in Richtung Rhodas Esszimmertisch bewegen, geht Bea geradewegs zum hinteren Tischende. »Wir sind zwar nicht streng«, sagt sie, »aber das ist mein Platz.« Heute ist sie ganz in Lila, dazu Metallic-Sneakers und Kristallarmbänder, die Regenbogen werfen, wenn das Licht sie richtig trifft. In dieser Aufmachung könnte Bea für das bekannte Gedicht von Jenny Joseph posieren: »Wenn ich alt bin, werd ich Purpur tragen«, in dem das Alter als Befreiung von traditionellen Konventionen und Erwartungen gefeiert wird. Das Gedicht hat mich immer aufgeregt, denn die traurige Tatsache ist ja, dass du, wenn du alt bist, eher Pampers und einen Notrufknopf um den Hals trägst. Aber für Bea gilt das nicht, sie ist rüstig, klug, witzig und die einzige der Damen, die verwegen genug ist, gelegentlich die F-Bombe fallen zu lassen. Bea ist kein alter Hippie und gehört auch nicht zur Protestbewegung, sie macht bloß ihr eigenes Ding und spielt somit eine Sonderrolle.

Rhoda bietet ihren Kugel an, und die Damen reichen einen Salat herum. Sie ist die Einzige, die einen »Gentleman-Freund« hat, der Begriff ihrer Generation für »Freund«. Auf dem Küchenbord und überall in der Wohnung stehen gerahmte Bilder von den beiden herum; bei einer Wohltätigkeitsveranstaltung, bei einer Kreuzfahrt, mit Freunden. In ihrem hohen Alter kam es unerwartet, aber ich bin überzeugt, dass sie deshalb einen so federnden Gang hat.

Ich fühle mich wie ein Eindringling. Gehöre ich dazu, oder beobachte ich? Versuche ich, sie zu beeindrucken, oder ist es umgekehrt? Ich sitze neben meiner Mutter, und es ist ziemlich merkwürdig, als wären wir Fremde in einem Zug. Wir sind bemüht, uns nicht zufällig zu berühren oder direkt anzusehen. Die Gespräche beginnen mit den Oscars. Alle haben die Preisverleihung zumindest teilweise gesehen. Die Damen sind rastlose Kinofans, selbst wenn die meisten Filme heutzutage ihrer Meinung nach »Dreck« sind. Wer den fremdsprachigen Film *Amour* gesehen hat, war begeistert; die anderen wollten sich die allzu genaue Darstellung von Demenz ersparen. In einem Anfall von bürgerlichem Stolz regen sie sich über den Drehbuchautor Tony Kushner auf, der in seinem Film *Lincoln* ihren Staat

Connecticut so darstellt, als hätte man hier gegen die Abschaffung der Sklaverei votiert. Sie konnten den Showmaster Seth MacFarlane nicht ausstehen. *Pah!* Er konnte Bob Hope nicht das Wasser reichen. Diese Klamotten kann man doch vergessen! »Schauspielerinnen sehen seit Jahren wie Nutten aus«, überbietet meine Mutter ihre Vorrednerinnen.

Das Gespräch wendet sich einem belanglosen Skandal im Jüdischen Gemeindezentrum zu, in dem es um Grenzüberschreitungen ging. In Rhodas Version hat der Vorsitzende jemanden bei einem öffentlichen Meeting »Arschloch« genannt. Sie hält sich die Hand vor den Mund, um den Kraftausdruck zu dämpfen.

»Gott sei Dank war er kein Nichtjude«, fügt Rhoda hinzu.

Ich bin verwirrt. »Soll das heißen, der Typ, der geflucht hat, war ein Jude?«

Alle Frauen wissen, dass dies zutrifft, und nicken zustimmend.

Ich bin immer noch verwirrt. Ist der Wutausbruch nicht »schädlich für die Juden«, wie man so zu sagen pflegt?

Nein, nein, erklären die Damen. Wenn ein Nichtjude geflucht hätte, hätte man ihn des Antisemitismus beschuldigt, und das wäre viel provokanter. Sie sind bereit, einen Schlag für die eigene Seite hinzunehmen, um schlimmere Erschütterungen zu verhindern. Ihre Logik ist für mich nicht nachvollziehbar, bis ich begreife, dass es das Ziel ist, möglichst wenig Wirbel zu machen und den geringsten Hauch von Antisemitismus abzuwenden. Ihre diplomatischen Bemühungen – und wie sensibel sie die Themen angehen – beeindrucken mich; wenn man doch die Bridgedamen in den Nahen Osten schicken könnte. Denn wer versteht sich besser auf die Kunst des Kompromisses als jemand, der mehr als fünfzig Jahre verheiratet ist? Rhoda beendet wie so oft das Gespräch mit ihrer üblichen Empörung über den Zeitgeist: »Das ganze Niveau des öffentlichen Diskurses geht den Bach hinunter.«

Schon der Bridgeclub an sich, vor allem seine Dauerhaftigkeit, verdeutlicht, wie die Damen Veränderungen ablehnen und den Status quo erhalten wollen. Wenn die Bridgedamen eine Entscheidung trafen, gab meine Mutter zumeist nach. Sie sind wie das Rathaus. Eine der Bridgetöchter sagte, sie seien wie der Supreme Court. Ihre Entscheidungen würden wie der Buchstabe des Gesetzes behandelt. Sie waren Expertinnen, die über Camps und Colleges Bescheid wussten; sie wussten Ärzte und Installateure, Mechaniker und Gynäkologen zu empfehlen; wo man den Teppich reinigen und Kleider säumen lassen konnte. Der Golfplatz war für die Männer, was der Bridgetisch für die Frauen war, faktisch das soziale Netzwerk ihrer Zeit. Man würde sich eher mit Gelehrten des Talmud anlegen, als die kollektive Weisheit der Bridgedamen in Frage zu stellen.

Heutzutage scheuen die Damen Auseinandersetzungen. Ich weiß, dass es meiner Mutter lieber wäre, wenn sie mehr aneinandergeraten würden. Sie liest mit Hingabe Zeitschriften wie den *New Yorker, Harper's, The Nation* und *The Atlantic*. Sie geht zu Vorträgen über Politik, Israel, Kunst und seit Neuestem über Black Lives Matter. Wie alle anderen hat sie eine ausgeprägte Meinung, aber trotzdem halten sie es mit der Binsenweisheit, dass man über Politik oder über Religion am besten nicht spricht. Und ich vermute, lange Zeit passte dies zu meiner Mutter auch ganz gut. Schließlich war es für sie als Sozialistin aus Brooklyn ein großer Erfolg, in ihren Kreisen anerkannt zu sein als eine Dame, die Golf und Tennis spielen gelernt hatte und dann zur *Sisterhood,* dem wohltätigen Damenclub der jüdischen Gemeinde, und schließlich auch zu drei Bridgeclubs gehörte.

Ihr Sozialismus, ihr Zionismus, all dies war vergessen, als wir nach Woodbridge zogen, in unsere wohlhabende Gegend nordwestlich von New Haven. Sie tauschte ihren Karl Marx gegen Emily Post, die Hohepriesterin der Etikette, als würde uns das

Befolgen ihres Rates jene gesellschaftliche Ungnade ersparen, mit der wir in früheren Zeiten am Pranger gestanden hätten. Die Landschaft schien wie ein Minenfeld zu sein, wo sie leicht stolpern konnte, wenn sie nicht wusste, welche Beziehungen die Leute miteinander hatten oder wer mit wem zur Schule gegangen war. Sie machte sich Sorgen um fast alle Aspekte des gesellschaftlichen Lebens: Was war bei Einladungen üblich, wie sprach man Einladungen aus, und wie erwiderte man sie? Margaret Mead hatte es da in Samoa leichter!

Ich verstand das einfach nicht. Sie ritt immer darauf herum, dass sie sich als Außenseiterin fühlte. Unser Vorstadthaus, zwei Autos und die Zugehörigkeit zur Synagoge und zum jüdischen Country Club, das alles kam mir ziemlich normal vor. Viel zu normal! Ihre Mutter war aus Russland emigriert, ohne Englischkenntnisse. Wie konnte sich meine Mutter, die aus Brooklyn über Stamford nach New Haven gekommen war, so fremd fühlen? Erst als ich viel älter war, wurde mir klar, dass meine Mutter sich wie eine Außenseiterin fühlte, weil sie sich selber so unzulänglich fand.

Als wir uns zu unserem ersten »offiziellen« Gespräch setzen, ist sie sehr darauf bedacht, mir von der Armut ihrer Familie in Jersey City zu erzählen, als wäre dies ein Ehrenabzeichen. Wir sitzen in meinem Wohnzimmer, und sie ist gut gekleidet und wie eine russische Matroschka-Puppe herausgeputzt, bunt bemalt mit vielen glänzenden Lackschichten. Sie war immer wie die kleinste Puppe, die sich nicht mehr auseinanderschrauben lässt.

Erst jetzt erinnert sie sich begeistert, wie sie ständig zur Miete wohnten, mit Linoleumböden und Kühlschränken, die mit Eisblöcken gekühlt waren, und dass sich die Verwandten über linke Politik stritten, ganz wie in einem Woody-Allen-Film, nur dass es nicht wirklich witzig war.

»Ist es das, worauf du aus bist?«, fragt sie und möchte es mir gerne recht machen.

Ich bin mir gar nicht sicher, was ich tatsächlich will, jetzt und hier. Mir kommt es merkwürdig und peinlich vor. Sollte ich meine Mutter nicht eigentlich kennen?

»Ich hatte eine Puppe«, erinnert sie sich stolz, ein Geschenk von der wohlhabenden Verwandtschaft, und einen roten Lieblingspullover mit Zopfmuster und einem Schlittschuhmotiv, den hatte sie zusammen mit ihrer Freundin Cookie Ginsberg gestrickt, deren Mutter ein Handarbeitsgeschäft hatte.

»Was ist Cookie für ein Name?«, frage ich.

»Was ist Cookie für ein Name?«, wiederholt meine Mutter. Ihre Art, eine Frage mit einer Frage zu beantworten, kommt unmittelbar aus dem jiddischen linguistischen Textbuch, und ich verstehe sofort, dass sie diese Frage töricht findet und auch keinerlei Absicht hat, sie zu beantworten.

»Erinnerst du dich an den Pullover?«, fragt sie hoffnungsvoll, »den mit dem Reißverschluss?«

Ich tue so, als könnte ich mich nicht erinnern, aber ich weiß genau, welchen Schlittschuhpullover sie meint – nur schäme ich mich, weil ich ihn nie mochte. Ich fand diese Stickerei primitiv, und der Reißverschluss funktionierte schlecht. Es war das einzige Objekt aus einem Leben, das ich nicht begreifen konnte, bedeutsam wie der gestickte rote Luftballon. Nur vermochte ich nicht, die kindliche Handarbeit meiner Mutter zu würdigen.

»Ich weiß, dass ich ihn lange aufgehoben habe. Ihr habt ihn als Kinder getragen. Ich weiß nicht, was am Ende damit passiert ist. Erinnerst du dich, der rote Pullover mit dem Zopfmuster?«

»So ungefähr«, sage ich, »klar, ich glaube schon.« Und dann sehne ich mich plötzlich danach – nach diesem peinlichen selbstgestrickten Kleidungsstück –, und ich sehe mich als Kind auf Schlittschuhen, wie ich mich mit hochrotem Gesicht abstoße und zur Mitte des Teichs in unserem Garten gleite. Aber es ist eine erfundene Erinnerung, eher ein Wunsch oder ein Bild, das ich mir zurechtgelegt habe, nachdem ich die Geschichte so oft gehört hatte.

»Ich kann mich an jeden Mantel erinnern, den ich je hatte«, erzählt sie mir stolz, insbesondere an einen taupefarbenen mit Persianerkragen und -manschetten, den sie bei ihrer Verlobung trug. Als ich frage, wie sie sich den leisten konnte, zögert sie nicht. »Wenn ich nur einen Mantel haben konnte, wollte ich den besten, und meine Mutter hat immer viel Geld für mich springen lassen.« Sie fügt hinzu: »So bin ich noch heute.«

Sie weist auch darauf hin, dass, anders als heute, ihre Kleidung damals jahrelang hielt, oder besser: Sie pflegte sie. Ihre versteckte Kritik entgeht mir nicht, der Angehörigen einer Wohlstandsgeneration. »Ich habe den Persianer jahrelang getragen, und dann habe ich ihn meiner Putzhilfe geschenkt. Und da sah er immer noch gut aus.«

Ein einziges Mal bekam ich ein Gespür für ihre verarmte Kindheit, und zwar als sie meine Schwestern und mich anschrie, weil wir nicht sorgsam mit unseren Sachen umgingen. Damals fand sie eine Bluse mit Etikett unter meinem Bett. Ich dachte, gleich würde ihr Kopf explodieren. Wir wüssten nicht, was ein Dollar wert sei! Wir könnten ihr Leben nicht verstehen, und wir hätten keine Ahnung, was sie früher alles entbehren musste. Wir seien verwöhnte Vorstadtgören, die alles mehrfach besäßen.

»Wir fühlten uns nicht arm«, sagt meine Mutter jetzt mit einem Anflug von Verwunderung in der Stimme. »Es war einfach so.«

Sie alle waren Kinder der Depression, die Damen, auch wenn sie behaupten, dass dies keinen Einfluss auf sie hatte. Sie waren zu jung, und ihren Familien blieb der vollkommene finanzielle Ruin erspart. Es ging nicht um »Haben« und »Nicht-Haben«, behaupten sie; jeder war ein Habenichts. Wenn man den Damen glaubt, war die Depression keine große Sache. Trotzdem, sie wussten den Wert eines Dollars zu schätzen und erinnerten sich noch, dass eine einzelne Zigarette einen Penny kostete, eine Straßenbahnfahrt zehn und der Eintritt ins Kino fünfundzwanzig.

♦

»Hier«, sagte meine Mutter und schob das Telefon zu uns, damit wir meiner Großmutter Guten Tag sagten. Mit ihrer Mutter zu sprechen schien immer eine Aufgabe, die mehr aus Pflicht denn aus Liebe erfüllt wurde. Ich dachte jedes Mal, meiner Mutter wären der russische Akzent und die altmodische Art meiner Großmutter peinlich. Sie hatte einen Haarknoten, der in einem Netz zusammengehalten wurde und wie ein umgedrehtes Vogelnest aussah. Sie färbte sich die Haare mit einem schuhcremeähnlichen Zeug aus der Tube schwarz. Beim Teetrinken hielt sie ein Zuckerstück zwischen den Schneidezähnen, und sie gebrauchte ausschließlich und reichlich Vaseline für den ganzen Körper und sammelte Pennys in alten Gläsern.

Erst jetzt spricht meine Mutter mit Stolz über die junge russische Immigrantin, die sich für einen Sprachkurs einschrieb, kaum dass sie Ellis Island passiert hatte. Ich vermute, meine Mutter hat ihre Geschichte verdrängt. Als sie uns endlich von der grausamen und tragischen Vergangenheit meiner Großmutter erzählte, konnte man sich gar nicht vorstellen, welch fürchterliche, traumatische Erfahrungen diese hübsche, höfliche Frau überlebt hatte. Sie und ihre beiden Schwestern hatten während der Kiew-Pogrome 1919 die Eltern zu Hause ermordet aufgefunden.

Ich möchte alles wissen, aber meine Mutter sagt nur, sie hätte während ihres ganzen Lebens Alpträume gehabt und im Schlaf geschrien.

»Es war sehr, sehr traumatisch.«

Als ich sie frage, wie sie das alles geheim halten konnte, zuckt sie die Schultern. »Was soll ich sagen – zum Schutz der Kinder. So bin ich erzogen. War das richtig? Vermutlich nicht.«

»Mom, wie konntest du uns das nicht erzählen?«

»Es war die Kultur, Betsy. Du kannst ja die Kultur in Frage stellen.«

»Hat sie sich nach Russland gesehnt?«

»Sie hat dieses Land hier geliebt, seine Werte, alles, wofür es stand. Ich kam an Washingtons Geburtstag zur Welt und mein Bruder am Wahltag. Meine Mutter hielt das für ein gutes Omen.«

Anfangs arbeitete meine Großmutter in einer Hutfabrik, aber als ihr Englisch besser wurde, bekam sie einen Job als Verkäuferin bei Russeks, einem gehobenen Kaufhaus in Manhattan.

»Sie liebte Kleider und kaufte sie mit ihren Rabatten. Sie liebte I.-Miller-Schuhe, eine ziemlich elegante Schuhmarke, so wie Ferragamo heute.«

Als ich dann wieder einmal in New York bin, suche ich das Schuhgeschäft auf der Siebenundvierzigsten Straße. Erst finde ich es nicht. Das Gebäude ist eingerüstet und von riesigen Kränen umgeben. Ich spähe durch die Bauzäune, und da ist es, ein ehemals großartiges Gebäude aus weißem Stein, der inzwischen fast ganz schwarz geworden ist. Der Laden hat Schauspielerinnen beliefert, und durch den Ruß erkenne ich die Namen Mary Pickford und Ethel Barrymore, die in die Fassade geritzt sind, wo früher an der Außenfassade des Gebäudes ihre Statuen standen, wie griechische Gottheiten. Ein Mann auf der Baustelle berichtet mir, dass es in ein paar Tagen abgerissen wird. Mich überkommt Panik; plötzlich habe ich das Gefühl, als würde diese kleine Einzelheit aus dem Leben meiner Großmutter vernichtet werden – und damit jede Spur von ihr. Am liebsten würde ich den Verkehr an der belebtesten Ecke von New York anhalten und allen erzählen, wie sie hier eingekauft hat, eine junge Immigrantin, die ihren Fuß wie eine russische Aristokratin ausstreckte, während ein Verkäufer einen Schuh für sie aus einer Hülle nahm.

◆

Aus eigener Erfahrung wusste ich, dass mein Großvater schwierig, ja verhängnisvoll war, er verdarb uns viele schöne Anlässe und fast jedes Festtagsessen. Einmal sprach er zwei Jahre lang kein Wort mit mir, nachdem ich ihm von einem speziellen italienischen Brot nichts hatte abgeben wollen, weil ich meinte, meine Tante habe vor, es für ein besonderes Essen »aufzuheben«. Ich war damals etwa zehn Jahre alt, als er mit der Faust drohte und donnerte: »Du verweigerst deinem Großvater ein Stück Brot!« Das war wie in der Bibel! Moses muss am Berg Sinai mitansehen, wie die Israeliten Götzen anbeten und um ein goldenes Kalb herumtanzen.

»Er geriet in Streitereien, wo auch immer er war.« Die Stimme meiner Mutter wird leiser, obgleich wir allein im Wohnzimmer sind und einander gegenüber auf dem Sofa sitzen. »Er ließ sich von niemandem etwas sagen, niemand war so schlau wie dein Großvater.« Ihr Ton war sarkastisch, wütend.

Alles konnte ihn in eine explosive Stimmung versetzen: etwas so Banales wie eine leere Milchflasche im Kühlschrank, eine ungebührlich zerknitterte Zeitung. Unsere Großmutter tat ihr Bestes, um seine Zornausbrüche zu beschwichtigen, damit er keine Szenen machte, vor allem in der Öffentlichkeit. Ich hatte nicht geahnt, wie meine Mutter sich danach gesehnt hatte, ihr Elternhaus zu verlassen, und wie düster ihre Gedanken manchmal waren.

Meine Großmutter sehnte sich auch danach, ihn zu verlassen, aber welche Alternativen hätte sie dann gehabt? Sie war neunundzwanzig, als sie heiratete, nach dem Standard der damaligen Zeit ein älteres Mädchen. Er war ein großer blonder Amerikaner, er hatte einen Job, und er hielt nach einer Woche um ihre Hand an. Zuerst erschien er wie vom Himmel gesandt. Sechs Wochen später waren sie verheiratet. Eine Frau in ihrem Wohnhaus, auch eine russische Jüdin, hatte ihren Mann verlassen und zog allein zwei Kinder groß. »Meine Mutter bewunderte sie und hatte zugleich Mitleid mit ihr. Einerseits konnte man es schaffen. Andererseits würde man dann besser in Sibirien abtauchen. Es war eine schreckliche *shonde*.« Eine Schande.

Als meine Mutter noch in der Grundschule war und sie von Jersey nach Brooklyn zogen, hörte sie, wie ein Lehrer sagte: »Wir verlieren immer die Guten.« Diese bescheidene Feder trug sie in den kommenden Jahren immer an ihrer Mütze, und es wirkte etwas stabilisierend gegen die Erniedrigungen ihres Vaters. Sie wünscht sich, ihre Mutter hätte eingesehen, dass die Ehe ein Ende haben musste, ein Ende hätten auch die Schikanen und ständigen Beleidigungen haben sollen, mit denen er die Familie überhäufte. Mehr als einmal beschimpfte er seine schlaue kleine Tochter. »Du warst schon immer dumm, du bist dumm, und du wirst immer dumm bleiben.«

Meine Mutter mochte tagein, tagaus Bridge spielen, lachen und schwatzen und Rezepte für Quiche Lorraine austauschen, aber das alles konnte nicht darüber hinwegtäuschen, dass sie eine Menge Geheimnisse und kindliche Verletzungen zu verbergen hatte. Noch immer sind sie da, zumindest für mich, diese Angst aus Unsicherheit, die düsteren, unerwartet ausbrechenden Stimmungen und die Traurigkeit, die sich hinter dem Schweigen verbirgt.

Ich wollte mich zu ihr hinwenden, aber sie hatte die Arme über der Brust verschränkt, die Lippen gespitzt, die Fältchen tiefer eingekerbt. Bisher hatte ich die Unsicherheiten meiner Mutter immer als flach abgetan: Hatten wir den richtigen Dekorateur angestellt? Passten die Schuhe zur Handtasche? Alles musste passen; jetzt verstehe ich, warum. Ich war ihr gegenüber respektlos, weil ihr nur wichtig war, wie die Dinge aussahen. Ich konnte nicht wissen, wie viel es da zu verbergen gab.

Ich merkte, dass meine Mutter anders war als die anderen Bridgedamen, anders auch als die meisten Mütter meiner Freundinnen. Sie war düsterer, launischer und schwerer zu verstehen. Gegen fünf Uhr, wenn ein pflichtgemäß zubereiteter Braten im Ofen schmorte, ließ sich meine Mutter fallen, verbarrikadierte sich hinter ihrer geliebten *New York Times* und zündete sich eine Zigarette an. Ich sah ihr an, wie müde sie war, wenn sie sich so durch ihre Pflichten mühte. Wenn sie uns mit dem Auto abholte, war sie manchmal zu spät, brachte kaum ein Wort der Entschuldigung heraus und fuhr dann die langen grauen Straßen unserer Stadt entlang, als wäre sie auf dem Weg zu einer Hinrichtung. Oder wie sie einen Stapel Taschentücher meines Vaters bügelte und dabei jedes einzelne so fest glatt drückte, als wolle sie die Cholera ausmerzen.

Oft, zumindest kam es mir oft vor, kam mein Vater von der Arbeit nach Hause und fragte, ob sie daran gedacht habe, in die Reinigung zu gehen oder irgendetwas anderes zu erledigen. Dies war oft nicht geschehen, nein, das hatte sie nicht getan. Indem ich mich mit meinem Vater identifizierte, machte ich es mir zur Aufgabe, die Welt der Unzulänglichkeiten meiner Mutter zu verbessern, und dafür erfand ich ein Spiel, das ich unverblümt »Erledigungen« nannte. Ich fuhr mit dem Fahrrad in unserer Sackgasse herum und über den holperigen Rasen und erledigte die Einkäufe, ging zur Post und vieles mehr. Unsere quer geteilte Haustür wurde zum Bankschalter, der Abfallbereich war die Reinigung und so weiter. Ich plauderte vergnügt mit den Angestellten und dankte ihnen, während sie das Wechselgeld herausgaben.

Trotzdem hätte ich meine Mutter nicht für die 08/15-Fernsehmütter wie Carol Brady oder Shirley Partridge eintauschen wollen, die ich oft in meinem Stumpfsinn nach der Schule gesehen hatte. Manchmal konnte sie witzig und unverschämt und durchaus unkontrolliert sein. Zu Hause fluchte sie und war überkritisch mit anderen, wobei sie eine Augenbraue zu einem bösen Gesichtsausdruck anhob, um ihrem Argument Nachdruck zu verleihen. Es war hinreißend, wenn sie kein Blatt vor den Mund nahm, statt ihre geschönte Meinung zu äußern, die sie in der Öffentlichkeit abgab. Manchmal konnte ich sie derart zum Lachen bringen, dass sie in die Hose machte; andererseits schaffte ich es oft nicht einmal, ihre Aufmerksamkeit zu erregen.

Am Ende solcher langen Tage, wenn mein Vater vor dem Fernseher schlief und meine Mutter sich ins Schlafzimmer zurückgezogen hatte und die Küche längst dunkel war, hörte ich, wie die Programme der Geschirrspülmaschine durchliefen, und sah den Dampf davon wie einen blassen Geist aufsteigen.

Nach dem Lunch frischen die Bridgedamen ihren Lippenstift auf, jede hält einen kleinen Spiegel und ein Farbtübchen vors Gesicht. Ich kann mir gar nicht vorstellen, wie viele Tausende Male sie sich Farbe auf die Lippen gegeben haben. Sie halten die Spiegel schräg, um ihr Gesicht in einer bestimmten Perspektive zu sehen, als würden sie in einen Rückspiegel schauen. Ich frage mich, wen sie dann sehen – die jungen Frauen, die sie einmal waren, oder Gesichter, die von den tiefen Linien des Alters gezeichnet sind.

»Her mit den Moneten«, sagt meine Mutter und beginnt, in ihrem Portemonnaie zu kramen. Der »Einstand« ist ein Dollar, und allmählich lerne ich, dass die Damen, wenn sie ihre Dollars herausziehen, so tun, als stünde viel mehr auf dem Spiel. Sie legen die Geldscheine auf den Teetisch, und wenn eine von ihnen kein Kleingeld hat, tun sie, als wolle sie sich drücken.

Rhodas aufklappbarer Bridgetisch steht bereit, auf Beinen, so dünn wie Besenstile, und darum herum vier Klappstühle. Die Karten mit den Pfauen, der Punkteblock und ein Bleistift sind ordentlich in eine Tischecke gelegt. So wie sie jetzt sitzen, mit angewinkelten Ellbogen und geschlossenen Knien, sehen die Damen gezierter aus, als sie sind. Während die Karten gemischt und ausgeteilt werden, bleibt das Gespräch gewöhnlich unterbrochen. Sie wahren die Ruhe nicht zwanghaft, sondern sind sogar geselliger als ernsthafte Spielerinnen. Aber sie halten sich an eine unausgesprochene Regel wie die, dass viel Reden eben zu viel ist. Dann geht es rundum ans Reizen: *1 Cœur, Pass, 1 Pik, Pass, 1 Sans-Atout, Pass, 3 Sans-Atout.* Ich erinnere mich an diese merkwürdige Geheimsprache meiner Kindheit.

Irgendwann langweilt mich das alles schrecklich, und ich würde am liebsten nach meinem Telefon sehen. Ich habe es für diesen besonderen Anlass im Auto gelassen. Bisher weiß ich nicht viel über diese Damen, aber würde ich nach meinem Handy schauen und SMS oder E-Mails schreiben, würde ich bestimmt in ihrer Achtung sinken. Und zwar deutlich. Es ist nicht leicht, das Tempo herunterzufahren und sich auf Bridgezeit umzustellen, insbesondere an einem Montag, wenn die Welt wieder am Schreibtisch sitzt, wenn ich an meinem sitzen und E-Mails von Autoren und Herausgebern durchforsten sollte. Aber es hat auch etwas Beruhigendes, hier zu sein, als gäbe es sonst nichts auf der Welt. Ich lehne mich in Rhodas Sofa zurück. Sie werden bis in die Nachmittagsdämmerung hinein so weiterspielen. Ich lausche, wie die Karten gemischt und ausgeteilt werden. Das ist nicht gerade ein Wiegenlied, aber dennoch beruhigend.

Am Ende eines Spiels ziehen die Damen ein Resümee, wie das Spiel gespielt wurde: Sie schimpfen über eine schlechte Verteilung, loben eine gute zweite Farbe, und manchmal passen die Hände, wie sie sagen, genau richtig. Ich habe keine Ahnung, wovon sie reden, bei ihrem Spiel in dieser ganz eigenen Sprache.

Kapitel 2

Der Manhattan Bridge Club

♠

Ich bin zu früh da. Niemand ist hier, bis auf einen älteren Mann, der an einem Kartentisch sitzt und sich mit Sudokus beschäftigt. Er schaut nicht auf, als ich hereinkomme. Der riesige Saal mit Bridgetischen und Stühlen führt mir vor Augen, dass New York eine Million versteckte Inseln hat, wo sich Enthusiasten zum Volkstanz, Kuchenbacken, Töpfern – und in diesem Fall zum Bridgespielen treffen. Ich weiß, dass ich hier richtig bin, aber ich hatte nicht erwartet, den Club zwischen irgendwelchen Büros in einem Hochhaus in Midtown zu finden. Draußen vor der Tür hängt ein einfaches Schild mit schwarzer Aufschrift: MANHATTAN BRIDGE CLUB. Seit 1977 gibt es diesen Club, auch wenn er nicht die ganze Zeit an dieser Stelle war.

Der Veranstaltungsort macht einen abgenutzten Eindruck, wie ein altes Kartenspiel. Auf den Tischen stehen jeweils vier rote Plastikkästen mit laminierten Karten, größer als Spielkarten, mit Laschen für jede Farbe. Ich erfahre, dass dies Biddingboxen sind. So etwas habe ich noch nie gesehen. Die Bridgedamen gebrauchen sie nicht. Am Getränkeautomaten im Eingangsbereich kann man für fünfzig Cents Sprudel bekommen; bin ich in der Zeit zurückgebeamt? Ist Bridge ein derartiger Anachronismus? Auf dem Flur, der zu dem Hauptraum führt, steht ein langer Tisch mit blasenförmigen Snackspendern aus Plastik, die sich wie trinkende Spielzeugvögel nach vorn schieben, wenn man Brezeln, M&Ms, Fruchtbonbons, Oreos und Salzstangen zieht. Um jeden Irrtum auszuräumen: Bridgesnacks sind eine ernste Sache.

Im Hintergrund gibt es einen Tresen. Ich höre Rumoren, und schließlich taucht eine Frau mit einem großen Tablett auf und beginnt, ein Büfett aufzubauen. Es gibt eine Theke für Kaffee und Getränke und weitere Snackautomaten. Diese Verlockungen werden mich durch alle Bridgestunden anlachen, aber das ist eine alte Geschichte.

Mich überkommt Angst. Es ist lange her, seit ich etwas Neues gelernt habe. Ich sage mir, dass es ganz natürlich ist, nervös zu sein. Ich stehe am Empfang und bemühe mich, gelassen auszusehen, während ich die an der Wand befestigten Anzeigen über Turniere und Ranglisten immer wieder überfliege. Endlich kommen ein paar Leute herein und begrüßen sich, alle mittleren Alters und älter. Einige setzen sich, andere belegen Tische und streben zum Büfett. Dann werden es immer mehr, und untereinander herrscht ein entspannter, freundschaftlicher Ton, während man sich um die Tische schart. Ein Mann tritt hinter den Empfangstresen, beginnt, Geld zu zählen, und macht deutlich, dass er nicht gestört werden will. Und noch mehr Leute finden sich ein, es wird allmählich laut. Zu heiß ist es hier, wie in vielen alten Bürogebäuden in Manhattan, wo die Ventilatoren zischen und spucken. Ich möchte einen Keks. Ich möchte flüchten. Gerade da kommt eine Dame herüber und fragt mich, ob ich wegen des Anfängerkurses hier bin. Ja, mein Blick hellt sich auf, das bin ich.

Zwei verglaste Zimmer werden für Unterricht, Vorträge und für – was für eine tolle Bezeichnung – »betreutes Spielen« genutzt, als wären wir Kindergartenkinder auf einem eingezäunten Spielplatz. Wir werden abgetrennt platziert, damit wir die ernsthaften Spieler und die diversen Turniere im Haupt-saal nicht stören. Ich bin erleichtert, meine Sachen ablegen zu können und den Mantel auszuziehen, in dem ich allmählich schmore. Zwei andere Personen gesellen sich dazu: eine Britin, die »angenehm« bellt, wenn man sich ihr vorstellt, und ein fülliger Mann, der aussieht, als fühle er sich irgendwie schuldig, vielleicht hat er sich die Taschen mit Keksen vollgestopft. Er und ich gelten als Anfänger, und die englische Dame hat früher gespielt, besteht aber darauf, dass sie alles vergessen hat!

Im Laufe der Zeit werde ich im Manhattan Bridge Club vielen Leuten begegnen, die zur Auffrischung kommen, oder weil sie noch einmal von vorn anfangen. Es kommt mir vor wie bei den Weight Watchers, zu denen man in schwierigen Zeiten immer mal wieder zurückkommt in der Hoffnung, es diesmal richtig zu machen, in der Hoffnung, dass etwas hängen bleibt. Manche haben als junge Leute gespielt und wollen wieder damit anfangen. Manche haben einen Ehepartner, der spielt, und sie wollen jetzt gemeinsam spielen. Zwar fügen sie schnellstens hinzu, dass es sehr verunsichernd ist, sie sind besorgt, dass sie es nie auf das Niveau ihres Ehepartners schaffen, als könnten sie leichter alle sieben Chakren beleben und sich leidenschaftlich lieben als ein Blatt mit Sans-Atout spielen.

Ich merke sofort, dass unsere Lehrerin besonders sachlich vorgeht. Barbara ist groß und attraktiv und professionell. Sie mischt die Karten präzise und hält sie dabei in einem engen Bogen, wenn sie andersherum mischt. Während sie das erste Blatt austeilt und dabei im Uhrzeigersinn vor jedem eine Karte ablegt, erklärt sie uns in wenigen Worten das Spiel.

»Ziel ist, Stiche zu gewinnen. Wir wollen hier Stiche holen. Verstanden?«

Ja, ich nicke stumm.

»Hat jemand von Ihnen schon mal Hearts gespielt?«

Ja, haben wir!

»Gut! Hier gelten dieselben Prinzipien.«

Bei Hearts gibt es vier Spieler, wie beim Bridge, und die Karten werden gleich verteilt, dreizehn pro Spieler. Bei beiden Spielen muss jeder Spieler in der Farbe ablegen, die führt. Die höchste Karte in der Farbe bekommt den »Stich« und bestimmt das nächste Blatt. Dies ist das Prinzip des »Bedienens«. Hearts ist einfach, weil man nur versucht, die eigenen Cœurs abzuwerfen, wenn man die Farbe nicht bedienen kann, was erklärt, warum ich das Spiel im Sommerlager beherrschen konnte. Aber da endet der Vergleich auch schon.

Beim Bridge, erklärt Barbara, gibt es zwei Bestandteile, die das Spiel ausmachen: die Reizung und das Abspiel. Beim Bridge ist die Reizung eine »Versteigerung«, und es gibt komplizierte Regeln für das Reizen. Barbara beginnt langsam genug – für Kleinkinder. Der erste Schritt, belehrt sie uns, bedeutet, die eigenen Karten nach Farben zu ordnen und dann zu zählen, wie viele Punkte man hat. Figuren bekommen einen Zahlenwert: Ass – vier Punkte, König – drei, Dame – zwei und Bube – eins. *Kinderkram.* Nur gibt es dann, erklärt Barbara, eine Hierarchie unter den Farben, von unten nach oben: Treff, Karo, Cœur und Pik. Cœur und Pik sind die »Oberfarben«. Treff und Karo werden als »Unterfarben« bezeichnet. *Tut mir leid, Treff und Karo.*

Barbara geht zur Tafel hinüber und klopft zur Betonung mit der Kreide, während sie die Zahl 26 aufschreibt. Wir suchen nach einem »Fit«. Bridge spielt man mit einem Partner, du und dein Partner, ihr versucht, durch die Reizung herauszufinden, ob eure Karten zusammen sechsundzwanzig Punkte ergeben oder mindestens acht Karten derselben Farbe, die dann die Trumpffarbe wird. Wenn das noch nicht kompliziert genug ist, kann man auch »Sans-Atout« spielen. Zum Bridge gehört offenbar, dass es für Verwirrung im Kopf sorgt.

Plötzlich sieht Barbara wie eine Krähe aus, die auf uns zusteuert. Sie ist sehr klar in ihrer Ansage: Gemeinsam mit dem Partner braucht man sechsundzwanzig Punkte und mindestens acht Karten einer Farbe, um hoffentlich zehn der möglichen dreizehn Stiche zu schaffen und somit Bonuspunkte zu gewinnen. *Bonuspunkte?* Jetzt schreibt sie wie wild weitere Zahlen an die Tafel, um zu zeigen, wie viele Stiche erforderlich sind, um einen Teilkontrakt zu spielen. *Teilkontrakt?* Dann geht es immer schneller mit den Zahlen; es ist wie ein Förderband, das sich ohne Vorwarnung beschleunigt. Ich schreibe sie alle in mein Notizbuch, aber es könnte ebenso gut ein Computercode sein. Schlimmer noch, ich bin zu eingeschüchtert, um Fragen zu stellen und meine mangelnden Rechenkünste preiszugeben. Die Britin scheint mitzukommen. Der andere Mann ist völlig ahnungslos und lächelt wie ein Elf aus der Keebler-Werbung, wie er sich Kekse in den Mund stopft. Ich bin da irgendwo in der Mitte, mit der Tendenz zum Werbe-Elf.

Nun legt Barbara ein rechteckiges Behältnis in die Mitte des Tisches mit vier Einschüben, in denen jeweils dreizehn Karten stecken. Auch die vier Richtungen des Tisches sind darauf markiert: Nord und Süd (die Partner sind) und Ost und West (ebenfalls Partner). Ein Pfeil auf dem Kartenbehälter zeigt auf den Geber. Eine solche Vorrichtung habe ich noch nie gesehen, aber ich verstehe allmählich, dass es ein Board ist und beim Turnierbridge gebraucht wird, wo jeder Tisch gegen sich selbst und gegen andere Tische spielt. Aber zum Zweck des Unterrichts werden diese Boards gebraucht, damit die Farben einfach sind, und dann sollten wir, wenn alles gut geht, die Grundprinzipien der Reizung begreifen und ausführen können.

Aber es geht nicht alles gut.

Als Geber muss unser Elf eröffnen. (Ich bin höchst erleichtert, dass ich aus der Patsche bin.) Er starrt auf seine Karten.

Dann sieht er sich im Zimmer um, als verfolge er eine Fliege in ihren Bahnen. Die Britin fächert ihre Karten, danach sich selbst. Der Luftmangel ist bedrückend, aber ihre Geste hat auch etwas Feindliches. Ich werde begreifen müssen, dass es an Bridgetischen langes Warten geben kann, vor allem bei Anfängern, und es wäre außerordentlich unhöflich, jemanden zu drängen. Erst jetzt kaut Elf, was er im Mund hat, wobei sich ein Schimmer von Schweißperlen auf der Stirn bildet.

Schließlich interveniert Barbara. »Wie viele Punkte haben Sie?«, fragt sie den verschreckten Mann.

Er zählt noch einmal mit einem hörbaren Flüstern die Punkte seiner Oberkarten und zeigt dabei mit dem Zeigefinger auf jede einzelne.

Dann ein lautes Ausatmen der Britin.

»Wie viele?«, wiederholt Barbara und treibt ihn an.

»Dreizehn?« Eher eine Frage als eine Antwort.

»Und haben Sie fünf von einer Oberfarbe?«

Der Elf nickt Ja und zittert vor Unsicherheit.

»Und was für eine Farbe ist es?«

Er sieht so drein, als würde er gleich in die Hose machen.

»Sind es Piks?« Ihr Ton wird milder und paradoxerweise furchterregender.

»Ja.« Jetzt ist der Elf erstaunt, als wäre ein Zauberer an ihre Stelle getreten. Woher wusste sie, dass er Piks hat?

Schon bald war mir klar, dass die Lehrer diese Lehrboxen gut kannten und eigentlich wussten, was jeder auf der Hand hatte. Trotzdem war es immer etwas irritierend, wenn ein Lehrer einen über den Tisch hin fragte, warum wir eine bestimmte Reizung nicht machten oder eine bestimmte Karte nicht abwarfen, als könnte er Gedanken lesen. Wenn sie uns in die Karten gucken konnten, was wussten sie dann sonst noch?

An jenem Abend ging ich zutiefst entmutigt und zugleich

mit neuem Schwung nach Hause. Ich wusste gleich, dass dieses Spiel für mich nicht leicht sein würde: zu viele Zahlen und zu viel Gedächtnis. Wenn man mich um meine Telefonnummer bittet, nenne ich oft versehentlich die von einer früheren Anschrift. Ich muss meine Sozialversicherungsnummer immer nachsehen, wenn ich danach gefragt werde. Passwörter sind eine unglaubliche Herausforderung für mich. Und selbst für die einfachste Addition zähle ich noch mit den Fingern. Das hier ist mehr als eine Herausforderung: Ich habe ein Handicap. Aber es hat mir auch Spaß gemacht, ich fand es anregend. Ich habe keine Hobbys. Ich habe meine Hände nie in den Boden gegraben. Nie Vergnügen daran gefunden, eine Brühe einzudicken. Ich war verblüfft, dass dies etwas war, was ich tatsächlich genießen könnte, jetzt und wenn ich einst älter wäre, wie die Damen. Zudem hatte ich bereits den Schritt gewagt und die Angst durchgestanden, etwas Neues zu erlernen.

Aber da war noch etwas. Ich spürte eine unmittelbare Affinität zu dem Spiel selber. Nicht dass ich je gut darin werden würde, aber bereits an diesem ersten Abend spürte ich, dass Bridge eine Metapher für viele Dinge ist.

Kapitel 3

Beim Griechen

Anfangs hatte ich, als ich beim Bridge dabei sein konnte, die Hoffnung, dass es ähnlich wäre wie bei den Selbsterfahrungsgruppen oder Rap-Sessions der 70er-Jahre, wo die Frauen offen und in allen Einzelheiten über ihr Leben sprachen. Natürlich hatte ich nicht erwartet, dass die Bridgedamen mit Handspiegeln ihre Vagina untersuchen würden, keine Sorge, aber ich dachte, sie wären direkter, offener und hoffentlich auch etwas klatschsüchtig. Stattdessen merkte ich, dass sie sich über niemanden abfällig äußern, niemals über etwas sprechen, was sie bedrückt, und keine tiefen Gefühle teilen. Drei unausgesprochene Gebote sind in Stein gemeißelt:

Du sollst nicht neugierig sein.

Du sollst nichts enthüllen.

Du sollst nichts mitteilen.

»Warum habt ihr all diese Tabus?«, frage ich meine Mutter, nachdem mir im Laufe der Wochen aufgefallen ist, wie schweigsam die Damen sind.

»Es ist, wie es ist.« Ihr Allgemeinplatz für die Turbulenzen des Lebens.

»Warum redet ihr nicht über das, was euch bedrückt?«

»Tun wir halt nicht.«

»Was könnte passieren?«

Meine Mutter zuckt mit den Schultern, aber später wird mir

Bette einmal erzählen, dass die Frauen früher aus dem Club rausgeworfen wurden, wenn sie sich nicht an die ungeschriebenen Anstandsregeln hielten. Wer zu viel redete oder das Falsche sagte, flog raus. Eine besonders arge Missetäterin war in den 1970er Jahren eine Frau mit einem Vitaminfimmel, die man dabei ertappt hatte, wie sie den anderen die gesundheitlichen Pluspunkte von Vitaminen anpries. Noch schlimmer, sie wollte sie für deren Verkauf nach einem Pyramidenschema einspannen. Ich frage Bette, wie der Club sie loswurde. Ihr ist es peinlich, darüber zu sprechen: Man hat sie einfach nicht mehr angerufen.

Wirkte meine Gegenwart einschüchternd auf sie, oder waren Bridgeclubs viel eher wie langjährige Ehen, wo man lieber schweigt, im allseitigen Interesse? Niemand ändert sich, nicht nach über fünfzig Jahren. Eine meiner Bridgelehrerinnen sagte mir einmal, dass sie und ihr Mann aufgehört haben zusammenzuspielen, und zwar um der Ehe willen. Sie hielt sich gerne an die Regeln, er spielte lieber nach Gefühl. Anfangs war das aufregend; um Gottes willen, sie hatten sich bei einem Bridgeturnier kennengelernt. Aber schließlich brachte es mehr Konflikte, als eine Partnerschaft aushält.

Im Laufe der Zeit sehe ich Männer und Frauen, die sich gegenseitig mit ihren Fehlern öffentlich in den Schatten stellen. Sie wissen, dass sie in der Öffentlichkeit sind, aber beim Bridge schlagen die Wellen eben hoch; ein einziger Fehler kann ein ganzes Spiel ruinieren, und falsch zu reizen, vermag den Partner in die Klemme zu bringen. Der einzige registrierte Mord ereignete sich 1929 in Kansas City. Ein Ehepaar hatte ein schlechtes Blatt. Sie reizte zu hoch. Daraufhin verlor er das Spiel. Sie nannte ihn einen Penner. Ihm rutschte die Hand aus. Daraufhin erschoss sie ihn.

Die Damen laufen nicht Gefahr, beim Bridge über die

Stränge zu schlagen. Sie haben sich und ihr Spiel unter Kontrolle. Oft hängen Gedankenblasen in der Luft. Was würde passieren, wenn die Damen ihre Ängste und Frustrationen zur Sprache brächten, wenn sie beim Schlag einer Glocke ihren Hut in den Ring werfen würden, statt wie die Katze um den heißen Brei herumzureden?

Als Bea als Gastgeberin an der Reihe ist, lädt sie die Damen zuerst beim Griechen zum Lunch ein, danach geht es in ihre Wohnung zum Bridge. Das Restaurant ist wie aus *Saturday Night Fever*, mit dunkelroten Ledernischen, verspiegelten Wänden und Kristallleuchtern ausgestattet. Seit meiner Schulzeit hat sich hier kaum etwas verändert. Hier trafen wir Schüler uns meistens nach dem Sport oder nach Diskussionsrunden oder Chorkonzerten. Nach einem Fußballsieg ließ sich das ganze Team samt Cheerleadern hier nieder. Als ich ankomme, um Bea zu begrüßen, kommt es mir fast so vor, als würde ich sie alle gleich wiedersehen. Noch während ich auf Bea zugehe, zeigt sie auf ihren Kindersitz: »Ich werde kleiner, Betsy, was soll ich sagen?«

Sie winkt die Bedienung her: »Omar, meine Freundin möchte bestellen, und ich nehme das Übliche.« Omar zwinkert ihr zu. Vielleicht macht er nur zum Schein mit, aber ich habe das Gefühl, dass er Bea mag; vermutlich ist sie die einzige Kundin in der ganzen weiteren Umgebung, der es der Mühe wert war, sich seinen Namen einzuprägen. Ich nehme an, er ist so Mitte dreißig, sieht mit seinen pechschwarzen Haaren gut aus und scheint in sich zu ruhen. Er notiert meine Bestellung und nimmt die Speisekarten wieder mit. Bea erinnert ihn daran, dass sie ihr Roggenbrot gerne ohne Saatenkörner hat. »Notiert, Mama«, sagt er, offensichtlich ohne diesen Hinweis zu benötigen, und flüstert mir hinter der Speisekarte zu: »Zweiter Frühling.« Und zwinkert wieder.

Als ich Bea bitte, mir etwas über ihre Heimatstadt zu erzählen, sagt sie lustlos, sie erinnere sich nicht, was sie am Vortag zum Lunch gegessen habe, als wäre dieses Erinnern so schwer wie der berühmte grüne Kalkstein, der in ihrer Heimatstadt Bedford, Indiana, abgebaut wird.

»Früher hat man diesen Stein für das Empire State Building verbaut, das kann man bei Google nachsehen«, fügt sie stolz hinzu.

Obwohl sie behauptet, sie erinnere sich nicht, beschreibt Bea nun den Hauptplatz der Stadt, und während sie dabei zu der fluoreszierenden Beleuchtung aufschaut, flattern ihre Augenlider. »Da war das Gericht, das Hotel, ein Lebensmittelhändler, ein Futtermittelgeschäft und ein Billigladen.« Zufrieden mit sich und ihrem Erinnerungsvermögen, wird Bea munter und sagt: »Wie finden Sie das?«

Bea beendet oft einen Satz mit einer Frage, aber beim ersten Mal wusste ich noch nicht, ob sie eine Antwort erwartet oder etwas betonen möchte.

Bei jedem einzelnen Gespräch mit den Damen behaupten sie, dass sie sich an nichts erinnern, als wären sie von einer kollektiven Amnesie betroffen. Erinnerungen schweifen eigentlich nicht zurück, vielmehr hängen sie wie Buchstaben auf einer leuchtenden Sehtesttafel an der Wand, einige sichtbar, andere blass und noch nicht erkennbar. Für Bea wird die staubige Stadt Bedford bunt, als ihre Erinnerungen wieder lebendig werden, wie der Bantamhahn, der in den Hühnerstall der Nonnen eindrang und alle Hühner nacheinander befruchtete!

»Sie haben sich bei meinem Vater bedankt,« sagt Bea, noch immer amüsiert. »Diese Nonnen hatten noch nie im Leben so viele Hühner.«

Ein Lehrer namens Craigy Gunn predigte, dass man sich nicht über den Namen anderer Leute lustig machen soll. »Und bei einem solchen Namen weiß man, warum! Aber es ist trotzdem ein guter Rat«, sagt sie und klopft auf den Tisch, wie ein Arzt einem die Kniereflexe testet. Und in der Basketballsaison feuerte sie jeden Freitagabend die Jungens an, die immer von dem Team aus Gary, Indiana, geschlagen wurden.

»Gary war eine Stahlarbeiterstadt«, erklärt mir Bea. »Diese jungen Leute waren riesig!«

Ein kleines Mädchen in der nächsten Sitznische, vielleicht zwei Jahre alt, streckt den Kopf herüber und starrt uns an. Als ihr Bea zuwinkt, duckt sich die Kleine schnell weg, taucht dann nach ein paar Momenten wieder auf wie ein Periskop in einem U-Boot. Die Mutter sieht uns entschuldigend an.

»Sie ist goldig«, sagt Bea, als sich die Kleine auf unsere Sitzbank hinüberhangelt, während die Mutter sie an den Fesseln zurückzieht. Da fällt mir auf, dass für Bea der Grieche ihr Bedford ist. Mit der Zeit merke ich, dass sie das mit allem so macht, wo auch immer sie hingeht: die Suppenküche, das Seniorenzentrum, wo sie zweimal pro Woche Karten spielt, der Pool in ihrem Wohnhaus. Wenn Leute da sind, möchte sie die kennenlernen, sie zumindest begrüßen. *Man fühlt sich da wohl, wo die Leute einen mit Namen kennen.*

»Wir waren eine von drei jüdischen Familien in Bedford. Und mit unserem Namen: Bernstein! Wie finden Sie das, Betsy?« Beas Eltern kamen als Teenager über Philadelphia in die Vereinigten Staaten, sie ließen sich eine Weile in Cincinnati nieder, wo sie sich kennenlernten, sich etwas Englisch aneigneten und Nähen lernten, und dann zogen sie weiter gen Westen in die Kalksteinhauptstadt der Welt. Irgendwie brachten es der rumänische Immigrant und seine junge Frau mit ihrem schweren Akzent und den dunklen Locken zum Erfolg, schließlich eröffneten sie ein Bekleidungsgeschäft im Stadtzentrum, Bernsteins Damenkonfektion.

Bea weiß nicht mehr, wie sie einen Laden eröffnen konnten ohne eine einzige Beziehung oder auch nur einen Kontakt.

»Keine Ahnung. Ich war ein Kind.«

Ich wette, ihr Vater hat erst einmal Stoff von einem Handkarren verkauft, wie so viele Immigranten. Bea meint, sie hätten den Laden gehabt, seit sie sich erinnern kann. Ihre Mutter zog die Mannequins im Schaufenster wie lebensgroße Puppen an, je nach Jahreszeit. Ihr Vater hatte sich eine Nische geschaffen, indem er Mode aus New York verkaufte. Diese Kleider waren teurer als die wertlosen »*schmatas*« des neu eröffneten Kaufhauses J. C. Penney und weniger kostspielig als beim Schneider.

Sie ist dafür dankbar, dass sie in Bedford nie mit Antisemitismus konfrontiert war. Das Einzige, was das Geschäft ihres Vaters von anderen Läden in der Stadt unterschied, war, dass sie an Rosch Haschana und Yom Kippur geschlossen hatten, dann fuhren sie zu den Feiertagsgottesdiensten nach Louisville. Jetzt dämpft sie ihre Stimme, damit es nicht angeberisch klingt.

»Wir hatten ein Auto, Betsy. Nicht jeder hatte das.«

»Fünfzig Cent beiseite, fünfzig Cent pro Woche.« Bea pocht mit den Fingern auf den Tisch und erklärt noch einmal, wie ihr Vater Ratenzahlungen einrichtete. Er verstand sich darauf, mit dem Geldumlauf umzugehen, noch ehe diese Terminologie überhaupt geläufig war. Und so schaffte er es durch die Depression. In den Augen seiner kleinen Tochter konnte er nichts falsch machen. Sie bewohnten ein zweistöckiges Haus mit Holzfußböden und Orientteppichen. Bea bekam ein hübsches Zimmer mit Luftballons auf der Tapete.

»Ich hatte alles, Betsy.«

Die Bernsteins hatten auch immer eine Haushaltshilfe, die bei ihnen wohnte, und ihr Vater behandelte die jungen Frauen, die für sie arbeiteten, stets fair, sie wurden mit Vornamen genannt und wohnten wie Familie mit im Haus.

»Es war nicht *The Help*, Betsy«, sagt Bea. »Wenn ich Steak esse, isst du Steak. Wenn ich Kuchen esse, isst du Kuchen. So war das bei uns zu Hause.«

An diesem Montag kommen die Damen beim Griechen an und nehmen ihre Plätze ein. Bea ist damit beschäftigt, von Tisch zu Tisch zu gehen und jeden, der hereinkommt, zu begrüßen, viele mit Gehhilfen, einige im Rollstuhl, einer mit einem Plastikschlauch, der sich aus einem tragbaren Sauerstofftank in seine Nase schlängelt. Einige sind mit ihren Haushaltshilfen hier, vornübergebeugt oder wie Gnome geschrumpft. Die Bridgedamen werden unruhig, was sie durch tiefe Seufzer und Schulterzucken verdeutlichen, während Bea weiter die Runde macht. Ich merke, dass die Damen ungeduldig sind. Sie möchten ihr Essen bestellen, damit dann bei Bea das Spiel beginnen kann. Ich habe auch den Eindruck, dass ihnen all diese Gebrechen peinlich sind. Die Damen sind gut in Form. Sie fahren noch immer Auto, außer Jackie, die nach einem Sturz noch etwas unsicher auf den Beinen ist. Sie fahren zur Oper, zu Broadway-Shows und in die Museen nach New York. Meine Mutter ist im letzten Sommer zu einer Hochzeit nach Israel gereist und hat in ihren Ferragamos Hora getanzt. Es ist nicht leicht mitanzusehen, wie diese weniger glücklichen Gefährtinnen durch Sturz oder Krankheit zu Fall gekommen sind. Man möchte Mitgefühl mit ihnen haben, gleichzeitig hat man auch das Bedürfnis, sich zu distanzieren. Alter ist nicht ansteckend. Aber man will es eben nicht abbekommen.

Allmählich mache ich mir auch Sorgen um meine Mutter, sie ist ungewohnt spät dran. Jede der Damen bemerkt dies, eine gemeinsame Sorge geht um. Meine Mutter ist extrem pünktlich, bei Verabredungen und Aufführungen immer rechtzeitig da. Sie geht etwa dreißig bis fünfundvierzig Minuten früher los, wo auch immer sie hinmuss, mit Rücksicht auf den Verkehr, einen möglichen Toilettenbesuch, Parkplatzsuche und die unvorhergesehene Katastrophe. Festzulegen, um welche Zeit man sich trifft oder losgeht, ist bei ihr inzwischen zu einem ständigen Verhandlungsthema geworden. Ich hatte eine Weile gebraucht, um zu merken, dass sie mehr Zeit wollte, weil sie mehr Zeit brauchte. Früher hatte sie die Energie von zehn Männern. Jetzt konnte oder wollte ich nicht begreifen, dass bei ihr alles langsamer ging. Inzwischen habe ich mich damit abgefunden und erledige die Dinge in ihrem Tempo. Ich verstehe. Außerdem gibt es nichts Schlimmeres, als mit ihr im Auto zu sitzen, und sie bildet sich ein, dass wir zu spät kommen. Dann trommelt sie mit ihren lackierten Fingernägeln auf die Wagentür und atmet heftig aus, wie ein Kiffer nach einem kräftigen Zug aus der Wasserpfeife.

Als meine Mutter schließlich ankommt, bringt sie keine Entschuldigung vor, aber sie hat einen merkwürdigen Gesichtsausdruck. Als ich sie später frage, was los war, sagt sie verlegen, sie sei beim Zeitunglesen auf dem Sofa eingeschlafen. Einmal hörte sie die Klingel nicht, und ich ging ins Haus und durch den langen Eingangsflur unseres Hauses, um sie dann auf dem Sofa vorzufinden, den Kopf nach vorn gekippt. Ich hatte gleich die schlimmsten Vorstellungen. Ich wollte nicht »Mom, Mom« rufen und sie an der Schulter schütteln. Ich fürchtete ihren Tod. Nachdem ich dann allen Mut zusammengenommen hatte, um näher zu treten, richtete sie sich auf. Um meine Angst abzuschütteln, sagte ich mir, dass dies das bestmögliche Ende wäre. Meine Mutter, die mit ihrer geliebten *New York Times* sanft entschläft, eine Rezension von Ben Brantley über ein Stück lesend, das sie nach seiner Empfehlung sofort sehen will. Meine Mutter spricht über Ben Brantley, als kenne sie ihn persönlich und wäre seit Jahrzehnten mit ihm im Gespräch. Wenn ihr ein

Stück missfällt, das er anpreist, möchte sie ihn erwürgen. »Ich könnte diesen Ben Brantley erwürgen.« Und wenn es ihr gefällt, ist alles wieder vergeben.

Als die Bedienung mit unseren Getränken kommt, bittet Rhoda um Süßstoff, und die Kellnerin holt ein schmales gelbes Päckchen aus ihrer Schürze. Als sie weg ist, erklären die Damen, dass die Kunden den Süßstoff mitgehen lassen, weshalb man ihn nicht mehr auf den Tischen vorfindet. Ich gebe zu, dass ich mein Sweet'n Low bei Dunkin' Donuts klaue. Nach kurzem Schweigen gesteht Bette, dass ihr Mann das auch tut. Ich kann mir gar nicht vorstellen, wie viele rosafarbene Tütchen weltweit schon geklaut wurden.

»Mädels, wisst ihr, was ihr bestellen möchtet?« Die Kellnerin sinkt in die Hüfte zurück.

Mädels?

Nachdem die Kellnerin unsere Bestellung aufgenommen hat, frage ich die Damen, wie sie es finden, Mädels genannt zu werden. Meiner Mutter passt es überhaupt nicht, Bette und Rhoda haben nichts dagegen. Jackie sagt, dass sie sich dadurch jung fühlt. Bea ist es gleichgültig. Das ist alles. Kein Gespräch über das Älterwerden, darüber, wie es ihnen gefühlsmäßig geht oder wie es war, jenseits der fünfzig unsichtbar zu werden und jetzt, da sie über achtzig sind, wie Kinder behandelt zu werden. Meine Frage führt zu nichts, wie ein flacher Stein, der die Wasseroberfläche streift und dann herabsinkt.

Der Grad an Intimität zwischen meinen Freundinnen und mir ist den Bridgedamen ein Gräuel. Ich fragte Bette einmal, ob sie eine Ahnung hätte, wie offen wir miteinander sind, und sie stellte sich vor, es wäre wie in *Sex and the City*. Okay, *so* offen sind wir nicht. Wir reden nicht über Enthaarung der Intimzonen, aber wir reden ständig und über alles. Wir sind besessen von der Arbeit, besessen von unseren iPhones, besessen von uns selber. Wir sind ständig mit unseren Kindern befasst und fragen uns, ob wir gute Eltern sind, was kein Thema war, als unsere Mütter uns großzogen. Wir reden über Gesundheit, Gesichtspflege und Mammografie. Wir reden über Lena Dunham, über ihre Filme und ihr Leben. Kürzlich gab es in einer langen Nacht mit drei Freundinnen eine detaillierte Beschreibung einer Colon-Hydrotherapie und ein lebhaftes Gespräch darüber, was Betrug bedeutet. Wir unterhalten uns über Bücher und Filme, und es macht uns nichts aus, wenn wir unterschiedlicher Meinung sind. Wir reden über Hillary und wie es wäre, wenn wir eine Präsidentin hätten.

Wir vergleichen unsere Therapienotizen und unsere Probleme so unbefangen, wie wir über ein neues Restaurant oder über ein Yogastudio sprechen würden. Eine lässige Unterhaltung auf einer Cocktailparty kann durchaus so beginnen: »Wie meine Therapeutin sagte«, oder »wie ich zu meiner Therapeutin sagte.« Wenn man über jemanden herausfindet, dass er noch nie in Therapie war, entsteht der Eindruck, es fehle irgendwie an Selbsterkenntnis. Ich habe einen Freund, der einmal sagte, er habe in der Therapie nie geweint. Also, entgegnete ich selbstgefällig, dann gehst du nicht wirklich hart an die Arbeit.

Heutzutage und zunehmend häufiger sprechen wir über die Demütigungen des mittleren Alters: Rückenprobleme und Darmspiegelungen, Haarefärben und den Horror, braune Flecken auf dem Handrücken zu entdecken. Noch machen wir uns keine Sorgen um den Hals, aber bis zu den Halstüchern und Schildkrötenhälsen ist es nicht mehr weit.

◆

Im Laufe all der Therapiestunden habe ich viele Tränen geweint auf dem langen Weg, mein Haus aufzuräumen, wobei ich wechselweise meiner Mutter für all meine Probleme die Schuld zuschob, Mitgefühl mit ihr hatte, sie verurteilte, hasste und dann doch wieder akzeptierte. Im Wesentlichen meinte ich, es wäre damit getan, aber in die alte Heimat zu ziehen, reaktivierte jeden Knopf, und zwar überwältigend. Es passierte genau in dem Moment, als wir die Staatsgrenze überquerten. Ich fühlte mich wie der Mann in dem Spiel *Operation*, dessen Vitalorgane bloßliegen: der Adamsapfel, das Schlüsselbein, das gebrochene Herz. Jedes Mal, wenn man ein Organ herausnehmen wollte, ging der laute Brummton los.

Es kam mir mehr als nur etwas ironisch vor, dass gerade ich die Tochter war, die nach Hause zurückkehrte, das Sandwichkind, das schwarze Schaf. Ich redete mir ein, dass ich damit umgehen könnte, versuchte mich zu überzeugen, dass es mir guttäte, und ich wiederholte die Vorteile wie ein Mantra: Es war eine tolle berufliche Chance für meinen Mann. Mein Vater war krank, und ich konnte ihn häufiger sehen. Es wäre gut für unsere Tochter! Wir würden Geld sparen!

Unabhängig von dem, was ich mir eingeredet hatte, flippte ich völlig aus. Ich hatte Angst, dass all jene Fixpunkte meiner schwierigen Teenagerjahre, wie der Grieche, Erinnerungen daran wecken würden, wie ich in der Schule langsam in Stücke zerfiel. Ich konnte nicht fassen, wie viele meiner Schultreffpunkte noch existierten: Claire's, das einzige vegetarische Restaurant, bezeichnenderweise mit derselben Speisekarte aus den 1970er Jahren, die mit Pastellkreide an die Tafel geschrieben war; Group W Bench, ein Relikt der 1960er Jahre, benannt nach Arlo Guthries Song »Alice's Restaurant« und eine gute Adresse für Hippie-Ausstattung; und Toads, die Spelunke, wo man mit einem falschen Ausweis reinkam und auf einem klebrigen Tanzboden mit einem Yale-Studenten flirten konnte. War das alles so ähnlich wie ein furchtbares Déjà-vu? Würde ich allmählich die Kontrolle verlieren?

Aber meine größte Sorge, nach Hause zu kommen, war die bevorstehende Nähe zu meiner Mutter. Wir hatten uns nie nahegestanden und waren in der klassischen Mutter-Tochter-Dynamik festgefahren: Was auch immer sie sagte, verstand ich falsch. Jeder Kommentar von ihr fühlte sich wie eine Beurteilung meiner Lebensweise an. Ich trage meine Jeans gerne lang, und sie fransen oft an den Fersen aus. Sie fleht mich an, dass ich sie säumen lassen soll, bietet mir sogar an, dass sie selbst die Hose zum Schneider bringt, so dringend ist ihr das. Ganz ähnlich ist es mit einem kleinen Teppich, den ich vor meiner Spüle liegen habe, da ist der Rand ausgefranst. Sie kennt einen Teppichhändler, der das reparieren kann. Warum lasse ich sie das nicht erledigen? Warum lasse ich sie nicht? Sie sagt, sie wird den Teppich »kidnappen« und hinter meinem Rücken reparieren lassen. Sie ist so empört, dass ich im unteren Badezimmer keine Papierhandtücher für Gäste habe, dass sie mir ihren eigenen Handtuchhalter mitbringt mit ein paar Packungen hübscher Handtücher, um mal einen Anfang zu machen, wie jene Camelia-Binden, als ich meine erste Periode hatte. Nachdem sie gegangen ist, werfe ich alles unter den Schrank.

Wann war es endlich so weit, dass ich mich nicht mehr beurteilt fühlen würde? Musste alles einer Prüfung unterzogen werden? Mein Haushalt? Meine Arbeit? Sie will wissen, warum ich so viel arbeite. Sie meint, ich *solle* nicht so viel arbeiten. *Musst du denn so viel arbeiten?*, fragt sie vorwurfsvoll, als hätte ich die Arbeit selber so in der Hand. Die impliziten Urteile lauten: Erstens, wenn ich so viel arbeite, wie kann ich dann genug Zeit für meine Tochter haben? Genauso wichtig: Ich *sollte* nicht arbeiten müssen. In den Kategorien meiner Mutter hat der Ehemann die Versorgung zu übernehmen. Als ich erwähne, dass die Ehemänner vieler meiner Freundinnen Hausmänner sind, sagt meine Mutter abfällig unterkühlt: »Da kann man ihnen nur Glück wünschen.«

Manchmal habe ich das Gefühl, dass sie neidisch ist. Ich arbeite in einem Bereich, der sie auch interessiert hätte. Meine Mutter wollte schreiben, und einmal gestand sie mir, dass sie sich das Pseudonym Lynn Carter ausgedacht habe. Ich machte mich über die Heuchelei lustig, die darin lag, dass sie so scheinheilig einen Namen wählte, der ihre jüdische Identität verschleierte. Und ich zog sie damit auf, diesen Namen zu erfinden, ehe sie auch nur eine Seite geschrieben hatte. Damals war mir nicht bewusst, dass ihre Sehnsucht zu schreiben etwas Verbindendes zwischen uns war; stattdessen schien es mir ein weiterer Grund dafür zu sein, sie unzulänglich zu finden.

Seit ich nach New Haven zurückgekommen bin, ist meine Mutter so freundlich, mich darauf hinzuweisen, dass ich die Geschirrspülmaschine nicht effizient einräume, dass ich kaltes und nicht warmes Wasser laufen lassen sollte, wenn ich den Müllschlucker anstelle, dass ich die Kleidung bügeln muss, wenn ich es »versäume«, sie nach zwanzig Minuten aus dem Trockner zu nehmen und aufzuhängen. Ich verschwende Geld bei Starbucks und für Zeitschriften, die ich am Stand kaufe, statt mit einem Abonnement Geld zu sparen. Ich salze das Essen zu stark, trage unförmige Kleidung, in der ich unförmig aussehe, mein Sofa muss gepolstert werden, die Tischdecke für meinen Esstisch hat nicht die richtige Größe, und, ja, ich weiß es ja, die Servietten passen nicht dazu.

Würde man meine Mutter auf eine Tribüne stellen, und sie sollte einen Eid leisten, so würde sie auf die Bibel schwören, dass sie mich (oder meine Schwestern) nicht kritisiert, vor allem was meine Tochter angeht. Im Gegenteil, sie würde sagen, dass sie bewundert, wie ich das alles mache. Wer sagt die Wahrheit? In ihrem Buch über Mutter-Tochter-Beziehungen *Und so willst du rumlaufen?* berichtet Deborah Tannen, dass die Klage Nummer eins von erwachsenen Töchtern über ihre Mütter ist, dass sie sie ständig kritisieren. Umgekehrt, wie eine Mutter es formuliert: »Ich kann den Mund überhaupt nicht aufmachen, sie versteht alles als Kritik.« Mütter halten das, was – so Tannen – die Töchter als Kritik auffassen, für Fürsorge. Und in meinem Fall kann man dies damit multiplizieren, wieder nach Hause zu kommen und nur ein paar Kilometer weit vom Ursprung entfernt zu wohnen.

Tannen weist ferner darauf hin, dass jede noch so kleine Bemerkung einer Mutter die ständige Frage provoziert: Siehst du mich wirklich? Und bin ich für dich okay? Eine Bridgetochter erzählt mir über eine Stunde lang, wie viel Spaß sie hatte, als sie ein Teenager war. Aber als wir zum Thema Aussehen kommen, ändert sich der Ton der Unterhaltung. »Meiner Mutter ist Aussehen sehr, sehr wichtig. Ihr ist Aussehen wichtiger als Substanz. Ihre erste Frage war immer: Wie sehen sie aus? Statt zu fragen: Was machen sie?« Wir sind kurz davor, uns zu verabschieden, als ich sie frage, was sie sich von ihrer Mutter wünschen würde, wenn sie um nur eine Sache bitten dürfte. »Kannst du mich so akzeptieren, wie ich bin?«

Sogar dann, wenn meine Mutter mir helfen wollte, hatten wir kein Glück miteinander. Einmal bot sie an, mich zu einem besonderen Schuhgeschäft in Manhattan mitzunehmen und mir ein Paar Schuhe zu kaufen, als ich für irgendeinen Anlass Pumps mit hohem Absatz brauchte. Es war immer schwierig, Schuhe zu finden, die mir mit meinen breiten Füßen passten. Sie sagte, dort hätten sie modische maßgearbeitete Schuhe für jede Art von Füßen. Sie waren teuer, und so war dies ein großzügiges Angebot. Als wir schließlich in dem Geschäft auf der

East Side ankamen, habe ich im Schaufenster sofort gesehen, um was es ging: Das war kein Laden für handgefertigte italienische oder britische Schuhe, sondern ein Lager für die unförmigen Füße dieser Welt. Es war wie eine Schlange in Lourdes, verzweifelte Menschen auf der Suche nach einem Wunder für ihre gigantischen Ballenentzündungen. *Meinst du das im Ernst, Mom, diesen Laden?* Sie drängte mich, offen zu sein, reinzugehen und mir die Schuhe wenigstens einmal anzusehen. Der Verkäufer war ein Koloss von Mann in einem schlecht sitzenden schwarzen Anzug, der seine Begrüßung grunzte. Ich beobachtete, wie er einer Frau bei der Anprobe half, deren Füße wie Flossen baumelten. Das war ein klassisches Beispiel: meine Mutter, die versuchte, mir einen Gefallen zu tun, und ich, die ich mir deswegen nur noch mehr wie ein Ungeheuer vorkam.

◆

Tausende Dollar für Therapie waren zum Fenster hinausgeworfen, als meine Mutter eines Nachmittags mit Silberpolitur und Lappen bei mir ankam. Ich hätte es nie gedacht, und ich kann noch immer nicht fassen, dass mich eine kleine rosafarbene Tube Gorham Silberpolitur aus der Fassung bringen konnte.

Sie wusste, dass ich eine Abendeinladung vor mir hatte, und es quälte sie, dass meine Servierplatten angelaufen waren. Meine Mutter brachte ihre eigene Schürze mit und band sie sich in Vorbereitung ihrer Arbeit im Rücken fest. Sie stellte meine Tochter an, die auf unserem Küchentisch Zeitungspapier ausbreitete, nach den Angaben der Meisterpoliererin. Als ich herunterkam und sah, was hier vorging, hatte ich ein Gefühl, als hätte ich hundert Bienenstiche im Gesicht.

Warum konnte sie mein Silber (und mich) nicht in Ruhe lassen? Warum fühlte sich ihre Hilfe wie eine Bewertung darüber an, wie ich mein ganzes anscheinend angelaufenes Leben lebte? Warum konnte sie nicht zuhören, wenn ich sagte, dass ich nicht wollte, dass sie zum Silberputzen kommt? Warum war das Silberputzen wichtiger als mein Wille? Warum war Silberputzen wichtiger als sonst etwas? Um es auf den Punkt zu bringen: Warum war ich nicht eine glänzende Tochter, die ihr Silber mit ihrer Mutter putzen *wollte*? Zumal mir meine Mutter eine »Dame« finanziert hätte, die mir das Geschirr spülen würde – etwas, womit sie mir dauernd in den Ohren lag –, nachdem ich von der vielen Arbeit so fertig war. Sie insistierte, sie habe eine »sehr gute Dame« fürs Geschirrspülen, lieber Himmel! Sie bot an, sie zu bezahlen! Warum war ich so stur? Und wo wir schon mal dabei waren: Warum machte es mir keinen Spaß, einzukaufen und mich nett herzurichten? Warum machte ich nichts mit meiner Frisur? Warum trug ich keine frischen Farben und stolzierte stattdessen in Latschen und Samtstirnband wie was-weiß-ich-wer herum? Und überhaupt: Warum konnte ich nicht glücklich sein? Warum war ich so düster und launisch und schwierig? Warum war alles ein Kampf?

Ich packte die Zeitung, die meine Tochter über den Tisch ausgebreitet hatte, und knäulte sie zusammen. Ich glaube, dann fing ich auch noch an zu schreien, oder vielleicht wurde meine Stimme an dieser Stelle auch nur lauter. Ich sah, wie meine Mutter begann, die Schürze abzulegen, sich dann aber besann und so schnell wie möglich ging. Jetzt schrie ich tatsächlich, weil sie mit ihrer Schürze ins Auto einstieg, und meine Tochter weinte, und ich musste mich danach erst einmal eine Weile ins Bett legen, ich war vollkommen erschöpft vor Wut und Scham, vor allem, weil ich vor meiner Tochter explodiert war, die ihre Großmutter anhimmelte.

Als ich einer guten Freundin von dem Vorfall erzählte,

immer in der Hoffnung auf eine Verbündete, sagte sie: »Gott, ich wünschte, meine Mutter würde mein Silber putzen.«

Am darauffolgenden Montag bemühte ich mich um eine neue Therapeutin.

Anne ist groß und kleidet sich einfarbig in neutralen Farben. Sie hat eine weiße Kurzhaarfrisur. Sie ist ruhig. Ihre Stimme gefällt mir. Das Therapiezimmer gefällt mir auch, mit der modernen Möblierung, einem grauen Teppich mit feinen schwarzen Linien an den Rändern wie ein Plotter. Dicke Holzbalken und Kastenfenster mit Messinggriffen, die wie Tränentropfen aussehen. So modern das Zimmer auch sein mag, es gibt keinerlei Hinweise auf irgendwelche Technik, kein Computer oder Telefonladegerät ist irgendwo in Sicht, ich nehme an, das soll so sein. Auch wenn dies nicht meine Art ist, vertraue ich ihr fast sofort.

Ich sage Anne, dass ich mit meiner Mutter zurechtkommen muss, nachdem wir jetzt zwölf Minuten voneinander entfernt wohnen. Ich kann einfach nicht verhindern, dass sie mir auf die Nerven geht. Und noch wichtiger, ich will diese Muster nicht mit meiner eigenen Tochter wiederholen, obwohl ich mich schon selber anhöre wie meine Mutter: wie ich sie anflehe, sie soll den Spliss in ihren Haaren schneiden lassen (Das ist gesünder! Deine Haare wachsen dann schneller!), und wie ich ausraste, wenn alle Kleidungsstücke, die ich habe reinigen lassen und dann zusammengefaltet habe, auf einem Haufen auf dem Boden liegen. Ich berichte Anne über den Silbervorfall, nur dass ich jetzt versuche, sie zu amüsieren und die ganze Sache witzig und ironisch darzustellen. Aber meine Versuche sind hohl. Ich bin wie ein Komiker, der gleich entlassen wird.

Ich kann mich selber nicht mehr ausstehen und ertrage kaum, wie diese Endlosschleife auf unbegreifliche Weise mit meiner Mutter zu tun hat. Ich habe all diese Therapien satt, diese obligatorische erste Stunde mit einem neuen Therapeuten, wenn man die Steine aus den Taschen holt. Meine erste Therapie begann damit, dass meine Mutter mich mit fünfzehn zu einem Therapeuten brachte. Nach außen sollte es allen zeigen, dass sie bereit war, Hilfe zu holen, aber im Grunde war sie wohl wütend, dass ich mich nicht ans Drehbuch hielt; ihr aufgewecktes, frühreifes Mädchen wurde traurig und launisch, roch nach Pot, und mit den Noten ging es abwärts. Ich erzähle Anne von einer schweren Depression im College und einem völligen Zusammenbruch als Graduate-Studentin. Und wie ein Psychiater nach dem anderen mir dann verschrieb, was auch immer an neuen Antidepressiva gerade auf dem Markt war, und alle machten mich nur noch lethargischer, noch deprimierter. Ich hatte das Gefühl, ein Gazestoff wäre zwischen mir und der Welt. Manchmal, im College und später, rief ich aus Verzweiflung zu Hause an und brachte dann kein Wort heraus. Ich hörte die Stimme meiner Mutter, die zwischen Sorge, Kummer und Ärger oszillierte. *Bist du noch dran? Bist du dran? Betsy, bist du dran?*

Ich versichere Anne, dass es mir lange gut ging, ich war über zwei Jahrzehnte stabil. Bis ich dann schließlich einen Arzt fand, der meinte, ich sei manisch-depressiv, und mich mit Lithium behandelte. Ich betone, dass ich meine Medikamente regelmäßig einnehme. Genau genommen bin ich eine beispielhafte Patientin, eine Musterschülerin in der Schule der psychischen Gesundheit. Ich möchte nicht, dass sie meint, ein wirrer psychiatrischer Scherbenhaufen säße vor ihr. Ich schäme mich immer noch, meine Krankheit zuzugeben, als wäre ich defekt, unberechenbar oder könnte plötzlich durchdrehen. Mir widerstrebt das Etikett immer noch, auch wenn das Medikament über zwei Jahrzehnte geholfen hat: Ich habe nie mehr den Boden unter den Füßen verloren, nie mehr stand mein Kopf in Flammen. Auch wenn ich bei Anne Hilfe suche, mag ich nicht zugeben, dass ich sie brauche.

Ich berichte, dass meine Mutter mehr als einmal lobend bemerkt hat, dass ich gesund werde, dass ich nicht aufgebe, dass ich es allein schaffe. Ich weiß, dass sie es als großes Lob meint, aber es macht mich wütend. Warum musste ich das alles allein schaffen? Dann fühle ich mich schuldig: Meine Mutter hat ihr Bestes getan, sage ich. Stimmt's?

Anne sagt nichts.

Ich beschreibe, wie viel Angst ich hatte, Kinder zu haben, und vor allem eine Tochter. Noch mehr Mutter-Tochter-Drama war unerträglich. Meine schlimmsten Befürchtungen zerstreuten sich, als ich schwanger wurde, und erst recht, als ich erfuhr, dass es ein Mädchen sein würde. Fast über Nacht war mir alles recht, was ich zuvor abgelehnt hatte, vor allem Haushalt und Häuslichkeit. Monatelang habe ich eine Holzkommode für das Kinderzimmer mit leuchtenden Farben an den Kanten angestrichen und dafür nach alten Glasgriffen mit Kätzchen gejagt, die ich in einer Zeitschrift gesehen hatte. Als sie klein war, haben wir gebacken! Von Anfang an! Ich kaufte Backformen für jeden Feiertag. Wir verzierten Katzen und Hexen für Halloween, wickelten sie in schwarzes und orangefarbenes Seidenpapier mit Geschenkband in denselben Farben ein und brachten sie den Nachbarn. Vielleicht war ich manisch? Manchmal trat ich zurück und sah mir mein kleines Mädchen an, wie sie unsere Kekse mit Zuckerguss und Streuseln verzierte, und wunderte mich, dass sie meine Tochter war. Oder ich sah mich selber: Wo war das Mädchen mit den Doc Martens und dem unruhigen Geist? Ließen die Symptome nach, oder waren sie für immer verschwunden?

Bis jetzt konnte ich nicht verstehen, warum es mit meiner Mutter nicht besser klappte. Hätte ich sie mit der Gabel, die sie polierte, erstochen? Nein. Aber ich meinte, eine eigene Tochter zu haben, unsere Beziehung zu haben, würde meinen Kompass justieren. Überhäufte ich sie nicht mit der Liebe, nach der ich mich sehnte? War unsere Nähe nicht Beweis genug, dass ein Zyklus durchbrochen war? Hatte ich in den Mutter-Tochter-Kriegen denn gar nichts erreicht?

Mir kommen die Tränen. Ganz plötzlich. Ich muss die Brille absetzen und mir ein Taschentuch nehmen. Ich will mich zusammenreißen, ich finde das erbärmlich, aber ich kann die Tränen nicht unterdrücken. Ich kann Anne nicht einmal anschauen. Dann ist mir schwindlig und übel zugleich, als wäre ich von einer Schaukel gefallen.

Endlich schaue ich auf. Annes Gesichtsausdruck bleibt unverändert, was ich äußerst tröstlich finde. Dies ist dann der Beginn von einigen Jahren gemeinsamer Arbeit. Im Laufe unserer gemeinsamen Therapiestunden versuche ich wie nach Lehrbuch alle Tricks, um Anne abzulenken, zu unterhalten und aufzubringen, aber sie verzieht keine Miene. Sie wird nicht meine Mutter sein, sosehr ich mich auch gegen ihre Mauern werfe. Sie fragt, ob ich wiederkommen möchte. Ich nicke zustimmend. Anne zückt ihren Terminkalender, der eher wie ein Klassenbuch aussieht, und öffnet ihn auf dem Schoß. Wir einigen uns auf eine Zeit für die nächste Stunde. Sie trägt sie mit Bleistift ein.

Wie bei Rhoda ist auch Beas Wohnung aus einem früheren Leben möbliert. Eine schwere Anrichte, Sofa und Sessel, die mit dunklem Stoff bezogen sind. Die Damen spielen in einer Frühstücksnische in ihrer Küche mit Eckfenster und einer Tiffany-Lampe über dem Tisch, die wie ein Spielautomat mit leuchtenden Kirschen verziert ist. An der Seite steht ein kleiner Fernseher.

Ich kenne das inzwischen, das Reden ebbt ab, wenn es losgeht. Das Spiel erfordert vollkommene Konzentration. Rhoda braucht lange, um auszuspielen, und Bea murmelt: »Nun spiel schon. Du sollst doch nicht damit schlafen.« Sie selber braucht kaum je Zeit zu überlegen, welche Karte sie spielen soll, und wirft sie unbekümmert mitten auf den Tisch. Ihr Tempo ist einschüchternd, wie schnell sie entscheidet und mit einem Griff Stiche aufnimmt.

Zwischen den Runden berichtet Bette, dass eine gute Freundin gestürzt ist. Sie hat sich ein blaues Auge, eine klaffende Wunde am Kopf und ein verstauchtes Handgelenk zugezogen. Es hätte schlimmer kommen können, meinen die Damen einstimmig, als würden sie im Gottesdienst die Antwort verlesen. Dann stellt sich heraus, dass eine Freundin an Gewicht verloren und solche Schmerzen hat, dass sie es nicht mehr nach oben in ihr Schlafzimmer schafft. Sie haben das Esszimmer zum Schlafzimmer gemacht. Ich weiß genau, dass meine Mutter eher sterben würde, als in einem Krankenhausbett im Esszimmer zu kampieren, sodass jeder das mitbekäme.

Nachdem das Thema Tod nun einmal angesprochen ist, frage ich die Damen, ob sie Angst vor dem Tod hätten. Rhoda meldet sich als Erste und verneint nachdrücklich. Jackie und Bette schauen betroffen weg. »Ja, durchaus«, sagt Bette schließlich, und Jackie zeigt Mitgefühl. Ich habe sie dazu gebracht, über etwas Schwieriges zu sprechen, und doch möchte ich plötzlich nicht die Verantwortung dafür tragen, ihnen einen unerwünschten Spiegel vorzuhalten. Ob sie wohl überlegen, wie viele Tage mit strahlendem Sonnenschein ihnen noch bleiben? Wie viele Winter ihnen noch in die Knochen fahren werden? Allein schon zu hören, dass sie ihre Angst zugeben, erschreckt mich. Natürlich meinen wir alle, unsere Mütter würden nie sterben, diese Schnur würde niemals abreißen.

Mehr als den Tod fürchtet meine Mutter, jemandem zur Last zu fallen. Sie ist auch besorgt, wer für ihre Maniküre und zum Epilieren ins Pflegeheim käme, sollte es einmal so weit kommen. Bettes Arzt hat ihr gesagt, ein Sturz wäre das Ende für sie.

»Du brauchst einen anderen Arzt«, meldet sich Rhoda.

Dann frage ich Bea, die ungewöhnlich still ist, ob sie Angst vor dem Sterben hat. »Tot ist tot«, bellt sie zurück.

Beas Vater starb, als sie acht Jahre alt war, ein paar Jahre ehe es Penicillin gab, das ihm hätte helfen können. Sie hielt dabei ihren Kopf schräg, als wolle sie sagen: *So ist das Leben nun mal.* Ich merke, dass dies ihre Art der Verdrängung ist; was bleibt ihr auch anderes übrig! Es ist lange her. Sie ist seit Jahrzehnten ohne Vater. Versteht eine Achtjährige überhaupt die Dimension eines solchen Verlustes? Und mit achtzig, sehnt man sich immer noch nach ihm?

Ich vermute, Beas Leben wird sich unwiederbringlich verändert haben, als sie ihren heiteren Vater verlor und als einziges Kind mit einer Mutter zurückblieb, zu der sie nie wirklich eine Beziehung hatte.

»Jedes Jahr haben wir mindestens einen Teenager verloren«, erzählte mir Bea bei unserem ersten Treffen beim Griechen. Zu diesem Zeitpunkt war sie schon müde und lustlos. »Die Kinder sollten nicht in den Steinbrüchen schwimmen gehen«, sagte sie, empört darüber, dass die Warnung nicht befolgt wurde. Aus ihrer Klasse verloren sie einen gut aussehenden Jungen namens Millard Fleetwood im Alter von achtzehn Jahren. Die Felsen waren zwar schön, aber gefährlich; so hoch, wie der sichtbare Stein herausragte, tauchte er auch in das blaugrüne Wasser ab, unwiderstehlich für Teenager, denen Gefahren gleichgültig waren, weil sie sich für unverletzlich hielten. Es konnte leicht passieren, dass ein Schwimmer mit dem Arm oder Bein zwischen die Sandsteinklippen geriet, die ja nicht zu sehen waren. Der Tod eines Klassenkameraden war nichts Abstraktes, ein Junge, mit dem du vielleicht getanzt oder für den du geschwärmt hast oder den du mit anderen gut aussehenden jungen Männern hast Basketball spielen sehen, deren Zukunft ebenso leicht und grausam hätte enden können.

In Bedford hatten sie viel zurückgelassen: das Konfektionsgeschäft, das ihnen als einer jungen jüdischen Familie gehörte, einen Garten mit entjungferten Hühnern und den letzten Aufprall eines Basketballs auf einem Turnhallenboden nach einer vernichtenden Niederlage. Als ich Bea frage, wo ihr Vater beigesetzt ist, nennt sie den jüdischen Friedhof in Louisville. Ich frage sie, ob sie je mit ihrer Mutter zum Grab gegangen sei. Sie sieht mich an und antwortet nicht sofort, wie sie es sonst tut. »Nein«, sagt sie schließlich, »wir waren niemals da.«

Kapitel 4

Tausend Bette Cohens

♠

Bettes perfekt ausgestattetes Wohnzimmer könnte das Bühnenbild für ein Edward-Albee-Stück sein: hübsche Möbel im Stil der 1960er Jahre, Bilder und Nippes im selben Stil. Es gibt keine Bar mit Whiskeyflaschen, Kristallgläsern und silbernem Eisbehälter mit krallenförmiger Zange, aber man könnte es sich leicht so vorstellen. Das Zimmer ist makellos; ein Staubsauger hat eine breite Spur auf dem Teppich hinterlassen. Bei meiner Ankunft bittet mich Bette ins Wohnzimmer, in dem sich früher Freunde bei Cocktails und Vorspeisen trafen, die man auf Silbertabletts herumreichte. Aber welche Geister auch immer hier zusammenkamen, sie sind schon lange nicht mehr da. Die Wirkung des Zimmers ist nicht bedrückend, aber nachdem drei erwachsene Kinder längst aus dem Haus sind, hinterlässt es einen etwas einsamen Eindruck. Eine Tochter lebt als Juristin in Hartford, eine andere seit über zwanzig Jahren in Paris, und ein Sohn ist in Baltimore Arzt für Notfallmedizin.

Arthur und Bette waren jung verheiratet, als sie ihr Haus in Woodbridge kauften, und lebten fast sechzig Jahre hier. »Meine Eltern haben uns für verrückt gehalten«, sagt Bette. »Es war wie in der Wildnis. Es gab keine Straßenlaternen. Keine Halteschilder.« Alle Vororte von New Haven waren früher landwirtschaftlich; Woodbridge war bekannt für die Milchproduktion. In den 1950er und 1960er Jahren wurde das meiste Weideland in Zweihundert-Quadratmeter-Landstücke aufgeteilt, wo junge Familien mit ihren Kindern in Farmhäusern und Häusern im Kolonialstil wohnten.

Auch die anderen Damen ließen sich in den umliegenden Vororten nieder. In den 1960er Jahren war die Flucht der Weißen an die Peripherie ein nationales Phänomen, und New Haven war ein Paradebeispiel dafür. Die Politik für öffentlichen Wohnungsbau und Stadterneuerung war derart fehlgeleitet, dass eine geteilte Geschichte zweier Städte entstand. Die Rassenprobleme gingen im ganzen Land durch die Medien, als der Black-Panther-Führer Bobby Seale in New Haven wegen Mordes vor Gericht stand. Bettes Nachbar führte die Ermittlungen in dem Fall durch. Er und seine Familie hatten Bodyguards während des Prozesses. »Es hat uns wirklich nicht gestört«, sagt sie. »Wir lebten unser Leben.«

Die Damen waren sich durchaus der Dinge bewusst, aber sie lebten davon abgeschirmt. In Woodbridge gab es alles, was sie brauchten: gute öffentliche Schulen, Country Clubs, eine Synagoge und die Route 1 mit ihren zahllosen Einkaufsmöglichkeiten. Nicht dass die Welt da draußen sie nicht bedrückt hätte, aber sie hatten sich mittendrin doch ihre eigene eingerichtet.

Draußen vor ihren Küchenfenstern hatten sie alle einen Blick auf die Hartholzbäume von Connecticut, die sich mit den Jahreszeiten wie die Bühnenbilder in Tschechows Stücken ändern. Hier haben sie endlose Male Geschirr gespült, unendlich oft den Küchentisch abgewischt. Hier waren sie fast zu jeder Tageszeit anzutreffen, beim Kochen und beim Ein- und Ausräumen der Geschirrspülmaschine. Und als sie noch jünger waren und beim Telefonieren eine Zigarette rauchten, die Schnörkel der Telefonschnur straff gedehnt, beobachteten sie den Abendhimmel, wie er sich von Indigo über Blau zu Schwarz färbte, oder die roten Rücklichter am Auto des Ehemanns, vom Asphalt eines Abends in New England grell reflektiert.

Von allen Bridgedamen fühlte ich mich Bette am nächsten, zum Teil wegen ihrer Freundschaft mit meiner Mutter. Bei gutem Wetter gehen die beiden eine Runde spazieren, einen Kilometer weit um ein Maisfeld herum. Unsere Familien feiern auch manchmal jüdische Feste zusammen, nachdem wir jetzt alle in Minimalbesetzung sind. Ihr Mann Arthur ist mir von allen Bridge-Ehemännern am liebsten. Er hielt meinem Vater nach dessen Schlaganfall noch lange die Treue, auch nachdem ihn die meisten Freunde schon im Stich gelassen hatten. Und nach dem Tod meines Vaters war er sofort bereit, meiner Mutter bei Dingen im Haus zu helfen, oft »reparierte« er ein Haushaltsgerät, nur indem er den Stecker einsteckte, eher amüsiert als verärgert.

Bette kommt auch zu allen Stücken meiner Tochter. Zum Teil ist sie aus Freundschaft zu meiner Mutter dabei, aber ihre Treue zu diesen Jugendproduktionen scheint ihr nicht lästig zu sein; sie genießt es zuzusehen, wie sich die Neuntklässler an *Der Sturm* versuchen oder mit dem Musical *Thoroughly Modern Millie* ringen. Bette war der Star des Theaterclubs in Hillhouse High. Immer wenn die Besetzungsliste für die Schulinszenierungen ausgehängt wurde, war sie überzeugt, dass sie jeweils die erste Rolle bekommen würde, und so war es dann auch. »Ich glaubte, ich wäre die Größte!«

Bette ist mir gegenüber in keiner Weise zurückhaltend, sie sagt, sie habe sich auf unser Gespräch gefreut, räuspert sich und beugt sich vor.

»Also, wann haben Sie Ihren ersten Oscar gewonnen? Wann hat das alles angefangen?«

Bette lacht, lehnt sich wieder im Sessel zurück, aber sie braucht nicht lange in ihren Erinnerungen zu suchen. Sie könnte mir genauso gut über etwas berichten, das sich am selben Tag ereignet hat.

»Also, genau genommen begann es in der zweiten Klasse. Ich spielte in einem Kindertheater die Rolle von Frau Oberlippe, und ich machte den Mund auf, und da kam diese wunderbare Stimme heraus, und ich erinnere mich, wie ich mich umsah und wollte, dass alle mir zuhörten. Dann beschloss ich, dass die Welt des Theaters mein Leben erfüllen sollte.«

Bette hat eine tiefe, wohlklingende Stimme und eine großartige Aussprache. Wenn sie etwas sagt, ist es, als würde sie eine Kurzgeschichte laut vorlesen, wie sie so in ganzen Sätzen mit gezielten Pausen spricht. Keine *hms* oder *ahs*. Diese Perfektion geht auf die Ausbildung eines Studios in der Chapel Street in der Innenstadt von New Haven zurück, wo Bette ihren ersten Sprechunterricht nahm.

Auftritt Julia Jacobs. Maskulin wie Joan Crawford und hager wie Katharine Hepburn verkörperte sie den Traum einer jungen Schauspielerin. »Ich war von ihr fasziniert. Tatsächlich habe ich sie nachgeahmt, wenn ich nach Hause kam. Wie sie bestimmte Worte aussprach, so sprach ich sie dann auch aus. Ich habe sie angehimmelt. Und ich war ihr Star.«

Sprechunterricht war in den 1930er und 1940er Jahren bei Leuten, die professionelles Coaching brauchten, äußerst populär. Und auch bei neuen Immigranten, die ihren Akzent loswerden wollten. Die meisten Kinder in Bettes Klasse waren da, um an ihrer »Selbstpräsentation« zu arbeiten, was im Grunde gutes Benehmen bedeutete, aber nicht für Bette. Sie nahm teil, um an ihren Fertigkeiten zu feilen. Ihr Traum bestätigte sich, als sie den Film und die Besetzung sah, die den Lauf ihres Lebens verändern sollten: *Opfer einer großen Liebe*. Von diesem Tag an änderte sie die Schreibweise ihres Namens von Betty zu Bette, nämlich in Verehrung der großen Schauspielerin Bette Davis.

»Sie waren ja noch ein Kind. Wie kam es, dass Ihre Eltern das erlaubt haben?«

»Ich hab es einfach gemacht.«

Bettes Vater hielt nichts von dem extravaganten Unterricht seiner Tochter. Als sie Auto fahren konnte, erlaubte er ihr nicht, einen ihrer Wagen, die vor dem Haus standen, zu fahren. Als sparsamer Verkäufer von Gebrauchtwagen war sein ständiger Refrain: Wenn du das Auto demolierst, gehen wir bankrott. Bette war das egal; ihr gefiel der Weg zum Unterricht, auf den drei Kilometern lernte sie die Monologe auswendig und bereitete sich darauf vor, sie Julia vorzusprechen, und dann – auf dem Nachhauseweg – verarbeitete sie ihr Feedback. Als Bettes Vater androhte, den Dollar für die Unterrichtsstunden nicht mehr herzugeben, ließ Julia den Preis um die Hälfte nach.

»Ich denke noch heute an sie, manchmal merke ich, wie ich meine Körperhaltung an ihrem Vorbild orientiere.«

Bette gesteht, dass sie sich mit Ginger Bailey angefreundet hat, weil ihrem Großvater das legendäre Shubert Theater gehörte. Alle Broadway-Shows hatten zuerst dort ihr Preview, einschließlich Rodgers und Hammersteins *Oklahoma!*, *The King and I* und *Carousel*.

»Ich habe mich damals ziemlich schuldig gefühlt, aber im Shubert gab es all diese Premieren. Alles nahm dort seinen Anfang. Ach, ich war einfach davon hingerissen.« *Als Schauspielerin tut man, was eine Schauspielerin tun muss.* Es ist nicht schwer, sich vorzustellen, wie Bette die Rolle von Gingers neuer bester Freundin spielte und in der Familienloge mit den goldenen Girlanden und den roten Plüschsitzen dabei war, voller Erwartung, dass der Vorhang hochging, während vereinzelte Töne aus dem Orchestergraben durch die Luft schwirrten. »Das waren immer die beiden besten Stunden meines Lebens.«

Wenn es dann so weit war, aufs College zu gehen, entschieden sich die meisten, die 1949 Hillhouse High absolvierten, für die Universität von Connecticut. Für Bette war das nicht gut genug. Sie überzeugte ihre Mutter, dass Skidmore das College war, wo sie ihre jugendlichen Ziele verfolgen konnte, und Sylvia Cohen kümmerte sich darum. Sie hatte eine Tochter im Alter von sechs Jahren verloren, und als ein Jahr später Bette geboren wurde, war dies wie ein Wunder. Ihre Mutter nannte Bette ihren Talisman und – um ihren Mann herumlavierend – trieb sie Geld auf, sodass Bette das College ihrer Wahl besuchen konnte. Sie tat alles für ihr intelligentes, gut aussehendes und begabtes Mädchen. Und Bette belohnte sie während der gesamten Schulzeit mit einer erfolgreichen Show nach der anderen. Und um das noch zu überbieten, hielt sie die Rede bei der Schulabschlussfeier. Bette hatte das Zeug, diese Collegebühne zu betreten und zu strahlen.

Im ersten Studienjahr brachte die Theaterabteilung *Our Hearts Are Young and Gay* auf die Bühne, ebenjenes Stück, in dem Bette im letzten Schuljahr die Hauptrolle gespielt hatte. Sie meinte, die stehe ihr jetzt auch wieder zu.

»Mein Gott, das ist ein leichtes Spiel für mich.« Aber sie bekam nur die zweite Rolle. Da hatte sie noch keine Ahnung, dass es noch die beste Rolle war, die ihr in den kommenden vier Jahren zugestanden würde, denn in dieser Zeit bekam sie eine unbedeutende Rolle nach der anderen. Und mit jeder Niederlage bröckelte ihr Selbstvertrauen. Auf jede Zurückweisung folgte tagelange Niedergeschlagenheit.

Ihr erstes Collegejahr brachte auch die wesentliche erschütternde Erkenntnis mit sich, die den Rest ihres Lebens ausmachen sollte. Alle Studentinnen in Skidmore, die in ihrer Schule jeweils die Stars waren, konkurrierten jetzt um die Hauptrollen in den Stücken. »Ich war nicht mehr der Star, und ich bekam auch nicht mehr die besten Noten, weil der Wettbewerb mich im Durchschnitt schlechter dastehen ließ.« Bette senkt den Kopf, schließt die Augen und klopft einen Takt, nur, sie spielt nicht. Dies war das Erwachen, das prägend für die Enttäuschungen ihres ganzen Lebens werden sollte, und indem dies das erste war, wirkte es besonders niederschmetternd. Bette schaut auf und zuckt mit den Schultern. »Es gab tausend Bette Cohens.«

♦

Natürlich weiß ich, dass Bette ihre Schauspielpläne nicht weiterverfolgte; stattdessen wurde sie Ehefrau und Mutter und, so wie ich sie immer kannte, eine Bridgedame. Erst jetzt, als ich mit ihr in ihrem makellosen Wohnzimmer sitze, spüre ich ihre Enttäuschung, als hätte sie sie erst vor Tagen und nicht schon vor Jahren erlitten.

»Das Ganze war ein solches Erwachen für mich, dass es mich allein schon bei dem Gedanken daran schaudert. Ich probte Rollen und bekam sie nicht. Und es brach mir das Herz.

»Meine arme Mitbewohnerin«, fährt sie fort. »Ich war so niedergeschlagen und versuchte zu begreifen, dass ich nicht Schauspielerin werden würde.«

Oscar Wildes *Bunbury* war das letzte Stück in ihrer Collegekarriere. Während der Proben beschlich sie das allzu gewohnte Gefühl der Angst. Noch einmal war die Angst größer als ihr Selbstvertrauen, und Bette kam am Boden zerstört aus dem Vorsprechen. Von Verzweiflung getrieben, weil die Uhr ihrer Collegekarriere tickte, tat sie etwas, was sie selber nicht für möglich hielt: Sie ging zur Regisseurin und bettelte um die Rolle. »Es war ein immenses Risiko. Die Zuschauer würden vor allem Eltern sein. Ich war eine völlig Unbekannte in einer so tragenden Rolle wie Lady Bracknell.«

»Sie haben darum gebettelt?«

Bette wusste, dass die Regisseurin das Risiko nicht eingehen konnte, aber sie war so entschlossen, diese letzte Chance nicht wie alle anderen Rollen, die ihr in den vier Jahren vorenthalten blieben, vorbeiziehen zu lassen, dass sie zurückging und nochmals inständig um die Rolle bat, und erstaunlicherweise gab die Regisseurin jetzt nach. Bette sollte die Rolle spielen, eine Wiederaufnahme ihres hochfliegenden Auftritts in der zweiten Klasse als Frau Oberlippe. Die Aufführung war ein riesiger Erfolg. Die Regisseurin kam nach der Aufführung zu Bette und entschuldigte sich, sie sonst nie für irgendwelche wichtigen Rollen gecastet zu haben.

»Was für ein Gefühl war das?«

Bette wird still.

Dies waren Trostpflaster für ein junges Mädchen, dessen Herz schon gebrochen war.

Es ist Anfang April, und in Connecticut will es noch nicht Frühling werden. Es ist der erste Montag im Monat, und das Bridge findet bei Bette statt. Sie trägt eine perfekt sitzende Hose und einen Pullover, der nicht wirklich dazu passt, aber man kann es so tragen. Zusammenpassen ist etwas für Dilettanten. Wie Bette sich kleidet, ist an sich korrekt. Für eine Frau, die auf ihr Aussehen und ihren Geschmack vertraut, ist es bezeichnend, und diese Souveränität sieht man auch ihrer Wohnung an. Es ist, als wäre alle Energie, die sie ehemals in ihre Auftritte gesteckt hat, in Selbstdarstellung und in ihr Zuhause umgelenkt worden. Wie alle anderen Damen hat sie den gängigen Weg gewählt; nur scheint sie ihre Entscheidung dafür eine Spur zu bedauern.

Während sich die Damen einfinden, macht Jackie eine Bemerkung über die reparierten Oberlichter, was bei Bette unmittelbar Irritation auslöst. Bei einem Unwetter hatte ein umgestürzter Baum die Oberlichter in der Decke des Arbeitszimmers beschädigt, und nun ist Bette mit den Reparaturen nicht zufrieden. Voller Empörung erklärt sie den Damen, dass sich die Rahmen der alten Oberlichter flach und mit der Decke auf einer Ebene befanden, aber die neuen eben nicht. Die Damen sehen den Unterschied gar nicht, aber Bette besteht darauf, dass es so nicht gut aussieht. Arthur schaut einen Moment herein, um Guten Tag zu sagen, und hört, wie Bette sich über die Fensterrahmen beklagt. Er wirft die Hände hoch. *Die sind doch völlig in Ordnung!* Gutmütiger als Arthur kann man gar nicht sein, aber jeder hat seine Grenzen. Ganz klar, wenn er noch ein weiteres Wort über die Oberlichter hört, nein, wenn er nur sieht, wie Bette zum Himmel schaut, und ihr Missfallen spürt, könnte er explodieren. Aber für den Augenblick geht er einfach. Bloß keine Szene.

Bette und Arthur sind seit fast sechzig Jahren zusammen. Mir ist klar, die Rahmen der Oberlichter können eine Ehe von dieser Dauer nicht zu Fall bringen. Solche Ehen halten wie Haushaltsgeräte aus ihrer Zeit, wenn sie aus Eisen und Stahl gebaut sind. Mit anderen Worten: Scheidung war keine Option. Bei anderer Gelegenheit haben die Damen betont, dass die Ehe Paare »zwingt« zusammenzubleiben und dass dies gut so ist. »Du bist gezwungen, an deinen Probleme zu arbeiten, zu deiner Ehe zu stehen«, sagt Bette. Rhoda stimmt zu; die Leute lassen sich viel zu schnell scheiden. Ich weiß nicht, ob ich zustimme oder nicht, aber wie bei einer Schuldiskussion, in der mir die bestätigende Rolle zugeteilt wäre, würde ich am liebsten Scheidung und Wahlfreiheit grundsätzlich verteidigen. Ich argumentiere, dass es eine tiefere Verpflichtung füreinander ist, wenn man zusammenbleibt, während man frei ist zu gehen.

Dies ist der erste Lunch bei Bette, und ich fühle mich etwas schwach, oder mir ist übel. Ihr Esszimmer sieht derart bedrückend ruhig und unbenutzt aus, der Tisch wird sicher nur bei Festen und besonderen Anlässen gedeckt. Macht hier irgendwer mal ein Fenster auf? Alles, was gebraucht werden könnte, ist bedacht und bereits auf dem Tisch: eine Wasserkaraffe, eine winzige Schale mit Süßstofftütchen und eine andere mit einer Auswahl von Tees, zudem Gewürze und Vorlegebesteck für jede Speise. Bette hat feine Porzellan-Dessertteller mit runden Vertiefungen für die dazugehörigen Teetassen, die da genau hineinpassen. Ich fühle mich wie in eine Puppenhaus-Teestunde versetzt. Blattförmige Schälchen, kleiner als echte Blätter, sind für die benutzten Teebeutel vorgesehen, wo sie später an ihrem eigenen Faden erdrosselt werden. Ein Kessel dampft auf dem Herd vor sich hin. Von den Damen, die den Lunch noch selber vorbereiten – Bette, Rhoda und meine Mutter –, hat keine ihren Standard gesenkt. Dies ist besonders offensichtlich in dem Aufgebot an Serviettenringen, die ich immer als Zierde ihrer Tische bewundere: Silber, Porzellan, Schildpatt, Bambus und Bakelit. Ich bewundere die große Sorgfalt. Bettes Tisch könnte im Smithsonian Museum ausgestellt sein: NORDAMERIKANISCHES ESSZIMMER, CIRCA 1958.

Die Damen berichten, dass sie wohl der letzte Bridgeclub in der Gegend sind, bei dem ein Lunch serviert wird, die letzte Bastion von Kultur und Sittlichkeit. Und vielleicht stimmt das auch. Jeder ist pünktlich, jeder ist gut angezogen, und niemand schaut während des Essens oder, um Gottes willen, während des Bridgespiels aufs Smartphone. Die meisten gebrauchen ihre Telefone (Klapphandys) gar nicht, und ich glaube, keine von ihnen weiß, wie man die Mailbox abhört. Alle Bridgedamen haben Computer, nur dass sie eher eine Quelle von Fassungslosigkeit als von Informationen sind (außer für Bea, die gerne googelt, E-Mails versendet und Bridge damit spielt). Bettes und

Arthurs Computer ist mindestens zehn Jahre alt, aber sie sehen nicht ein, warum sie sich einen neuen anschaffen sollten. »Einmal funktioniert er, dann wieder nicht«, sagt Bette frustriert, als ginge es um einen Toaströster, auf den man einfach draufschlägt, damit er wieder funktioniert. (Natürlich macht sich meine Teenagertochter über mich lustig, weil ich nicht weiß, wie man jemanden postet, oder weil ich Hashtags falsch gebrauche.)

Jede Generation erlebt eine Technologieschwelle. Die Damen haben eine Menge Entwicklungen verpasst, nur meinen sie, besser dran zu sein. Leute, die sich über ihre Smartphones beugen, sind bei ihnen verpönt. Rhoda hat am Wochenende in einem sehr schönen Restaurant ein attraktives Paar gesehen. Sie behauptet, sie seien die ganze Zeit mit ihrem jeweiligen Telefon beschäftigt gewesen, kein Wort wurde zwischen ihnen gewechselt.

»Warum bleiben sie nicht einfach zu Hause?«, fragt Rhoda die Frauen, wobei in ihrer Stimme eine Mischung aus Abscheu und Empörung anklingt.

Alle sind sich einig. Die Damen können iPhones nicht ausstehen. Sie finden Fortschritt negativ. Ich bin wenig tolerant gegenüber Gesprächen, in denen die Vergangenheit glorifiziert wird. Zu keinem Zeitpunkt der Geschichte hatten die Menschen mehr Freiheit und Zugang zu Information. Die Welt ist noch immer voller Gewalt und Gefahr, aber es ist nicht das Mittelalter, wo ein Drittel der Bevölkerung umkam, oder der Zweite Weltkrieg (ein sogenannter guter Krieg, ihr Krieg), als mehr als sechzig Millionen Menschen starben. War die Kindheit je unschuldig? Noch vor nicht allzu langer Zeit wurden Kinder geboren, damit sie auf den Feldern arbeiteten und die Kamine putzten. All diese Gedanken rasen mir durch den Kopf, als die Damen iPhones und das Internet und das schreckliche Benehmen der Leute heutzutage verteufeln. Ich würde gerne jedem einen dicken Schwall Pot ins Gesicht blasen, der meint, die Tage von Wein und Rosen wären dem Heute vorzuziehen. Aber ich halte mich zurück. Es ist nicht mein Lunch, und dies sind nicht meine Kämpfe. Für die Damen war, soweit ich weiß, die letzte für sie akzeptable Innovation die Küchenmaschine Cuisinart, eingeführt in den 70er Jahren, als die Zeit, die es dauert, Kartoffelpuffer zuzubereiten, buchstäblich halbiert wurde, was ja auch schon etwas ist.

◆

Bea war am Wochenende im Kino. Sie sieht sich gerne Filme an, sie nennt sie »Streifen«. Meistens geht sie mit ihren Freundinnen hinein. Sie ist sehr offen mit ihrer Meinung zu den jeweiligen Streifen, aber sie geht nicht weiter darauf ein, sie findet, man solle ihn selber ansehen. Rhoda gefiel *42*, die Jackie-Robinson-Geschichte. Es ging um ihre Zeit, und es war eine gute altmodische Geschichte, in der die Gerechtigkeit siegt. Meine Mutter fand den Film zu sentimental, und sie sind sich einig, auch anderer Meinung sein zu dürfen.

»Das ist wie beim Pferderennen«, sagt meine Mutter, eine etwas höflichere Formulierung für »Über Geschmack lässt sich nicht streiten«.

Jackies Mann geht nicht gern ins Kino, aber glücklicherweise haben sie Netflix entdeckt. Sie erwähnt, dass sie im Bett *Les Misérables* gesehen haben. Ich versuche mir vorzustellen, wie sie in ihrem sechzig Jahre alten Bett sitzen und Fantines Melodie sie berieselt. Mir war ungezügelte Leidenschaft immer peinlich: Mit jemand anderem eine Krimiserie wie *The Wire* anzusehen würde ich nicht wagen.

Am Wochenende trafen mein Mann und ich Bette und

Arthur, als wir aus dem Kino kamen. Wir hatten alle Woody Allens *Blue Jasmine* gesehen. Bette war begeistert von Cate Blanchetts darstellerischer Leistung. Jasmine war eine Lebensrolle. Ein anderes Paar kauerte in der Nähe. Die beiden sahen schmächtig und krank aus, der Mann zog ein Sauerstoffwägelchen hinter sich her. Als sie näher kamen, wurde mir klar, dass sie zu Bette und Arthur gehörten. Natürlich weiß ich, dass Bette und Arthur ständig mit anderen Ehepaaren ausgehen, aber plötzlich hatte ich Mitleid mit meiner Mutter, die oft mit ihnen im Kino ist. Sie betonen, dass sie kein fünftes Rad am Wagen ist, auch wenn sie das Gefühl nie loswird. Als ich die beiden Paare sah, wurde mir überdeutlich, dass für meine Mutter das Leben in einer Paarbeziehung vorbei ist. Sie sagte immer über meinen Vater, dass er ein toller Flirt war, und als ein großer Teil des Verlustes galt für sie das Ende ihres gemeinsamen gesellschaftlichen Lebens und die Anpassung daran, jetzt alleinstehend zu sein. John und ich haben kein Problem damit, allein ins Kino zu gehen. Wir waren auch schon getrennt im Urlaub, wenn unsere Terminkalender nicht zusammenpassten. Meine Mutter hätte sich nicht träumen lassen, allein auszugehen oder aus der Reihe zu tanzen, wenn ihr die Entscheidungen meines Vaters nicht gefielen. Ihr missfällt diese ganze Unabhängigkeit, und sie hält sich mit ihrem Urteil nicht bedeckt, wenn sie Dinge sagt wie »wenn du so leben willst«. In ihrer Generation brauchte man für solche Aktivitäten einen Begleiter.

Nach dem Tod meines Vaters standen meiner Mutter eine ganze Reihe Witwen zur Wahl, mit denen sie sich zusammentun konnte, aber sie hoffte, auch einen Mann zu finden – als Freund. Sie hatte ein oder zwei Dates, aber daraus wurde nichts. Meine Mutter und all ihre Damen sind sich darüber im Klaren, dass das Verhältnis von Männern zu Frauen in ihrer Altersgruppe deutlich zu Gunsten der Männer liegt; Frauen leben im

Allgemeinen fünf Jahre länger als Männer – oder noch mehr. Verwitwet ein Mann, hat er sich demnach ziemlich bald wieder eine Frau geschnappt. Nachdem ein erfolgreicher Geschäftsmann in der Stadt seine Frau durch Krebs verloren hatte, spekulierten die Frauen, wie lange es dauern würde, ehe er wieder verheiratet wäre. Bette: ein Jahr. Roz: sechs Monate. Bea: eine Minute nach New Yorker Zeitgefühl.

Tatsächlich vermutet meine Mutter, dass – wenn ein Mann nicht gleich weggeschnappt wird – mit ihm etwas »ziemlich Schlimmes« nicht in Ordnung ist.

»Was zum Beispiel?«, fragte ich sie einmal.

»Alles zum Beispiel.«

»Nein, im Ernst, was zum Beispiel?«

»Weiß ich nicht.« Ihre Stimme klang müde, und ich merkte, dass ich mit diesen ständigen Fragen aufhören sollte.

»Komm schon, was zum Beispiel, du musst doch etwas meinen.«

»Wer zum Teufel weiß das«, sagte sie verärgert. Solche Wortwechsel waren uns vertraut. Als ich klein war, befragte ich meine Mutter gnadenlos, auf der Jagd nach Antworten, als wäre sie im Zeugenstand, und ich könnte sie erweichen, indem ich ununterbrochen auf sie einhämmerte. *Warum haben wir heute so spät zu Abend gegessen? Warum musste ich auf die Hebräische Schule? Warum durfte meine ältere Schwester die vielen Oscar-Verleihungen sehen? Warum? Warum? Warum?* Die Antworten meiner Mutter waren nichtssagend und unbefriedigend. *Eben deshalb, weil ich es so gesagt habe, es muss nicht auf alles eine Antwort geben.* Und was mich am meisten erzürnte: *Wer sagt denn, das Leben sei fair?* Ich war ein Kind, und somit glaubte ich an Gerechtigkeit, auch wenn dies nur bedeutete, dass meine Schwester und ich gleich viel Nudelauflauf bekamen. Meine Mutter sah das anders. Sie hatte schon längst erfahren müssen, dass die Welt nicht fair war. Sie musste in dieser Welt leben, ob sie wollte oder nicht.

♦

Als es Zeit zum Bridgespielen ist, gehen wir in Bettes helle Küche. Der Tisch steht neben Glasschiebefenstern, vor denen sich die langen Blütenzweige eines Kirschbaums im Wind bewegen. Draußen steht ein Picknicktisch mit einem Schirm, der daran befestigt ist. Die Terrasse ist von jahrelanger Sonne ausgebleicht. Ich kann mir gut vorstellen, wie Bette ein Tablett mit Hamburgern herausträgt, damit ihr Mann sie grillt, ihre Beine unter einem Tennisrock oder einer knackigen Hose sind kräftig und braun gebrannt, und die drei Kinder spielen im Garten.

Ein großes Gemälde beherrscht die eine Wand. Es zeigt eine Frau in einem geblümten Kleid, mit flottem Hut. Ihre Augen sind irgendwie leer, und mir ist nicht klar, ob sie gelangweilt ist oder traurig, oder ob ich da etwas hineinprojiziere. Meine Mutter teilt aus. Jede Dame nimmt ihre dreizehn Karten und ordnet sie nach den Farben, außer Bette, die diese Runde aussetzt und derweil die Spülmaschine belädt. Es sieht so aus, als könnte sich kein Teller in ihrer makellosen Spüle oder auf dem aufgeräumten Küchentisch wohlfühlen.

Selbst wenn sich die Damen nicht öffnen, bin ich zunehmend überzeugt davon, dass die Art und Weise, wie sie ihre Karten ordnen, einen Aspekt ihrer Persönlichkeit verrät. Bette macht einen engen Fächer aus ihren Karten, was ihren Ordnungsfimmel zeigt. Rhoda hält ihre Karten wie ein Gebetbuch. Bea nimmt blitzschnell eine Karte nach der anderen auf, eher wie bei Siebzehnundvier als beim Bridge. Jackie bleibt verhalten, während sie ihre Karten sortiert. Wenn sie eine Ray-Ban-Sonnenbrille hätte, sähe sie cooler als Bob Dylan aus. Meine

Mutter bildet mit ihren Karten einen weiten Fächer und grunzt vernehmlich, wenn sie ihr nicht passen. Manchmal denke ich, dass dies ein großer Akt ihrerseits ist; aber bei meiner Mutter weiß man nie. Vermeintlich kein Pokerface zu haben, *ist* ihr Pokerface. Sie verbirgt ihre Verletzungen gut. Ich glaube aber, dies trifft auf alle Damen zu.

Ich frage Bette, warum sie ihre Schauspielerei nach dem großen Erfolg im letzten Studiensemester nicht weiterverfolgt hat und zum Vorsprechen nach New York gegangen ist.

»Na ja«, sagt sie, indem sie ein schlankes Bein über das andere legt, »ich hatte wohl nicht den Mumm.« Ich wende ein, dass sie doch den Mumm hatte, die Regisseurin zu bestürmen, und dann die Rolle bekam. »Stimmt schon«, sagt sie, plötzlich lustlos. »Aber wo hätte ich wohnen sollen? Ich hatte kein Geld. Ich hätte nicht gewusst, wie ich das schaffen sollte.«

Auch Jackie hing der Wunschvorstellung nach, Schauspielerin zu werden, aber sie war pragmatischer als Bette. Ein oder zwei Spielzeiten bei dem Theaterfestival in New Hampshire, das reichte ihr. Nach dem Examen gewann sie bei einem Radiowettbewerb, und der Preis bedeutete, mit Zero Mostel in einer Radiosendung aufzutreten. Die Sendung wurde von Sardi's übertragen, einem bekannten New Yorker Restaurant, das für seine Celebrity-Kundschaft und die gerahmten Karikaturen berühmter Leute an den Wänden bekannt war. Für Jackie muss es überwältigend gewesen sein, und damit begann sie, ihre eigenen verwegenen Theaterträume anzuzweifeln. Als sie das Restaurant verließ, rief Mostel ihr nach: »Du findest schon einen Typ, der dich heiratet. Lass es bloß mit diesem Geschäft hier.« Zweifellos hatte er seine Worte vergessen, kaum dass sie ihm über die Lippen gegangen waren. Doch Jackie hatte sie sich schon zu Herzen genommen.

Bette erwähnt, dass sie immer noch Ankündigungen von Auditions in der Zeitung verfolgt.

»Wirklich?« Ich kann es nicht glauben.

»Ich würde dem nie weiter nachgehen.« Sie winkt das Eingeständnis ab.

»Aber Sie schauen noch immer danach. Warum?«

»Ich weiß es nicht. Ich informiere mich gern über das, was da draußen los ist.«

»Bette«, sage ich, »Sie müssen nach etwas suchen.«

»Nein«, sagt sie und wird sehr ernst. Die bisherige Freude, über ihre jugendliche Karriere zu sprechen, weicht großer Traurigkeit.

Schließlich bricht Bette das Schweigen doch noch einmal. Sie wüsste gern, ob sich Julia Jacobs auch Hoffnungen auf eine Schauspielkarriere gemacht hat. Wurden sie mit einem Schlag zerstört oder im Laufe der Zeit allmählich zunichte, bis sie schließlich aufgab, ein Studio eröffnete und dann einer kunterbunten Gruppe von Schülern beibrachte, den Mund aufzumachen und zu sprechen? Bette sollte nie herausfinden, wie weit Julia es gebracht hatte und wie tief sie gefallen war. Hat sie ihre Kunst der Ehe geopfert? War sie alleinstehend, weil sie das Schiff verpasst hatte? Oder weil sie der Kapitän ihres eigenen Schiffes war?

Bette blickt mich an. »Das werden wir wohl nie erfahren.«

Kapitel 5

Bingo

Jeff Bayone ist, wie ich höre, der Besitzer des Manhattan Bridge Club. Er ist mir dort schon aufgefallen, eigentlich ist er nicht zu übersehen. Er ist über einen Meter achtzig groß, hat eine so krumme Haltung wie irgendein Detektiv in der Fernsehserie *Law & Order* und einen Schnauzbart im Stil der 1970er Jahre. Von diesem Mann kann man sicher sagen: Er macht das nicht zum ersten Mal, er kennt sich aus. Ich denke, wenn er all die Zeit zusammenzählen würde, die er mit dem Warten darauf zugebracht hat, dass ein Anfänger eine Karte ablegt, könnte er leicht ein paar Monate zu seiner Lebenszeit hinzurechnen. Er ersetzt Barbara, und alle sind furchtbar eingeschüchtert. Er hat keine Zeit für Geplänkel und kann offenbar einschätzen, ob jemand Bridgetalent hat oder nicht. Ich fürchte, mich hat er schon abgestempelt.

Er legt ein Board auf den Tisch.

»Los geht's, ja?«

Die Britin und der Elf sind wieder da, außerdem eine neue Teilnehmerin. Sie wirkt wie eine Bankerin, in einem blauen Kostüm, dessen Rock nach einem langen Tag mit Derivatehandel zerknittert aussieht. Als sie ihren türkisfarbenen Pashmina-Schal herauszieht, bemerke ich eine doppelreihige Perlenkette mit einer Diamantschließe in Form eines Schmetterlings. Fantastisch. Sie sagt, sie habe früher schon gespielt, und behauptet, alles vergessen zu haben, das übliche Gerede von Wiederholern. Jeff hat ihr gesagt, sie solle bei unserer Stunde mitmachen und dann sehen, wie es weitergeht. Sie kann jederzeit auch bei einem Fortgeschrittenenkurs mitmachen, wenn sie besser ist, als sie sich jetzt einschätzt.

Wir haben bereits ein paar Unterrichtswochen hinter uns und sollten die Grundregeln kennen:

Wie viele Punkte und wie viele Karten brauchen wir, um die Reizung mit einer Oberfarbe zu eröffnen?

Wie viele Punkte und Karten, um mit einer Unterfarbe zu eröffnen?

Wie viele Punkte, um eine ausgeglichene Hand zu eröffnen?

Wie viele Punkte, um auf die Eröffnung unseres Partners angemessen zu reagieren?

Was bedeutet es, wenn wir »höherrangig« reizen?

◆

Leute, ich halte mich an die erste Stufe. All diese Zahlen im Kopf zu behalten, wie soll das gehen? Hier sitzt ein Mädel, das manchmal die Zahl der Staaten in Amerika mit der Anzahl der Karten eines Spiels verwechselt. *Das sind ja fast gleich viele.* Einmal war ich im Unterricht mit einer Frau zusammen, die so vollkommen frustriert über die Reizung war, dass sie jammerte: »Warum können wir nicht einfach sagen, was wir in den Händen haben?«

Nicht, dass ich sie nicht verstanden habe, aber das wäre, als würde man alle Kleider ablegen, bevor man ein Strip-Poker-Spiel beginnt.

Jeff starrt mich an.

»Sind Sie die Geberin?« Er weiß doch, dass ich die Geberin bin. »Möchten Sie eröffnen?«

Ich habe dreizehn Punkte, aber keine Fünferlänge in einer Oberfarbe.

»Passen Sie?«, fragt Jeff, und ich vermute sofort, ich hätte reizen sollen.

»Ich denke schon.« Meine Stimme kippt. Ich fürchte, gleich sagt Jeff, ich solle aufhören und ihm für meine miese Antwort fünfzig geben.

»Haben Sie vier Treffs?«

»Hab ich.«

»Dann reizen Sie 1 Treff.«

»Ich dachte, man soll mit einer Oberfarbe eröffnen.«

Ich habe vergessen, dass man auch mit einer Unterfarbe eröffnen kann; offenbar haben wir das in unserer zweiten Stunde gelernt. Jeff erklärt, dass die niedrigste Reizung 1 Treff ist. Wie bei Sotheby's kann man niemanden unterbieten. Wenn man beim Reizen mitmachen will, muss man höher reizen als der Partner, oder man muss den Gegner überbieten. Bis jetzt war meine größte Leistung in der Welt der Spiele, beim Scrabble ein Q auf einen dreifachen Wortwert zu legen.

Pashmina ist meine Partnerin, und als sie mit Reizen dran ist, sagt sie: »1 Cœur.«

Ich müsste eigentlich wissen, was ihre Reizung bedeutet, was sie mir damit signalisieren will. Jeff hält den Kopf schräg in meine Richtung. Ich starre so angestrengt auf die Karten, dass sie eher wie ein kubistisches Gemälde aussehen. Die Uhr tickt. Die Bankerin starrt mich an, vielleicht meint sie, ich sei nicht ganz klar im Kopf. Die Britin knabbert Salz von einer Salzstange ab. (Beiß halt ab, mein Gott!) Der Elf schaut mich mit großen ermutigenden Augen an, und ich würde ihm am liebsten eine runterhauen.

Ich spüre Jeffs Ungeduld.

»Übrigens«, sagt er, »auf der zweiundvierzigsten Straße kann man Bingo spielen.«

Es wird eine Weile dauern, wenn nicht ein ganzes Leben, diese Kränkung abzuschütteln. Statt mich weiter zu demütigen, zieht er seinen Stuhl näher heran und nimmt mit allen Blickkontakt auf. Sein Ton ändert sich, seine Stimme wird leiser. Er möchte uns den Eindruck vermitteln, dass Bridge mehr ist als bloß Auswendiglernen. Es ist etwas Schönes, die Sprache des Reizens zu entziffern und das Spiel des Blatts zu meistern. Noch benommen von der Beleidigung fällt mir ein Blitzen in seinen Augen auf. »Erst meint man, alles sei aussichtslos, dann nimmt es aber doch Form an«, sagt er, und seine Ermunterung klingt echt. Er liebt das Spiel, das sehe ich hinter seinem weltverdrossenen Gebaren. Vielleicht liebt er sogar uns.

Pashmina muss eher gehen und macht eine große Show daraus, ihren Schal wie einen Sari um sich zu wickeln. Jeff sagt zu ihr, sie gehöre wohl in die Mittelstufe. Das überrascht niemanden; sie war ganz offensichtlich allen voraus. Sie lächelt und nickt wissend, nervend wie eine Musterschülerin. Jeff übernimmt ihren Platz am Tisch. Er wirkt wie ein Zauberer, so geschickt ist sein Umgang mit den Karten, wenn sie in seinen großen Händen verschwinden.

»Okay«, sagt er, »wer kann mir sagen, was Schneiden ist?«

Ich wage nicht, den Mund aufzumachen. Wie eine Mutter, die sieht, wie ihr Kleinkind auf die Tischkante zuläuft, sieht Jeff jeden Fehler, ehe wir ihn begehen.

Die Britin meldet sich. »Ist das nicht, wenn du mit einem Stich mit einer niedrigeren Karte gewinnst, wo noch eine höhere Karte draußen ist?« *Wo?*

Jeff geht nicht so weit, sie zu loben oder irgendein Kompliment zu machen, und die Britin strahlt. Oh, ein Nicken von Jeff zu bekommen!

Doch was mir an Fertigkeiten fehlt, mache ich mit Begeisterung wett. Ich begreife sofort, wie kompliziert Bridge ist, wie viel Kampfgeist und Sucht darin steckt. Bis zur vierten Bridge-stunde habe ich mir bereits zwei Bücher über das Reizen und eine Bridge-App namens Bridge Baron gekauft. Statt im Zug meiner Arbeit nachzugehen und Manuskripte zu lesen, spiele ich inzwischen ein Blatt nach dem anderen. *Nur noch eins*, sage ich mir. Jetzt verstehe ich erst, wie das Spiel die Damen so faszi-nieren konnte, dass sie all die Jahre dabeigeblieben sind. Ja, die Freundschaft, ja, das De-facto-Netzwerk gegenseitiger Unter-stützung, aber ich merke auch, dass sie Bridge wirklich lieben. Es macht unglaublich viel Spaß.

Man sagt, Bridge halte den Geist wach, und auch das ver-stehe ich. Man kann Bridge nicht leichtfertig spielen, die ganze Zeit quatschen, oder es so wie das Pokerspiel meines Freun-des betreiben, bei dem die Männer kiffen und benebelt bis in die Nacht spielen. Bridge fordert vollkommene Konzentration. Diese Hingabe ist wohl das Berauschende am Bridge: Wenn man spielt, kann man an sonst nichts denken. Die Stunden ver-streichen unmerklich. Die vertraute Welt verschwindet: Ärger bei der Arbeit, eheliche Dürrezeiten, die Collegebewerbungen meiner Tochter.

Nach der Stunde packe ich meine Sachen ein, und dieser Bingo-Schlag tut mir noch immer weh. Jeff merkt wohl, wie mein Ego verletzt ist, und sagt, ich solle mir keine Gedanken machen und wiederkommen.

»Ich bin so schlecht im Rechnen«, sage ich und biete damit eine lahme Entschuldigung.

»Es geht eigentlich nicht um Rechnen«, sagt er, »es geht um Logik.«

Jetzt bin ich wirklich am Ende.

»Vielleicht sollten Sie den Grundkurs wiederholen. Das ist keine schlechte Idee.«

Ich verstehe. Ich soll die Klasse wiederholen. Kein Kind hört das gern, aber manchmal ist es zum eigenen Wohl. Das Einzige, womit ich Erfolg hatte, war, dass ich die Finger von den Snacks gelassen habe, aber an dem Abend habe ich mir eine Handvoll Mike-and-Ikes-Fruchtgummis mitgenommen und das süße Zeug gekaut, um auf dem Weg zur U-Bahn durch die kalte, dunkle Nacht alle anderen Gefühle zu verbannen.

Kapitel 6

Wie ich deinen Vater kennenlernte

♠

»Ach Gott, es waren so viele. Ich kann mich gar nicht mehr erinnern.« Jackie meint damit die vielen Jungen, die gerne mit ihr
ausgegangen wären: das Mädchen mit der Petite-Größe, große
Augen, Porzellanhaut, bezaubernd wie das Bildnis einer Adli-
gen aus dem 19. Jahrhundert und fast ebenso zurückhaltend.
Es gab nie einen Mangel an jungen Männern, die bei Brodys in
der Hoffnung auf eine Verabredung anriefen.

Dies ist unser erstes Zusammensein, und Jackie hat mich in
ihr offizielles Wohnzimmer begleitet. Es ist sehr schön eingerichtet, mit ausgesuchten Antiquitäten, aber es hat auch etwas
Gespenstisches, nicht gerade wie bei Charles Dickens' Miss
Havisham, aber sicher hat es lange niemand betreten. Es ist
ein wunderschönes Zimmer und hat wahrscheinlich so man-
ches großartige Fest gesehen; heute ist es eher ein Museum, nur
ohne Samtabsperrungen und Wachpersonal, das an den Ein-
gängen hin- und herschlurft.

Jackie ist in Morris Cove aufgewachsen, an der Küste von
Connecticut. Als Mädchen machten sie und ihre Klassenkame-
radinnen einmal einen Ausflug zum Morris House, einem der
ältesten Wohnhäuser in der Gegend.

Für manche Kinder war es nur ein altes Haus, das mit allerlei
altem Zeug ausgestattet war, einem Butterfass, einem Nachttopf
und einem Kamin, der groß genug war, um darin kleine Kinder

zu braten. Jackie war voller Bewunderung für die karge und doch elegante Möblierung, die Fenster mit den vielen Scheiben mit geriffeltem Glas, und die schwarz schimmernde, elegante Kutsche in der Garage. Sie gibt ihre Liebe zu allen kolonialen Sachen offen zu. »Hier hat meine Liebe zu Einrichtungen des achtzehnten Jahrhunderts begonnen«, resümiert sie, und ich sehe ihren Geschmack, wenn ich mich bei ihr umschaue. Das Haus aus dem 18. Jahrhundert, so Jackie, gibt es heute noch.

◆

Ich lade sie zu einem gemeinsamen Ausflug zum Morris House und auch zu ihrem Elternhaus ein, in der Hoffnung, ein paar Erinnerungen anzustoßen. Sie ist einverstanden, und einige Wochen später, an einem kühlen Aprilmorgen, machen wir uns auf den Weg. Townsend Avenue ist ein breiter Boulevard, wo die ganz gewöhnlichen Häuser in der fahlen Sonne verblasst aussehen und die amerikanischen Flaggen, die früher einmal symbolisch für dieses stolze Schlachtfeld der Revolution waren, schlaff und zerfetzt herunterhängen. Als Erstes fällt Jackie ihre Grundschule ins Auge, nach dem Kriegshelden von Connecticut, Nathan Hale, benannt. (»Ich bedaure nur, dass ich für mein Land nur ein Leben lassen kann.«) Sie und ihr Bruder hatten jeden Tag einen Schulweg von insgesamt etwa drei Kilometern hin und zurück und zusätzlich noch mittags zum Lunch dasselbe. Ich frage mich, wie sie dazu Zeit hatten. Noch erstaunlicher kommt es mir vor, dass ihre Mutter jeden Tag ein warmes Essen kochte: Braten, Brathühnchen, manchmal Leber.

»Kein Tiefkühlessen? Fertiglunchpakete?«

»Nein«, sagt Jackie mit einem kleinen Lächeln.

Das Backsteingebäude sieht so aus, wie sie es in Erinnerung

hat, außer einem neuen Flügel an der Seite, wo sich vermutlich die Sporthalle und eine Cafeteria befinden. Es ist so ein riesiges modernes Ding, und, wie nicht anders zu erwarten, gefällt es Jackie nicht.

Wir fahren am Morris House vorbei. Ich biege in die Einfahrt ein, und wegen der Jahreszeit ist es noch geschlossen. Es sieht eher wie ein Bauernhaus aus und nicht wie die Villa, die ich erwartet hatte. Dann braucht es etwas Erinnerungsarbeit, aber schließlich finden wir Jackies Elternhaus. Sie ist schockiert, dass im Garten Rasen-Ornamente und Plunder sind, alles mit einem weißen Material überzogen, das wie Asbest oder der Fallout eines nuklearen Holocaust aussieht. Eine Markise hängt am Haus, gewissermaßen spöttisch, mit einem hässlichen Grinsen. Jackie sagt kein Wort. Als ich sie frage, ob sie gehen möchte, nickt sie bejahend.

Dieser Ausflug war keine gute Idee. Was hatte ich denn erwartet? Dass wir bei unserem kleinen Abenteuer Freundschaft schlössen? Dass sie sich öffnen und mir zeigen würde, wo sie ihre erste Zigarette geraucht oder mit einem süßen Jungen geturtelt hat? Und was war mit Jackie? Hatte sie tatsächlich erwartet, ihr Elternhaus wie auf einem Norman-Rockwell-Gemälde erhalten zu sehen? Vermutlich behalten wir alle unser Elternhaus so in Erinnerung.

Sie möchte nach Hause, aber ich dränge darauf, das berühmte Karussell im Lighthouse Point Park zu sehen. Ursprünglich 1916 errichtet, ist es in seiner ehemaligen Pracht restauriert worden. Jackie kann sich erinnern, wie sie als kleines Mädchen bei besonderen Anlässen darin fahren durfte. Heutzutage sind dort Barrikaden aufgerichtet, mit denen die Einfahrt blockiert wird. Der Weg zum Karussell ist zu weit für sie – zu Fuß. Niemand ist zu sehen, und so fahre ich in einem großen Bogen um die Zäune herum.

»Das können Sie doch nicht machen«, sagt Jackie erschrocken und drückt ihre Hand gegen die Scheibe.

»Es ist in Ordnung, nur für eine Minute.«

»Nein, bitte, drehen Sie um.« Ich merke, dass sie beunruhigt ist, aber ich bin sicher, wenn sie das Karussell sieht, wird es sich lohnen.

»Hier ist doch niemand. Es ist schon in Ordnung.« Ich versuche, sie zu beruhigen, aber ihre Augen sind vor Angst weit aufgerissen.

Ich weiß nicht, was mich dazu ermutigt hat. Normalerweise befolge ich Regeln wie eine Pfadfinderin. Ich verstehe auch selbst nicht, warum ich Jackies Wünsche ignoriert habe; war ich so verzweifelt darauf aus, sie glücklich zu machen, und überzeugt, dass es mir gelingen würde? Jackie ist von allen Bridgedamen am schwersten kennenzulernen. Ich kann nicht sagen, ob sie allgemein schüchtern oder reserviert ist oder nur in meiner Gegenwart. Sie ist auch die Faszinierendste, ihre Ausstrahlung entsteht zum Teil durch ihre Zurückhaltung, eine Eigenschaft, die mir nie gegeben war, aber ich wünschte, ich wäre dahingehend etwas erfolgreicher. Ich habe ihr sogar den Spitznamen Sphinx gegeben. Sie hatte klar und deutlich gesagt, sie wolle nicht, dass ich durch die Einfahrt fahre, und ich habe es trotzdem einfach getan. Später merkte ich, dass es nicht mehr um Jackie ging. Mein Bedürfnis übertrumpfte das ihre. Ich weiß nicht, was ich erwartet habe: dass der Anblick des mächtigen Karussells Jackies Kindheit in einer warmen Welle von Nostalgie zurückbrächte? Dass ich sie glücklich machen würde? Wollte ich das mit all diesen Damen und am meisten mit meiner Mutter, der Ober-Sphinx?

Ich fahre bei der achteckigen Konstruktion vor, die das Karussell vor Witterung und Vandalismus schützt. Ich springe aus dem Auto und drücke die Nase gegen das Plexiglas. Drachen mit Schuppen in Gold, Pferde zu viert nebeneinander, leuchtend auf Hochglanz bemalt, oben ein Fries mit der Küste von Connecticut und ein Wurlitzer Musikautomat, der fetzige Walzer aus seinem Inneren hervorsprudelt. Jackie bleibt im Auto, sie starrt geradeaus vor sich hin. Ich öffne die Wagentür und frage, ob sie sich umsehen möchte, obwohl ich schon ahne, dass sie sich nicht von der Stelle rühren wird. Ich gönne mir noch einen letzten Blick durch das Plexiglas; die riesigen aufgeblähten Nüstern eines Pferdes und sein böses schwarzes Auge aus Marmor starren mich an.

Beim Zurückstoßen aus der Parklücke frage ich, ob sie gerne ein Eis hätte.

»Das wär schön.«

Da blitzt plötzlich auf, wie Jackie als junges Mädchen auf ihrem Lieblingspferd ausgesehen hat, wie sie ihrer Mutter im Vorbeiziehen zuwinkt und ihr Vater in seiner Hosentasche nach Kleingeld sucht, als die Glocken des Eiswagens in der Ferne erklingen.

Als Bridgegastgeberin lädt Jackie zum Essen in einen Diner in der Nähe ihrer Wohnung in Bethany ein. Dies ist einer der ländlicheren Vororte von New Haven, wo die Farmen wie Patchworkdecken ausgebreitet liegen und die Pferde ruhig wie Plastikspielzeug dastehen. Die einzigen Vorboten des Frühlings sind die leuchtenden Forsythiensträucher, deren Knospen gelb explodieren wie Popcorn im Kino, und frühe Tulpentriebe recken sich wie hungrige Schnäbel, die nach Nahrung suchen, aus der Erde. Der Himmel ist trübe unter einer Wolkendecke; die Straßen sind vom Salz ausgebleicht.

Beim Einparken beobachte ich, wie Jackie auf dem Parkplatz aus ihrem uralten Kombi mit seinen Holzverblendungen aussteigt. Sie fährt nicht mehr selber, ihre Freiheit ist somit immens eingeschränkt. Dick, der die Rolle des Chauffeurs übernimmt, setzt auf dem Parkplatz dreimal vor und zurück, um den breiten Wagen in die Parklücke hineinzumanövrieren, als wäre es eine Yacht, die in einen Hafen einläuft. Jackie geht mit kleinen, unsicheren Schritten auf den Eingang zu. Sie sieht warm eingepackt aus, die Handtasche unter den Arm geklemmt. Aus der Entfernung wirkt sie wie eine Puppe mit ihrem frisch frisierten Haar und den korallenfarbenen Lippen. Als ich auf dem Parkplatz auf sie zugehe, sieht sie zuerst erschrocken aus, als wäre sie von einem Reh überrascht. Dann erkennt sie mich. »Oh, hallo.«

Während wir die Restaurantrampe hochlaufen, sagt Jackie: »Ich muss Ihnen etwas sagen. Dieser Ausflug hat mir gar nicht gefallen. Mich hat das sehr deprimiert.« Ich halte ihr die Tür auf, und wir treten ein. Ich fühle mich zwar schrecklich, weiß aber nicht, was ich sagen soll. Ich beschließe, die weiteren Ausflüge, die ich vorhatte, zu vertagen.

Der Country Corner Diner ist wesentlich weniger peppig als der Grieche. Schlichter. Eine handgeschriebene Tafel zeigt die Tagesspezialitäten an: Hühnersuppe mit Reis, Roastbeef und Kartoffelbrei als Hauptgericht. Gulasch!! Die Damen kommen an und suchen sich ihren gewohnten Platz am Tisch. Als meine Mutter mich begrüßt, sagt sie: »Also, hallo.« Es klingt, als wären wir zufällige Bekannte und nicht Mutter und Tochter. Sie hält sich gerne an diese Schauspielerei, als wäre sie nur irgendeine der Bridgedamen.

Eine gut aussehende junge Frau reicht uns die Speisekarten und wird für unsere Bestellung gleich wieder da sein. Sie ist schlank, hat hohe Wangenknochen, und ihr glänzendes braunes Haar ist zu einem Pferdeschwanz zurückgenommen. Sie bietet den Damen Anlass zu allerlei Spekulationen. Angeblich hat sie einen Hochschulabschluss, und früher soll sie einen gut bezahlten Job in Boston oder New York gehabt haben. Nun arbeitet sie hier in einem normalen Restaurant an einer normalen Landstraße. Was für eine Geschichte steckt dahinter? Die Damen können es nicht fassen, wie ein so gut aussehendes *und* gebildetes junges Mädchen hier kellnern kann. Ich vermute, dass sie Geld beiseitegebracht hat, um eine Kokainsucht zu finanzieren. Die Damen dulden solche Schnapsideen nicht; meine Fantasie ist ihnen zu rege. Trotzdem haben sie Mitleid mit ihr. Hatte sie denn keine anderen Möglichkeiten? Gab es niemanden, der sich für sie interessierte? Kellnern ist zwar nicht Prostitution, aber das Mitleid der Damen hört sich so an.

Für sie bedeutete Heiraten und Verheiratetbleiben, gefährliche Wasser unter Kontrolle zu halten. Keine der Bridgedamen ist wie Lily Bart, Edith Whartons tragische Heldin, durch die Ritzen der Gesellschaft gefallen. Keine trat je in einem Polyesterkleid und weißen Keilabsatzschuhen auf. Ganz gleich, welche Chancen sie verpassten, indem sie *nicht* arbeiteten, sie waren auch *vor* dem Arbeiten behütete Wesen. Warum hatte unsere goldige junge Kellnerin keinen solchen Schutz? Niemand spricht es aus, aber es liegt in der Luft: Einem jüdischen Mädchen würde das nicht passieren. Selbst wenn es durchaus passieren könnte – und auch passiert.

An dem Morgen, als ich zu meinem nächsten Besuch komme, wacht Jackie gerade auf. Dick besteht darauf, dass ich hereinkomme, und leistet mir beim Warten Gesellschaft. Von da an bleibt er immer einen Teil der Zeit dabei. Mir ist nicht ganz klar, ob er und Jackie unzertrennlich sind oder ob er sich einfach nicht ausgeschlossen fühlen möchte. Ich frage Dick, ob er je Zweifel daran hatte zu heiraten, oder sich je die Frage gestellt hat, ob er heiraten wolle.

»Keineswegs. Daran habe ich nie gezweifelt. Niemals. Mir

kam es vorherbestimmt vor.« Ich bin immer vorsichtig bei Leuten, die mit absoluter Sicherheit durchs Leben gehen, aber als Dick das sagt, weiß ich, dass er für seine ganze Generation spricht, für eine Zeit, als die Männer das Richtige taten: Sie kämpften für ihr Land, sie gaben dem Schuhputzjungen ein Trinkgeld, und sie hängten ihren Hut auf, ehe sie sich zu Tisch setzten. Keine Baseballkappen, Schirm nach hinten, bei Tisch. Sie arbeiteten vierzig Stunden die Woche, schlossen Versicherungen ab und heirateten gute Mädchen. Ein Mann zu sein, das bedeutete, zu heiraten und eine Familie zu gründen und sie zu unterhalten. *Mädchen waren Mädchen, und Männer waren Männer. Mister, wir bräuchten wieder einen Mann wie Präsident Hoover.*

Für Dick war die Wahl einfach: Er wollte die schönste Frau am Platz. »Hatte nie einen Funken Zweifel.« Es war Dicks letztes Studienjahr in Yale, und Jackie war im zweiten Semester an der Universität von Connecticut. Sie war für das Fußballspiel Yale gegen Princeton übers Wochenende nach Hause gekommen, wegen des gesellschaftlichen Trubels. Bei einer Cocktailparty lernten sich die beiden dann kennen. Nur war Jackie offensichtlich in Begleitung gekommen. Egal. Dick ging geradewegs auf sie zu und bat sie zu einem Rendezvous. Ich frage ihn, wie er die Chuzpe hatte, sie anzusprechen; sie war ja immerhin in Begleitung da. Hielt ihn das nicht davon ab?

»Nein.«

»Wirklich?«, drängte ich. »Haben Sie sie nicht sozusagen abgeworben?«

»Jeder kämpft für sich allein.« Dick zuckt nicht mit der Wimper. Es ist geradezu darwinistisch. Ich schaue den Mann mir gegenüber an, jetzt über achtzig, in Lederhausschuhen und kariertem Morgenmantel, und denke: *du Teufel.* Dennoch, Jackie musste in ihrem Kalender nachsehen. Bei aller Zuversicht konnte Dick das Treffen mit Jackie frühestens zu Weihnachten verabreden. *Stell dich in der Schlange an.*

Dick zeigt auf ein Haus zwischen den Bäumen. »Dort, da bin ich aufgewachsen«, sagt er stolz. »Da haben wir uns verlobt.« Abgesehen von den zwei Jahren, in denen ihr Haus gebaut wurde und sie in einem Appartement wohnten, haben sie ihr ganzes Eheleben über hier gewohnt. Der Briefkasten ist verrostet, ein lange vernachlässigtes Nest unter einer Dachrinne hängt gefährlich herab, und die Stufe zwischen dem Flur und dem Arbeitszimmer ist vom täglichen Gebrauch ausgetreten. Zwei Kinder haben sie hier aufgezogen, einen erfolgreichen Jungen, der wie Dick Ingenieur geworden ist, und eine sehr kultivierte Tochter, die im Bereich Kommunikation arbeitet. Dick schwört, dass sie die Kinder nie drängen oder antreiben mussten; sie wussten, was von ihnen akademisch erwartet wurde, und das Leben verlief plangemäß.

Jackie kommt in einem mauvefarbenen Morgenrock und Hausschuhen herein. Ein kleiner Silberclip hat sich gelöst und hängt an einer Haarsträhne. Ich würde ihn am liebsten wieder festmachen, aber das wäre zu vertraulich.

Ich erkundige mich, ob es normal war, mit mehreren jungen Kerlen gleichzeitig auszugehen.

»Ja, durchaus.«

»Hat man Ihnen nie den Laufpass gegeben?«

»Nein.«

Dann erinnert sich Jackie doch ganz aufgeregt: »Ich hatte die Röteln, und mein Freund kam zusammen mit einer meiner Freundinnen zu Besuch, und danach habe ich nie wieder von ihnen gehört. Sie haben eines Tages geheiratet, und später erfuhr ich, dass sie geschieden waren. Am Ende traf ich einmal ihre Tochter, und sie war auch geschieden.« *Schnippschnapp!*

Die Partnersuche spielte sich vor allem bei den wöchentlichen Tanzveranstaltungen ab. Es war die Zeit, als man Jitterbug, Lindy, Hop und Swing tanzte, was heutzutage noch altmodischer als Bridge ist. Die Herren trugen einheitlich weiße Hemden und schwarze Jacketts, schmale Krawatten, die mit kleinen Clips festgeklemmt waren, und die Haare waren mit Pomade aus dem Gesicht gekämmt. Die Mädchen trugen meistens lange Kleider mit figurbetonter oder niedriger Taille, die Röcke aufgebauscht, wie Mallomar-Kekse.

»Es gab viele Tanzfeste. Es war wichtig, ein Date zu haben, und das hatte ich immer«, sagt Jackie nonchalant.

»War es Ihnen wichtig genug, um mit jedem Beliebigen auszugehen, der Sie aufforderte?«

»Nein, ich war wählerisch.«

Damit Jackie sich nicht zu viel in den Kopf setzte, holte ihre Mutter sie wieder ziemlich unsanft auf den Boden, und zwar immer ohne jedes Kompliment, vor allem hinsichtlich ihres guten Aussehens.

»Sie sagte immer: ›Das sollen andere machen.‹ Und das sagte sie mehr als einmal.« Als könne große Schönheit auch große Tragik nach sich ziehen.

Als ihr Vater einen finanziellen Einbruch erlitt und die Familie für eine Weile im Haus seiner Schwester unterbrachte, mussten sie um Jackies Tante, die den Kosenamen Lady hatte, auf Zehenspitzen gehen. Jackie kann sich noch erinnern, wie sie mit ihrer Mutter das Morgenmagazin im Radio hörte. »Frühstück mit Dorothy und Dick.« Hier ging es um ein Ehepaar, und die beiden berichteten aus ihrer Penthousewohnung mit Butler und zwitscherndem Wellensittich in der Park Avenue von dem glamourösen New Yorker Leben. Entweder war dies eine großartige Ablenkung oder eine lächerliche Scharade für Jackies Mutter, die, mit den Ellenbogen tief im Spülbecken, um Lady und ihr kolossales Getue herumschlich. Doch wenn es ums Tanzen ging, hatte Jackies Mutter immer Geld für Kleider und Nylonstrümpfe, Taschen und Schuhe. Aber eigentlich war es ihr Vater, der sich um ihr Aussehen bemühte. Er wollte, dass sie nicht wie Krethi und Plethi aussähe, und sorgte dafür, dass sie gut geschnittene Kleider hatte und die Haare sittsam frisiert waren, anders als die modischen Tollen und Hochsteckfrisuren, deren hochgetürmte Victory Rolls eher wie perfekte Surfwellen aussahen.

Bei ihrem ersten Date ging Dick mit Jackie zum Dinner in das gemütliche Restaurant Fireside. Danach fuhr er an den Wochenenden zur Universität von Connecticut, um sie zu treffen, auch wenn sie noch nicht exklusiv ein Paar waren. Ich frage Jackie, ob sie sich Optionen offenhalten wollte.

»Ein wenig.«

Als sie einen Sommer beim Theaterfestival in New Hampshire verbrachte, kam Dick mit, und er tat so, als teilte er ihre Liebe zum Theater, und machte den ganzen Sommer über Malerarbeiten, nur um in ihrer Nähe zu sein und andere Freier abzuhalten.

Ich frage Jackie, ob sie verliebt war oder ob es sich eher so anfühlte, dass sie sich vorstellen konnte, den Rest ihres Lebens mit Dick zusammen zu sein.

»Von beidem etwas.«

»Denken Sie, dass die Frauen Ihrer Generation pragmatischer in der Wahl ihrer Ehemänner waren?«

»Vermutlich schon.«

Warum glaubten die Bridgedamen nicht, dass sie die freie Wahl hatten? Ruth Bader Ginsberg ist eine Zeitgenossin von ihnen. Sie wuchs in Brooklyn auf. Soweit ich weiß, hätte sie durchaus mit meiner Mutter beim israelischen Volkstanz im Jüdischen Zentrum East Midwood sein können. Vermutlich spielte sie Bridge! Aber nichts konnte sie abhalten, ihre Träume von sozialer Gerechtigkeit zu verfolgen, bis zum Obersten Gerichtshof der Vereinigten Staaten. Die Damen bewundern sie. Aber mehr auch nicht. Sie hatten keine Karriere geplant; das stand nicht in den Karten.

Ich hatte mir geschworen, dass ich immer arbeiten und meinen eigenen Lohnscheck nach Hause bringen würde. Ich sehnte mich nach der Unabhängigkeit, die meine Mutter aufgegeben hatte – zumindest sah ich es als Jugendliche so. Einmal sprachen wir in einer Gruppe von Schulfreundinnen darüber, was später einmal aus uns werden sollte. Jede von uns wünschte sich eine Karriere: als Ärztin, Juristin, Schriftstellerin oder Künstlerin. Nur eines der Mädchen sagte, sie wolle heiraten und Kinder machen. Genau so sagte sie das: Kinder machen. Das hörte sich nach einer Fabrik an. Es hörte sich nach den 50er Jahren an.

♦

Jackies Hochzeitsalbum ist dick und schwer, fast wie ein Möbelstück, die Fotos sind auf schwerem Stoff aufgezogen, die Schwarzweißbilder chamois gefärbt. Jackies Hochzeit fand im großen Ballsaal des Taft Hotel statt. Dies war die Institution von New Haven, wo *man* heiratete. In der Lobby standen über zwanzig Meter hohe korinthische Säulen und eine Rotunde mit einer Glaskuppel aus buntem Tiffany-Glas. (Auch Bette heiratete dort. Ein unterirdischer Tunnel schuf eine Verbindung mit dem Shubert Theater, das Bette als junges Mädchen so verzaubert hatte. Die bekanntesten Schauspieler jener Tage gingen durch den Tunnel vom Hotel zum Bühneneingang. Eine wichtige Szene von *Alles über Eva* wurde hier gedreht, wo die manipulative Eve Harrington gegen die große Margo Channing intrigiert, Letztere natürlich von Bettes Vorbild und selbstgewählter Namensschwester Bette Davis gespielt. Die Ähnlichkeit muss für Bette bittersüß gewesen sein; ihr alternatives Universum eine Minute und eine Million Meilen weit entfernt. Weder sie noch Jackie erinnern sich, wie ihre Eltern sich das Taft oder die Kleider, die sie in New York kauften, leisten konnten, aber sie konnten es.)

Dick sieht auf den Bildern eher wie ein Bar-Mizwa-Junge als wie ein Bräutigam aus, jedes einzelne ein wohlbekanntes Tableau einer traditionellen jüdischen Hochzeit: Braut und Bräutigam unter der Chuppa, der Bräutigam zerbricht ein Glas, und dann der erste Tanz. Jackie sieht am Arm ihres Vaters bedrückt aus. Sie bringt mir in Erinnerung, dass er in den Monaten vor der Hochzeit krank war und es ihm zunehmend schlecht ging. Trotzdem, er geleitete seine einzige Tochter den Mittelgang entlang – die heilige Pflicht eines Vaters. Auch wenn er im nächsten Jahr schon nicht mehr da sein würde.

Dick folgt uns ins Esszimmer, bleibt aber am Rande stehen. Jackie blättert noch ein paar Seiten weiter: Gästetische springen ins Auge, einer nicht vom anderen zu unterscheiden. Als sie noch eine Seite weiterblättert, gleitet ein Polaroid aus dem Album und schwebt zu Boden. Ich hebe es auf.

»Hoi. Sind Sie das?«

Jackie nickt. »Stimmt.«

Sie sonnt sich in einem Bikini mit hohem Bund, ihr Körper ist auf irgendeinen riesigen Felsen drapiert. Sie sieht aus wie Rita Hayworth.

»Wo war das?«

Sie sieht genauer hin. »Beim Theaterfestival, glaube ich. New Hampshire.«

Es war der Sommer, in dem Dick eine Wohnung von anderen Leute malerte und sie nicht aus dem Auge ließ.

Ich bin von dem Foto mehr überwältigt als von dem ganzen Album. Es ist so ... sexy.

»Was für Gefühle weckt das alles bei Ihnen?« Die beiden zucken mit den Schultern. Dann bemerkt Dick beiläufig, wie lange das alles ja schon her ist.

Das letzte Bild in dem Album ist äußerst kitschig. Dick und Jackie spähen aus ihrem Hotelzimmer, während ein Schild am Türknopf baumelt: NICHT STÖREN. Es ist wirklich köstlich. Trotzdem drängt sich mir die Frage auf, wie diese Hochzeitsnächte für nervöse Paare wohl gewesen sein mögen, die vermutlich zum ersten Mal Sex hatten. So viel Druck und Unerfahrenheit.

»Und wenn es schrecklich ist?«, hatte ich meine Mutter einmal gefragt.

»Dann versuchst du es noch einmal«, sagte sie, »und noch einmal.«

»Erkennen Sie sich in diesen Bildern wieder?«

»Natürlich«, sagt Dick, und er hat sich selbst wieder voll im Griff. Nur ist es nicht das, was ich eigentlich meinte.

Ich möchte wissen, was bleibt: ob ein Teil von Jackie noch immer dieses Mädchen auf dem Felsen ist. Und Dick der Mann, der ihr überallhin folgte.

Rhodas Ehemann Peter kommt mir wie eine Art Prinz vor. Wie Dick wollte er definitiv in seiner Heimatstadt Roanoke, Virginia, ein Haus bauen, als er und Rhoda als Jungverheiratete dorthin zogen. Rhoda war damit nicht einverstanden: Sie meinte, sie wären noch nicht bereit für ein solches Vorhaben. Sie waren ja noch keine Familie!

»Ich wollte es einfach nicht, aber er wollte es, und so haben wir es halt getan.«

»Wie konnte er das denn? Wie konnten Sie das zulassen?«

»Ich wollte kein Aufhebens machen. Das war nicht mein Stil. Das war überhaupt nicht meine Art.«

Rhoda ist mit weitem Abstand die offenste und selbstbewussteste der Bridgedamen. Man kann sich kaum vorstellen, dass sie bei etwas, das ihr gegen den Strich ging, nachgeben würde.

»Wirklich, Sie konnten Peter nicht die Stirn bieten?«

»Nein, konnte ich nicht.«

Das Haus, das Peter baute, war eine zeitgemäße Ranch mit einem tiefer liegenden Wohnzimmer, drei Schlafzimmern, Schränken mit Glasfronten und Fußbodenheizung.

»Es war voll und ganz seins. Ich glaube, ich suchte gerade mal die Farbe für die Küchenschränke aus.«

Ihre Eltern stellten den Umzug nicht in Frage, obgleich sie am Boden zerstört waren, dass ihr einziges Kind nun so weit weg von ihnen war – in Salem, Massachusetts.

»Meine Eltern sagten: Du wirst da leben. Wo dein Ehemann lebt, da gehörst du hin. Ich weiß, wie sie darunter gelitten haben. Sie waren froh, dass ich glücklich verheiratet war, aber die Trennung war für sie sehr schmerzlich.«

Rhoda kommen bei der Erinnerung, wie sie sich von ihnen verabschiedete und wie entwurzelt sie sich fühlte, die Tränen. Sie war ein Einzelkind und stand für ihre Eltern im Mittelpunkt. Sie hatte nie das Gefühl, dass etwas fehlte, wünschte sich keine Geschwister, und es mangelte ihr nie an Freunden. Ihr Vater brachte ihr eine geradezu überschwängliche Aufmerksamkeit entgegen, und sie war stolz, wenn sie ihn aus seinem Ford heraus beobachten konnte, wie er von Tür zu Tür Versicherungszahlungen einnahm und wie gut er in Anzug und Krawatte aussah. Anders als Willy Loman war ihr Vater ein erfolgreicher Verkäufer. Keine schlechte Leistung für einen russischen Immigranten, einen Job bei John Hancock zu bekommen, dem anerkannten nationalen Versicherungsunternehmen.

»Er hatte eine sehr gesellige Art. Er kannte jeden, und jeder kannte ihn. Wenn jemand mit einer Zahlung zu spät dran war, verlängerte er die Frist, und er schöpfte alles in seinen Möglichkeiten aus, ehe er einen Versicherungsvertrag kündigte.« Dann lud er sie zu ihrem Lieblingssandwich und zu einem Spaziergang am Meer ein.

Rhoda gesteht, dass sie ihrem Vater näherstand. »Meine Mutter liebte und bewunderte mich, aber es war die Liebe meines Vaters, ich weiß nicht, er war sehr behütend und liebevoll. Wenn ein Regentropfen am Himmel drohte, kam er mit dem Auto, um mich abzuholen.«

◆

»Sex gab es nicht!« Rhoda ist sehr nachdrücklich, als ich mich neugierig nach ihren Collegejahren erkundige. »Küssen ja, aber kein Sex.« Sie verschränkt die Arme über der Brust, und ihr Blick ist hart, die Lippen verkrampft.

»Nicht mehr als Küssen?«

»Vielleicht etwas.«

»Zum Beispiel?«

Ich möchte nachhaken. *Seid ihr intim geworden? So richtig?* Aber ich habe ganz klar die Grenzen überschritten. Vielleicht ist es gut so; Rhoda und ich stehen nicht in einer Mädchenumkleidekabine, wo wir eine rauchen, sondern hier in ihrem wunderbaren Zuhause, wo alles seinen Platz hat und wo alles am Platz ist.

Am Russell Sage, dem Frauencollege, das sie besuchte, konnte man herausgeworfen werden, wenn man mit einem Jungen im Wohnheimzimmer erwischt wurde, und erst recht, wenn man schwanger wurde.

»Ich kann mich nicht erinnern, dass darüber viel geklagt wurde. Wir haben das sozusagen akzeptiert. Ich hielt es für normal. So waren die Regeln eben. Wissen Sie, wenn es eine Regel gab, musste ich ihr folgen. Ich erinnere mich, dass man in der

Schule hörte, der und der hat das und das getan, und ich kippte völlig schockiert aus den Schuhen.«

»Schockiert?«

»War ich!«

»Wollen Sie damit sagen, dass alle jungen Frauen auf Russell Sage Jungfrauen waren?«

»Was meinen Sie, warum sie so jung geheiratet haben!«

Bisher hatte ich gedacht, die Frauen hätten jung geheiratet, weil es die gesellschaftliche Norm war, weil ihr Karriereweg der der Ehefrau und Mutter war. Es war mir nie in den Sinn gekommen, dass sie ganz wild darauf waren. Bette erinnerte sich an die Wochenenden in Skidmore, wenn die Mädchen »aus ihren Käfigen gelassen wurden« und außer Rand und Band waren. Die meisten kamen von privaten Mädchenschulen und hatten noch nicht viel Erfahrung mit Jungen. »Sie waren einfach aus dem Häuschen.« Bette berichtete: »Donnerstags abends galt: sich herausputzen und auf den Putz hauen.«

Rhoda lernte Peter bei einer Hillel-Party im Herbst von Rhodas letztem Studienjahr kennen. Peter war mit einer Freundin gekommen, aber als er Rhoda sah, sagte er seiner Begleiterin angeblich: »Entschuldige, aber dieses Mädchen da werde ich heiraten!« Ob die Geschichte stimmt oder nicht, jedenfalls warb er um Rhoda, und schließlich schmolz sie für den jungen Mann dahin, der mit siebzehn bei der Marine angeheuert hatte, auf der Offiziersschule war und für ein Aufbaustudium ans Rensselaer Polytechnic Institute zurückgekommen war. Ein Offizier und ein Gentleman – und ein Jude! Die Liebe bringt uns dahin, wo wir hingehören – wie in Joe Cockers Song, *Love lifts us up where we belong.*

Aber Rhoda ließ Peter warten, bis sie das College abgeschlossen hatte. Im März waren sie verlobt, und nach ihrem Examen heirateten sie.

»Erinnern Sie sich noch, wie Sie sich an dem Tag gefühlt haben?«

»Nervös.«

»Nervös, weil...?«

»Einfach nervös. Ich glaube, jede Braut ist das... oder war das.«

»Ich kann einfach nicht fassen, dass Sie alle so jung geheiratet haben«, sage ich noch immer ungläubig.

»Und ich kann einfach nicht fassen, dass Sie alle so spät heiraten«, entgegnet Rhoda in vernichtendem Ton. Vorteil: Rhoda.

Bette saß in der Klemme. Sie hatte Donald kennengelernt und eine Beziehung mit ihm begonnen, einem jungen Assistenzarzt in New York, wo sie am Skidmore College studierte.

»Wir waren leidenschaftlich miteinander, das war ganz fantastisch. Ich meinte, ich wäre der glücklichste Mensch auf Erden.«

Ich stelle mir Richard Chamberlain als den Filmhelden Dr. Kildare vor, aber Bette sagt, er habe nicht besonders gut ausgesehen. Er war allein auf Grund seiner Persönlichkeit attraktiv.

»Er war so unglaublich schlau, sehr intelligent, charismatisch, sehr aufregend.«

Bette wollte Donald unbedingt heiraten. Sie war zweiundzwanzig und würde bald das letzte alleinstehende Mädchen auf der ganzen Welt sein, zumindest war das ihr Gefühl. Nur brachte Donald immer wieder Hindernisse auf. Bette vermutet, dass er sich eine vermögende Frau wünschte.

»Gemeinsam besaßen wir sehr wenig. Ich glaube, er wollte, dass seine Partnerin aus einer wohlhabenden Familie käme, und das traf auf mich nicht zu.«

Sie wusste auch, dass er trotz seines Charismas ein von seinen Unsicherheiten geplagter Mann war.

»Zuerst einmal«, sagt Bette und beugt sich in ihrem Sessel vor, als wäre die Enthüllung noch immer irgendwie tabu, »war er ein uneheliches Kind.«

Die Geschichte, die Bette nun weitererzählt, könnte geradewegs von Charles Dickens stammen: Donalds biologischer Vater akzeptierte ihn nie; er lehnte seine Elternschaft in jeder Hinsicht vollkommen ab. Sie meint, Donald wollte zum Teil deshalb Arzt werden, um seinem Vater zu zeigen, dass er etwas Wichtiges aus seinem Leben machte, und dies ohne dessen Hilfe. Dieser Wunsch kulminierte in einer lange vorausgeplanten Reise zur Anwaltskanzlei seines Vaters.

»Er trat ein und sagte: ›Ich bin Ihr Sohn, und jetzt bin ich Arzt und habe eine Stelle im Mount-Sinai-Krankenhaus.‹ Der Vater wandte sich ihm zu und sagte: ›Ich habe keinen Sohn. Bitte, gehen Sie.‹«

»Mein Gott. Wie kann ein Mensch darüber hinwegkommen?«, frage ich.

»Ich glaube, er hatte viele Gründe für sein mangelndes Selbstbewusstsein.«

Rückblickend ist Bette klar, dass die Chemie zwischen ihnen durch diese Wut und diese Enttäuschung gestört war. »Und die Beziehung spiegelte das wider.«

»Und was haben Sie getan?«

»Ich merkte schließlich, dass unsere Beziehung keine Zukunft versprach.«

◆

Auftritt Arthur. Er ist ein Junge aus der Umgebung und arbeitet im Textilunternehmen seiner Familie. Auch ein schlauer Kerl, er hat an der Universität von Chicago studiert, wo er mit sechzehn angenommen wurde. Ein Freund arrangierte ein Blind Date.

»Ich merkte gleich, er stand mit beiden Beinen auf dem Boden und war kein Träumer, außerdem benahm er sich höflich und freundlich.« Bette merkte, dass Arthur unter gewissem Zwang in das Familienunternehmen eingetreten war; er war zu intelligent, um hinter einem Ladentisch zu stehen und Stoffe zu zerschneiden. Bette war sich auch darüber klar, dass ihre Eltern hofften, es werde mit ihnen beiden klappen.

»Meine Familie meinte: Ach, mein Gott, wenn sie nur in diese Familie einheiratet. Und das bekam ich auch zu spüren.«

Der Bruch mit Donald war kein klarer Schnitt, und Bette traf ihn hin und wieder noch, als sie mit Arthur die Beziehung anfing.

»Wusste er, dass Sie auch mit dem Arzt eine Beziehung hatten?«

»Ja, das wusste er«, erklärt Bette, »aber er hat nie ein Wort darüber verloren.«

»Wusste der Arzt etwas von Arthur?«

»Ja, das wusste er«, sagt sie. »Er konnte ziemlich abfällig sein und solche Sachen sagen wie: ›Worüber redet ihr heute Abend, über Ballen von Kattun?‹«

Die beiden Männer hätten keine unterschiedlicheren Persönlichkeiten sein können. Donald: großspurig, streitsüchtig, arrogant und unsicher. Arthur: freundlich, entspannt, bescheiden und anhänglich. Nach fünf Monaten Beziehung fragte Arthur Bette, ob sie ihn heiraten würde. Als sie ablehnte, rief er nicht mehr an. Keine Anrufe in betrunkenem Zustand, keine Zufällig-gerade-in-der-Nähe-Tricks. Arthur zog die Konsequenzen und hielt Abstand.

Jedes Mal, wenn Bette und Donald Schluss gemacht hatten, ging es Bette richtig schlecht, aber nach zwei Monaten ständigen Streitens machte sie endgültig Schluss mit ihm. »Endlich merkte ich, dass es mit dem Arzt keine Zukunft gab, ich wusste, dass es vorbei war.« All die Zweifel klärten sich. Bette sah eine Zukunft mit Arthur, und sie wusste, dass es töricht von ihr gewesen wäre, es nicht noch einmal zu versuchen.

»Okay, ich dachte, ich bin so weit, Arthur Horowitz zu heiraten. An einem Samstag, wo am meisten los war im Laden, ging ich zu ihm und sagte:»Wenn du mich noch immer heiraten möchtest, lass uns nach New York fahren – jetzt gleich aus dem Laden – und einen Verlobungsring kaufen und heiraten.«

Arthur ließ alles fallen, und sie fuhren in die Stadt, um einen Ring zu kaufen.

»Ich kaufte diesen Ring – *er* kaufte diesen Ring.«

Bette gesteht auch, dass sie nie einen armen Mann geheiratet hätte, ja, sich gar nicht erst verliebt hätte. Sie erinnert sich, wie sie als Jungverheiratete in New York Möbel kauften, wie Arthur für das Sofa, die Sessel und den Esszimmertisch einen Scheck schrieb. Für Bette war das etwas völlig Neues, sie war mit der ständigen Pfennigfuchserei ihres Vaters groß geworden. Und plötzlich war hier ein Mann, der für alles, was sie sich aussuchte, einen Scheck ausstellte. »Ich war nicht gierig. Ich war erstaunt und dankbar.« Als Bettes Vater zum ersten Mal in das geräumige Haus seiner Tochter in Woodbridge kam, brach er im Wohnzimmer in Tränen aus. »Es war das erste und einzige Mal, dass ich ihn weinen sah.«

Betty dreht ihren Verlobungsring um ihren Finger, um mir den Diamanten zu zeigen. »Ich trage ihn noch heute.«

»Ich habe dir von Eugene erzählt.«

Ja, meine Mutter hat mir hundert Mal von Eugene Genovese erzählt, dem Italiener, in den sie verknallt war. Es ist ihre *West Side Story* ohne Schießerei. Er war intelligent, offen und ein Führer in der sozialistischen Bewegung American Youth for Democracy.

»Weißt du, was ein Red Diaper Baby ist?«, fragt meine Mutter in vorwurfsvollem Ton. Sie geht immer davon aus, dass ein »junger Mensch« unmöglich etwas über die Welt vor seiner Geburt wissen kann.

»Ja, weiß ich, ein Kommunistenkind«, sage ich ärgerlich.

»Okay, kann ich ja nicht wissen. Ich frag ja nur.«

Als Carl Bernstein *Loyalties* veröffentlichte, seine Erinnerungen daran, Kind kommunistisch aktiver Eltern gewesen zu sein, gab meine Mutter, damals fast sechzig, zum ersten Mal ihre jugendliche politische Zugehörigkeit zu.

»Ich dachte, wenn ein Journalist von seinem Rang seinen Hintergrund enthüllen konnte, warum nicht auch ich?«

Es gab immer irgendeine Version dieses Konfliktes, der sich innerlich bei meiner Mutter abspielte: Sollte sie tun, was sie eigentlich wollte, oder sich anpassen? Sollte sie sagen, was sie eigentlich dachte, oder still sein und nicht riskieren, jemanden zu brüskieren?

Eigentlich war es inzwischen egal.

Ich stelle mir gerne vor, wie meine Mutter Flugblätter austeilte wie Barbra Streisand in *So wie wir waren*. Oder auf die Ehe verzichtete und in einem Kibbuz in Israel arbeitete, wovon sie früher geträumt hatte, nämlich davon, wie sie in kakifarbenen Hosen und mit in der Taille zusammengeknoteter Baumwollbluse auf einer hohen Leiter Orangen pflückte.

Wie alle Bridgedamen sollte sie einen Judenjungen heiraten – nicht eine Chava aus *Anatevka*, Tevyes jüngste Tochter, die gegen den Willen ihres Vaters einen Nichtjuden heiratete. Als ich das Musical zum ersten Mal sah, war ich fassungslos, als Tevye seine letzte Gelegenheit ungenutzt lässt, sich von seiner geliebten jüngsten Tochter zu verabschieden, als sie gezwungen sind, aus Anatevka zu fliehen. Welcher Vater würde seiner Tochter das antun? Die Bridgetöchter würden dies nicht in Frage stellen. (Wie man sich denken kann, würde ich es tun.)

Eugene Genovese sollte ein hochangesehener Historiker werden, der für seinen marxistischen Standpunkt bekannt war. Meine Mutter zog sich immer zurück, wenn sie auf Besprechungen eines neuen Buches von ihm stieß, und dabei stellte sie sicher die ergötzliche, aber nicht zu beantwortende Frage: Was wäre, wenn? Aber meine Mutter ist durch und durch pragmatisch, sie gibt sich nie meinen wirklichkeitsfernen Kinderfragen hin: *Was wäre, wenn du Eugene geheiratet hättest? Was wäre, wenn du Daddy nicht geheiratet hättest? Was wäre, wenn ich nicht zur Welt gekommen wäre?* Wie sehr ich auch bettelte, sie möge mal eine Antwort erwägen, ein alternatives Szenario durchspielen, sich nur einmal auf ein Als-ob einlassen, wagte sie es nicht und weigerte sich mitzuspielen, ja, sie war gegenüber dem Ganzen sehr ablehnend. Jetzt zeigt sie mir ein Bild von ihm in ihrem Schuljahrbuch, klein wie eine Briefmarke, und bemerkt, wie gut er aussah. Ich sehe lediglich einen Jungen mit einer extrem hohen Stirn und einem lockigen Haarschopf. Seine Inschrift war bestenfalls ernüchternd: *Liebe Roz, Du solltest häufiger zu unseren Treffen kommen. Alles Gute, Eugene.*

»Mom, hat dich das verletzt?«

»Ich kann mich nicht erinnern.«

»Wie meinst du das, du kannst dich nicht erinnern?«

»Was soll ich dazu sagen?«

»Das ist doch keine wirklich freundliche Nachricht. Er beschimpft dich, dass du nicht häufiger zu euren Treffen kommst.«

Wir sind verschieden, meine Mutter und ich. Sie ist nicht an der Vergangenheit interessiert, während ich jeder romantischen Enttäuschung nachgehangen habe, seit der dritten Klasse, als ein Junge an meinem Pult vorbeirannte und ein Werbefläschchen Shalimar darauf hinterließ, nur um später zu gestehen, dass er es für das Mädchen am Pult neben mir gedacht hatte und zurückhaben wollte.

Jahre später, als meine Mutter herausfand, dass Genovese zu seinen katholischen Wurzeln zurückgekehrt war, war sie bitter enttäuscht. Er war nicht mehr der Mann, an den sie sich erinnerte. Meine Mutter ist bis in ihr tiefstes Inneres Sozialistin und Atheistin, ganz gleich, wie bürgerlich sie wirkt und wie viele Tennisarmbänder sie trägt.

◆

Wir sind in der Küche und verspeisen unsere Putensandwiches, als ich meine Mutter frage, ob sie bei ihrer Hochzeit noch Jungfrau war. Sie legt den Rest des Sandwiches angeekelt ab, die Brotrinde sieht wie ein naives Lächeln aus.

»Warum musst du das wissen?«

»Ich möchte es gern wissen.«

»Fragst du das auch die anderen Damen?«

»Nicht direkt.«

»Warum also mich?«

»Also komm, Mom«, jammere ich, meine gut geübten Reporterfähigkeiten auf vollen Touren. Sie sagt keinen Ton mehr.

Ich hatte meine Jungfräulichkeit in der Schulzeit auf einer Sommerreise mit einer Jugendgruppe nach Israel verloren. Ich war zwar verliebt, aber letztlich sehnte ich mich unbewusst nach der Erfahrung, ohne zu merken, wie sehr ich mich von meinen Eltern loslösen und distanzieren wollte, insbesondere von meiner Mutter – nicht mehr ihr kleines Mädchen, überhaupt kein Mädchen mehr zu sein.

Die meisten der Damen gestehen, dass sie geknutscht haben. Allerdings werde ich später erfahren (bitte, halten Sie sich die Ohren zu, wenn Sie nicht schockiert sein möchten), dass einige von ihnen mit ihren Zukünftigen vor ihrer Hochzeitsnacht geschlafen haben. War man erst einmal verlobt, war der Bann sozusagen aufgehoben, auch wenn darüber nicht gesprochen wurde. Verlobung war demnach die Erlaubnis zum Sex.

»Hat deine Mutter je mit dir über Sexualität gesprochen?«, versuche ich es weiter auf einer anderen Spur.

»Nein, nie. Es war eine persönliche Angelegenheit.«

Erst dann hält meine Mutter inne: »Also, ich wusste, dass meine Eltern sehr sinnlich waren.«

»Sinnlich?«

Sie erinnert sich, wie ihr Vater von hinten auf ihre Mutter zutrat und sie umarmte. »Sie schrie dann: ›Murray, Murray!‹ Was so viel heißen sollte wie: nicht vor den Kindern.« Meine Mutter sammelte somit die Erfahrung, dass Sex privat ist und dass Sex etwas Sinnliches ist.

Sie eignete sich ihr Wissen über Sexualität aus der Lektüre von *Studs Lonigan* an, der für mich nach dem Protagonisten eines Groschenromans klingt. Aber das Buch ist tatsächlich ein Roman über einen irischen Jungen aus Süd-Chicago, der während der Großen Depression von einem braven Kind zu einem hilflosen Alkoholiker wird. Als ich meine Mutter, nachdem ich das nachgesehen hatte, daran erinnere, antwortet sie: »Also, es kam auch Sex darin vor. Was soll ich sagen?«

»Also hast du mit Dad geschlafen, bevor ihr geheiratet habt?«

»Warum reitest du so darauf herum?«

»Weil ich diese ganze Ein-Mann-Geschichte – dieses Sich-aufsparen – einfach nicht fassen kann.«

Als die Babyboomer dann in die Jahre kamen, hatte sich die sexuelle Landschaft völlig verändert. In meiner Schule gab es Mädchen, die auf die Hochzeitsnacht warteten. Wir, die großartig Erfahrenen, schauten auf sie herab, als wären sie bemitleidenswert. Manche Mädchen wollten verliebt sein, andere wollten es hinter sich bringen. Ich kannte einige, die ihre Unschuld nach dem Abschlussball verlieren wollten. Manche wollten es vor dem College schaffen, aber irgendwie gelang es ihnen nicht. Sie hofften, niemand im Studentenwohnheim würde ihre Unerfahrenheit bemerken, und wenn sie geradeheraus gefragt wurden, logen sie und nahmen einen weltgewandten Zug aus der Zigarette. Ich kannte ein Mädchen, das so entschlossen war, ihre Unschuld zu verlieren, ehe sie aufs College ging, dass sie sich einen unglückseligen Studenten ausguckte, der meinte, sie gingen nur ins Kino.

»Die Pille hat alles verändert«, meinte Bea einmal zutreffend. Ihren Kindern sagte sie stolz, dass sie ihr weißes Kleid zu Recht trug, als sie zum Traualtar ging.

»Ma«, antworteten sie. »Wie schade.«

♦

»Nun komm, Mom. Erzähl einfach mal«, jammere ich wieder, über meine kindische Art selber erstaunt. Wenn ich mich mit den anderen Damen zusammensetze, verhalte ich mich wie eine Erwachsene. Wenn sie sich verschließen, respektiere ich das. Meine Mutter zupft an den ausgefransten Enden eines Geschirrtuchs: »Dad war einfach wunderbar. Ich habe dir schon gesagt, dass ich alles an ihm mochte, und er war sein ganzes Leben lang ein großartiger Liebhaber. Es war herrlich, mit ihm auszugehen. Er wollte immer den besten Platz, den besten Tisch. Ich liebte das. Ich liebte seine Aufmerksamkeit. Ich liebte es, umworben zu werden, und er war wirklich der Einzige, mit dem ich je Sex hatte. Das stimmt wirklich.«

Also gut.

»Glaubst du, Dad war treu?«

»Betsy, jetzt gehst du wirklich zu weit.«

Soweit ich mich erinnere, erklärte meine Mutter immer, dass Frauen, die nicht wussten, ob ihre Männer sie betrogen, es nicht wissen *wollten*. Sie taten besser daran, es nicht zu wissen, trifft wohl eher zu. Sie steckten nicht so sehr den Kopf in den Sand, sie schauten vielmehr anderswohin. Was hätten sie auch sonst tun sollen, mit kleinen Kindern, für die sie zu sorgen hatten, und ohne Unterhalt?

Offensichtlich gab es in unserer Stadt viele Affären, einschließlich eines ganz prominenten Falles, über den viel Klatsch kursierte. Da hatte eine Frau einen Killer engagiert, der die Freundin ihres Ehemanns ermorden sollte. Ihre dramatisch ausagierte Gewalt war offenbar, mindestens zum Teil, von der unterdrückten Wut aller verzweifelten Hausfrauen in Woodbridge angeheizt. Diese Frau war keine Heldin, aber sie war auch kein Opfer. Bette zufolge kam sie ins Gefängnis, und als sie entlassen wurde, heiratete sie wieder, als wäre dies die Moral von der Geschichte.

Meine Mutter lässt sich bezüglich der Treue meines Vaters nicht umstimmen.

»Nun komm, das ist doch keine große Sache.«

»Warum willst du das denn unbedingt wissen?«

»Ich möchte es einfach wissen.«

»Lass uns mal so sagen«, meint meine Mutter und wirft sich das Geschirrtuch über die Schulter, um unser Gespräch mit einem unbekümmerten Argument zu beenden: »Ich denke nicht, dass er das nötig hatte.«

◆

Von den Bridge-Ehegatten war mein Vater das größte Risiko. Er hatte keinen Collegeabschluss und begann als Lastkraftfahrer im Holzlager eines Cousins, als meine Eltern sich kennenlernten und heirateten. Meine Mutter merkte, dass er hart arbeiten konnte – und dass er ehrgeizig war. Und vielleicht noch wichtiger: dass er anständig war. Er stellte den ersten schwarzen Lastkraftfahrer in dem Holzlager ein. Es war nicht so dramatisch wie bei den Dodgers, als sie Jackie Robinson ins Team holten, aber mein Vater machte keinen Rückzieher, auch wenn die Entscheidung ungern gesehen war.

»Es zeigte Charakter«, fügt meine Mutter stolz hinzu.

»Woher wusstest du, dass er einmal gut für eine Familie sorgen würde?«

»Weil er hart arbeitete.«

Ich habe nie gesehen, dass sie sich küssten oder Händchen hielten. Manchmal wirkten sie so keusch wie Lucy und Ricky auf mich, auch wenn sie nicht in getrennten Betten schliefen. Ganz selten einmal wagten sie ein Tänzchen auf unserem Flur, bevor sie ausgingen oder wenn sie von einer Party zurückkamen, einen Lindy oder einen Swing. Diese kleinen Ausbrüche von Zärtlichkeit, wenn ihre Körper sich gemeinsam im Rhythmus bewegten, waren für mich sehr aufregend. Es war der lebendige Beweis, dass sie sich liebten, diese gewisse Energie, die da zwischen ihnen flirrte.

◆

Nachdem am Abend vor meiner Hochzeit alle zu Bett gegangen waren, zog ich in einem seltenen Moment von Verletzlichkeit meine Mutter ins Vertrauen und gestand ihr, dass ich mir nicht sicher sei, ob die Ehe halten würde. Beging ich einen Fehler, auch trotz dieser Zweifel bei meiner Entscheidung zu bleiben? Sie wusste, dass das Hin und Her mit John über viele Jahre die Quelle von viel Glück und viel Herzschmerz war. Wir saßen auf dem großen Sofa in unserem Arbeitszimmer, jede in einer Sofaecke. Kaum hatte ich ihr das anvertraut, bereute ich es auch schon. Ich war mir sicher, dass sie mit einer ihrer Binsenweisheiten reagieren würde, entweder mit »Es ist, wie es ist« oder mit meiner Lieblingsbanalität »Entweder klappt es oder eben nicht«. Ich wünschte mir mehr von ihr, etwas Richtiges.

Sie hatte sich selbst übertroffen, unsere Hochzeit auszurichten, und ich hatte sie die ganze Zeit über ziemlich ausgenutzt. Wenn sie mich im Büro anrief und fragte, welche Farbe die Tischwäsche haben sollte, tat ich so, als wäre ich eine Vorstandsvorsitzende, und sie störe mich mitten in einem Aktionärsmeeting. Wenn ich sie zurückrief und sagte, ich hätte gerne weiße Servietten auf weißen Tischdecken, sagte sie, etwas Farbiges wäre ihr lieber. Ich konterte dann, sie solle machen, was sie wolle; mir sei es gleichgültig. Ich weigerte mich, mit ihr zusammen das Brautkleid zu kaufen, und zerstörte damit ein weiteres Mutter-Tochter-Ritual. Und als sie für den Hochzeitsmorgen eine Stylistin gebucht hatte, die bei uns zu Hause allen die Frisuren und das Make-up machen sollte, weigerte ich mich, die ausgesprochen freundliche Frau mit ihrer »Werkzeugtasche« samt den Make-up-Pinseln und den Bürsten an meine Haare heranzulassen oder auch nur einen Hauch Rouge auftragen zu lassen. Es war mein Hochzeitstag, und ich verhielt mich meiner Mutter gegenüber noch immer wie ein bockiges Kind.

»Was soll ich sagen, Shayna«, sagte meine Mutter. Es war ein Kosename, ein jiddisches Wort für *schön*. »Ich glaube, die Ehe wird halten.«

Meine Mutter, die pragmatischste Frau auf Erden, warf die Liebe in die Waagschale.

Wenn meine Schwestern oder ich in unserer Jugend sagten, wir wollten jemand Lustigen heiraten, sagte sie immer: »Gut! Dann heirate einen Clown.« Als ich mit einem Freund nach

Vermont ziehen und ein Bed & Breakfast aufmachen wollte, sagte sie: »Ich hoffe, es macht dir Spaß, für den Rest deines Lebens Klos zu putzen.«

Als ich sie fragte, warum sie meinte, dass es mit unserer Ehe klappen würde, sagte sie, ihrer Meinung nach sei verheiratet zu sein anders, als alleinstehend zu sein. Die Ehe werde die Dinge verändern. Sie werde uns verändern. Normalerweise hätte ich mit ihr einen Streit angefangen; die Scheidungsrate lag bei etwa fünfzig Prozent. Ich hätte ihren Rat verworfen, egal, worum es ging, und sie deswegen links liegen lassen. Was wusste sie schon über meine Zukunftsaussichten? Was wusste sie schon von mir und von John? Sie erhob sich vom Sofa und sagte, sie werde zu Bett gehen, und ich solle das auch tun.

»Wir haben einen großen Tag vor uns«, ohne jeden Vorwurf über meine Unreife in den letzten Monaten. Was auch immer ich beweisen wollte, entweder dass ich zu cool war, um eine traditionelle Hochzeit zu haben, oder zu gleichgültig, um mich um Blumenarrangements zu kümmern und Platzkarten aufzustellen, es hatte meine Mutter nicht daran gehindert, eine Hochzeit auszurichten, die Emily Post imponiert hätte. »Du wirst schon sehen«, sagte sie und gab mir einen Gute-Nacht-Kuss auf den Kopf.

Nachdem sich die Damen wieder bei Jackie eingefunden haben, nehmen sie Platz zum Bridge. Eine große braune Wanze krabbelt auf der Innenseite der Fenster. Sie versucht mit langsamen, taumelnden Bewegungen, Jackies Küchenpapier zu entkommen und nicht darin zerquetscht zu werden. Das Arbeitszimmer, in dem die Damen Bridge spielen, könnte auch eine ethnographische Sammlung sein. Das Zimmer zeigt an allen Wänden vom Boden bis zur Decke Masken aus aller Welt, mit Hörnern, Schnäbeln und Bastbärten verziert. Manche sind so groß wie Kanus, andere so klein wie Kokosnüsse. Es gibt Schattenfiguren, Marionetten, Masken mit Zungen, Helme, manche mit riesigen hervorquellenden Augen und andere mit gesenktem Blick. Wieder andere sehen furchteinflößend, witzig oder wild aus. Sie könnten eine Armee darstellen. Jackie und ihr Mann haben diese kleine Sammlung in Museumsqualität auf ihren Reisen um die Welt zusammengetragen. Was haben diese Objekte hier in Bethany zu suchen, weit entfernt von Neuseeland und Papua-Neuguinea?

Die Damen spielen an einem Tisch aus Wurzelholz mit einer hübschen verschnörkelten Einlegearbeit an den Ecken. Von der Unterseite der Decke hängen über uns zwölf Masken, jede mit einem anderen Ausdruck: trauernd, ängstlich, höhnisch und so weiter, und sie wachen über das Spiel – wohlgesinnte Götter. Jackie trägt normalerweise einen dreizackigen Ring mit zwei Granaten und einer Perle. So etwas habe ich noch nie gesehen, und auch wenn er so groß ist, dass ich ihn nie tragen würde, bin ich doch fasziniert davon und auch von Jackies Fähigkeit, ihn von einem ihrer schmalen Finger zu ziehen, die immer mit einem cremefarbenen glitzernden Nagellack maniküert sind. Den Schmuck, den sie trägt, haben sie und ihr Mann auf ihren vielen Reisen gekauft, einschließlich einer silbernen Armspange mit großen Steinen, wie Quecksilberkugeln über der Mitte angeordnet, die nun wie ein Geist bei einer Séance auf den Bridgetisch pocht.

Die Damen zahlen ihre Geldscheine ein, und das Spiel beginnt nach dem bekannten Muster. Die Geberin eröffnet immer zuerst, und manchmal, wenn sie ihre Karten sortiert haben, fragt eine von ihnen: »Wer hat das angestellt?« Das soll heißen: Wer hat ausgeteilt? Nur dass es auf mich eher anklagend wirkt, so wie: »Wer hat diesen Mist ausgegeben?« Ich habe inzwischen genug Bridge gelernt, um mir einen Stuhl heranzuziehen und das Spiel mit echtem Interesse zu beobachten, auch wenn ich bei manchen Reizungen noch immer perplex bin. Ich würde gerne fragen, was sie bedeuten, aber es gehört sich nicht, zu sprechen und das Reizen zu unterbrechen. Allmählich habe ich die grundlegendsten Bridge-»Konventionen« gelernt, mit denen entweder ein ungewöhnliches Blatt beschrieben wird oder eine besondere Absprache zwischen den Partnern stattfindet. Meine Lieblingskonventionen haben Namen, die wie Sondereinsätze der CIA klingen: Stayman, Transfer.

Ich habe auch verschiedene verräterische Indizien bei den Damen beobachtet: Jackie klopft ruhig mit einem Fingernagel auf den Tisch, wenn sie viele Punkte hat und unbedingt reizen möchte. Je nervöser Rhoda wird, desto lauter und deutlicher schnippt sie ihre Stiche an die Tischkante wie ein Schulmädchen, das mit Kaugummi knallt. Bette wird sehr still, wenn sie sich ins Zeug legt, und meine Mutter wird redseliger. Und Bea nimmt ihre Stiche schneller auf wie ein Schulkind, das um den Sportplatz läuft. Nach einer Stunde Spiel stellt Jackie einen Teller mit Pralinen auf den Tisch. Die Damen lehnen sich zurück, als wären sie von einer Schlange gebissen worden.

Wenn ich keine Lust mehr zum Zuschauen habe, mache ich es mir auf Jackies Sofa bequem, und ihre Katze kuschelt sich neben mich. Jackie sagt, das sei ganz ungewöhnlich; die Katze mag niemanden, nur sie und Dick. Ehrlich gesagt kann ich mit Tieren nicht umgehen, aber ich bin froh, wenn ich hier vorteilhaft rüberkomme. Schließlich erhebe ich mich und breche auf. Ich verabschiede mich von den Damen und danke Jackie nochmals für den Lunch. »Auf Wiedersehen, meine Liebe«, sagt meine Mutter, wieder so förmlich, als wären wir Passagiere auf der *Queen Elizabeth 2*, die auf dem Deck bummeln und nach dem Abendessen etwas Luft schnappen.

Rhoda erinnert mich daran, dass das Spiel nächste Woche bei

Bea stattfindet. Sie ist die Sekretärin der Gruppe. »Vergessen Sie nicht, Bridge ist bei Bea«, sagt sie, und ich habe den Eindruck, die Damen haben sich schon daran gewöhnt, mich dabeizuhaben. Vielleicht mögen sie es sogar.

Kapitel 7

Erwartungen

♠

Heftiger Regen trommelt mit explosionsartigen Geräuschen wie unerwartete Gewehrschüsse auf die Oberlichter. Meine Mutter und ich sitzen heute in ihrem Wohnzimmer auf dem mächtigen, zu prall gepolsterten Ecksofa mit seinen riesigen pinkfarbenen Wurfkissen. Ihr Glascouchtisch wirkt wuchtig, und die Sessel sind so prall gestopft, dass sie wie Luftballons aussehen. Der Kronleuchter über dem Esstisch mit seinen hängenden Kristallstäben sieht wie ein gigantisches Raumschiff aus oder wie ein winziger Ohrring, je nachdem, an welchem Ende man durch das Teleskop schauen würde.

»Also, was steht auf der Agenda?« Meine Mutter macht es sich auf dem Sofa bequem.

Sie ist immer redefreudig, wenn ich sie besuche, als wäre sie eine berühmte Schauspielerin und ich Diane Sawyer. So haben wir früher eigentlich nie miteinander gesprochen.

»Ich wüsste gerne etwas über deine Probleme mit dem Kinderkriegen. Wann habt ihr angefangen, es zu versuchen?«

Ich wusste schon immer, dass meine Mutter Schwierigkeiten hatte, schwanger zu werden. Wenn sie selten einmal erwähnte, wie lange es gedauert hatte, war es nur, um zu betonen, wie glücklich sie war, uns zu haben. Es ist eine Sache, etwas zu bekommen, das man sich wünscht, pflegte sie zu sagen, und eine andere, etwas zu bekommen, an das du nicht mehr geglaubt hast. Heute erklärt sie es so: Sie hat nicht darauf gewartet, schwanger zu werden; vielmehr hat sie es durchgehalten, nicht schwanger zu werden.

»Wir haben nie daran gedacht, es zu versuchen.« Meine Mutter klingt jetzt sehr bestimmt. »So machte man es eben. Eine Familie zu haben, war Teil des Pakets.« Sie blickt zu mir herüber und zieht dabei markant die Augenbrauen hoch. Ob ich verstehe? Klar: Niemand fragte nach der Bereitschaft, nach einem Hochschulabschluss oder ob man den Berg bewältigen würde. Wenn man heiratete, war man bereit.

Meine Mutter hat es sieben Jahre lang versucht. In dieser Zeit wurden ihre Freundinnen alle schwanger, manche hatten schon ein zweites und drittes Kind.

»Es war schrecklich für mich. Es war einfach furchtbar. Alle hatten Kinder.«

Es gab eine andere Frau in der Stadt, die Marion hieß und auch Probleme mit dem Kinderkriegen hatte. Sie standen sich nicht besonders nah, aber ihre Unfruchtbarkeit sprach sich einfach herum. Als meine Mutter erfuhr, dass Marion nun doch schwanger war, traf sie das wie ein Schlag und ein Weckruf. In der darauffolgenden Woche begannen meine Eltern, sich um eine Adoption zu bemühen und Formulare bei der jüdischen Adoptionsagentur auszufüllen.

Die Redewendung »Wenn man einen Regenschirm dabeihat, regnet es nicht« traf auf die Gebärmutter meiner Mutter zu. Als die Adoptionspapiere eingereicht waren, passierte es. Sie hatte dreimal keine Periode, bis sie daraufkam, dass sie schwanger sein könnte. Als sie zum Arzt ging, wurde ihre Vermutung bestätigt.

»Ich flog geradezu in das Holzlager, um es deinem Vater zu berichten. Ich konnte nicht warten, bis er nach Hause kam. Und ich war froh über die Morgenübelkeit«, sagt meine Mutter. »Sie war ein Beweis für die gute Nachricht.«

Meine Mutter kaufte mit Begeisterung Umstandskleidung und gönnte sich nur das Beste. »Ich habe mich nie so gut gefühlt wie während der Schwangerschaft. Ende der Geschichte.« Ihre Wehen begannen einen Tag vor dem Geburtstag ihres Vaters. Sie rief an, um ihm zu sagen, dass sie versuche, ihm ein Geburtstagsgeschenk zu überreichen.

»Er sagte, ich solle mir keine Mühe machen.« *Typisch.*

Ihr erstes Kind, ein Mädchen, kam am nächsten Tag, am 12. Mai 1958, zur Welt. Es war der Geburtstag ihres Vaters und der Tag nach Muttertag.

♦

Rhoda hatte auch Probleme, schwanger zu werden. Sie und Peter waren zweimal umgezogen, als er während des Koreakriegs als Reservist eingezogen wurde. In Philadelphia suchte Rhoda zuerst einen Experten in der damals ganz neuen Fruchtbarkeitsmedizin auf. Man fand heraus, dass sie Fibrome hatte und nur ein chirurgischer Eingriff helfen würde. In Pittsburgh ging Rhoda zu einem anderen Arzt und entschied sich für eine künstliche Befruchtung, aber am Ende verließen sie die Stadt kinderlos. Es ist ein kleines Detail, aber Rhoda kann sich noch an die Fensterbänke aus Marmor in Pittsburgh erinnern, die mit einer dünnen Schicht von Kohlestaub bedeckt waren. Sie waren leicht abzuwischen, wie Kreide von einer Tafel; ihre Enttäuschung ließ sich nicht so leicht wegwischen.

Das junge Paar kam schließlich nach New Haven, wo Rhoda froh war, nicht allzu weit von ihren Eltern entfernt zu sein. Sie suchte wieder einen Arzt auf, der empfahl ihr, die Fibrome entfernen zu lassen. Hoffnungen kamen, Hoffnungen gingen. Der Arzt meinte, in fünf Jahren werde Rhoda eine Totaloperation haben.

»Also begannen wir, uns aktiv um eine Adoption zu kümmern«, sagt Rhoda und versucht dabei, heiter zu klingen.

»Wir fingen beim jüdischen Familiendienst an. Die sagten uns in aller Klarheit, dass sie im Schnitt ein Baby pro Jahr haben. Das machte also alle Hoffnungen zunichte.«

Schließlich fanden Peter und Rhoda durch ihren Arzt eine Lösung. Sie betont, dass sie einen Anwalt hatten und sich an alle Regelungen hielten.

»Und so bekamen wir dann unsere Beth.« Und dann gesteht Rhoda, wie so viele junge Mütter: »Ich hatte überhaupt keine Erfahrung mit einem Baby. Ich hatte solche Angst. Ich wusste nicht einmal, wie ich sie halten sollte. Peter war da geschickter als ich. Er kam gleich klar. Aber ich war besinnungslos vor Angst. Vor großer Angst.«

Achtzehn Monate später erfuhr Peter von einem weiteren Neugeborenen, das zur Adoption freigegeben werden sollte. Rhoda war platt. Sie konnte sich nicht vorstellen, so schnell schon mit einem zweiten Kind fertigzuwerden. Beth war ein extrem aktives kleines Mädchen, und der Gedanke an zwei Kinder kam ihr überwältigend vor.

Peter sagte: »Wir haben schon ein Kind, was ändert sich denn groß?«

Rhodas Stimme ist erfüllt von einem Hauch Unglauben, gemischt mit einer Spur Unwillen. »Diese Reaktion werde ich nie vergessen.«

Wie Rhoda schon befürchtet hatte, bedeuteten ein Neugeborenes und ein dreizehn Monate altes Kind unglaublich viel Verantwortung und Arbeit. »Ich kann mich noch erinnern, wie ich das Geschirr im Spülbecken liegen ließ, mich die Treppe hochschleppte und vollkommen erledigt zu Bett ging.«

Rhodas Mutter hatte jeden Abend den Tisch gedeckt, eine selbstgekochte Mahlzeit serviert und das ganze Geschirr abgewaschen. Desgleichen ihre Verwandtschaft in New Haven. Ihre Tante war eine umsichtige Hausfrau und galante Gastgeberin. Wie sie diese Dinge tat, wurde bekannt als »wie bei Sosner«. Rhoda bewunderte ihre Tante und übernahm gerne diesen Anspruch. »Wie bei Sosner« war für sie der höchste Standard, und von sich erwartete sie nicht weniger. Da ich Rhoda kenne, kann ich mir vorstellen, was für eine Niederlage es sein musste, mit dem Geschirr in der Spüle ins Bett zu gehen, wohl wissend, dass sie am nächsten Morgen sowohl dem Geschirr als auch ihren Unzulänglichkeiten als Mutter zu begegnen hätte.

♦

»Wir haben nichts geplant.« Bette betont, dass keines ihrer drei Kinder geplant war. »Ich weiß, manche Ehepaare planen heute ihre Zukunft, den Zeitpunkt, wann sie eine Familie gründen wollen, sie planen den Ruhestand. Wir haben nichts geplant.« Dies heißt jedoch nicht, dass Arthur und Bette Freigeister gewesen wären, LSD genommen und bei Konzerten der Grateful Dead getanzt hätten. Sobald das jung verheiratete Paar das Haus in der Stadt bezogen hatte, war klar, dass sie eine Familie gründen würden. Wegen einer langwierigen Erkältung ging Bette zum Arzt und erfuhr bei dieser Gelegenheit, dass sie schwanger war. Auf dem Weg nach Hause hielt sie bei einem Drugstore an, um Arthur von einer Telefonzelle aus anzurufen. Sie suchte sich im Geschäft schöne Stoffe aus und ließ sich Umstandskleider nähen. Wie alle Damen war Bette mit ihrem Arzt auf Abruf in Kontakt. In ihrem siebten Monat bat er sie und Arthur, in die Praxis zu kommen, und zeigte den beiden Bilder. »Dies ist Phase eins der Geburt, dies ist Phase zwei, und so sehen Sie aus, und so fühlen Sie sich in den Phasen vier und fünf.« Als Bettes Fruchtblase platzte, rief sie ihren Arzt an und sagte: »Erinnern Sie sich an das Bild von Phase drei? So geht's mir gerade.«

Das junge Paar zog im November in das erste Zuhause ein, und im Dezember wurde die älteste Tochter geboren. Zwei weitere Kinder, noch eine Tochter und ein Sohn, kamen später dazu. Bette übernahm glücklich ihre neue Rolle: Mutter.

◆

Ein Rotkardinal taucht wie ein Schachtelmännchen aus den Büschen auf und fliegt mit einem Schlag auf das Fenster wie ein kleiner Hilfeschrei. Er ist schon seit einer Woche hier, und Jackie weiß nicht, was er will oder ob er verletzt ist. Ich zucke jedes Mal zusammen, wenn er gegen das Glas prallt. Bei diesem aktuellen Besuch bei Jackie sitzen wir nicht im Wohnzimmer. Wir sind in das Arbeitszimmer mit den Masken umgezogen und sitzen zusammen auf dem Sofa. Wir kuscheln uns nicht unter einer Decke zusammen und sehen *Gilmore Girls*, aber ich meine, Jackie fühlt sich inzwischen wohler mit mir, und mir geht es mit ihr ebenso.

Ich höre Dick in der Küche rumoren.

Der Vogel prallt plötzlich mit mehr Wucht gegen das Fenster, und ich schrecke auf.

»Ach, es ist dieser dumme Vogel! Was will er denn?« Jackie liebt Tiere, aber jetzt klingt sie ärgerlich.

Jackie ist eine Zeitlang nicht schwanger geworden, fast so lang wie meine Mutter, aber sie meint sich zu erinnern, dass es sie nicht gestört hat. *Besorgt* ist vielmehr ihre Wortwahl. Sie und Dick ließen sich untersuchen, und alles war in Ordnung. Jackie war achtundzwanzig, als sie mit ihrem ersten Kind schwanger wurde, einem Mädchen, das am 7. Dezember geboren wurde, und dann mit einem Jungen, der ziemlich bald danach kam.

Ich frage Jackie, was sie von ihrer Schwangerschaft in Erinnerung hat.

»Nun, ich brauchte bis zum sechsten Monat keine Umstandskleidung. Also habe ich nur drei Monate lang Umstandskleider getragen.«

»Ach, waren Sie so schmal?«

»Ich vermute es.«

»Man hat es bis zum Schluss nicht gesehen?«

»Nehme ich an.«

»Keine Gewichtszunahme?«

»Nein, ich habe nicht viel zugenommen.«

»Sie Hexe!«

Jackie schaut mich fragend an.

Zu früh?

Ein paar Minuten später gehen mit Automatikschaltung zwei Lampen an, als sollte es heißen, die Zeit sei um.

♦

Als Bea zu Carl sagte, sie sollten Kinder haben, antwortete er: »Warum?«

Es ist nicht klar, ob Carl das im Scherz sagte, aber Bea bietet trotzdem die Pointe: »Ich hätte darauf hören sollen, Betsy.«

Sie warteten, bis Carl mit dem Medizinstudium fertig war und sie beide endlich keine armen Leute mehr waren. Weil Bea am offensten von allen ist, erlaube ich mir die Frage, wie sie verhütet hat.

»Mit einem Diaphragma.«

Bea war im zweiten Semester an der Universität von Louisville, als sie Carl bei einer Party kennenlernte. Er war ein ehrgeiziger Medizinstudent, der sein Studium finanzierte, indem er in Clubs und bei Hochzeiten Klavier spielte. Er bat sie um ihre Telefonnummer. Als er sie nach ein paar Tagen anrief und sagte »Hi, hier ist Carl Phillips von neulich Abend«, fragte Bea ihn, ob er blond sei. War er nicht. *Komisch!* Dann lud er sie für Samstagabend ein, aber ehe Bea antworten konnte, sagte er: »Wenn du nicht willst, ist das in Ordnung.«

Bea war nicht auf Partnersuche. Fort Knox war fünfzig Kilometer entfernt und brachte ständig einen Schwung Soldaten her. »Ich wollte nur tanzen, und wir hatten einen netten Abend. Der Krieg war sehr weit weg. Es ist schrecklich, das zu sagen, aber wir hatten einen netten Abend.«

»Waren Sie verknallt?«

»Ich glaube, ja.«

»Haben Sie geschmust? So was in der Art?«

»Ach, manchmal, klar.«

Bea weiß nicht mehr, was sie und Carl bei ihrem ersten Date taten.

»Ist das nicht komisch?«

»Sprang der Funke über?«

»Ich weiß es nicht. Es passierte nicht sofort, nein.«

Aber er rief sie wieder an. Nach einer Weile kam er an einem Sonntag zu Besuch. Bea machte das Abendessen, während Carl lernte. Ich fragte Bea, ob ihre Mutter einverstanden war. »Zuerst war sie nicht so ganz sicher, ob er ein Jude war, mit einem Namen wie Phillips. Bedenken Sie, ich war eine Bernstein. Aber allmählich lernte sie ihn schätzen. Carl war sehr liebenswürdig. Mehr als ich.«

Bea wurde sofort schwanger.

»Als ich in die Praxis kam, sagte ich dem Gynäkologen, ich sei schwanger. Und er sagte: ›Nein, sind Sie nicht.‹ Dann untersuchte er mich und sagte: ›Bei Gott, Sie sind tatsächlich schwanger.‹«

»Woher wussten Sie das?«

»Ich wusste es, so wie jede Frau das weiß, Betsy.«

»Sie bekamen Ihre Periode nicht?«

»Genau«, sagt Bea, als stellte ich mich im Sexualkundeunterricht ganz besonders dumm an.

Bea und Carl bekamen drei Kinder: Nancy, ihr erstes, und danach zwei Jungen. Als ich Bea nach den Entbindungen frage, lacht sie und zeigt mit dem Finger auf mich, und ihre Kristallarmbänder hüpfen an ihrem zarten Handgelenk auf und ab. »Ich habe diese Babys in zwanzig Minuten zur Welt gebracht.«

»Wie war es, als Nancy ein Neugeborenes war, hatten Sie da Angst, für sie da sein zu müssen?«

Bea erzählt, sie sei liebend gern frühmorgens um drei aufgestanden, um das Kind zu stillen. »Kein Telefon klingelte, niemand war da. Man ist ganz allein mit dem Baby, und wissen Sie was? Mir gefiel das.«

»Spürten Sie den Mutterinstinkt?«

Normalerweise ist Bea schlagfertig, aber hier braucht sie einen Moment, ehe sie antwortet. »Was ist ein Mutterinstinkt?«

Bridge findet wieder beim Griechen statt. Der erste geschäftliche Punkt besteht heute in der Frage, wer einen Seder-Abend vorbereitet. Die Damen wollen wissen, ob meine Mutter und Bette dieses Jahr Fisch zubereiten; möglicherweise sind sie die letzten beiden jüdischen Großmütter in der Drei-Staaten-Ecke, die noch Fischklößchen machen. Ich bin fassungslos, als Bette gesteht, dass sie keinen Fisch mehr zubereitet, seit Jahren nicht. Noch schlimmer: Sie kauft ihn bei Costco und peppt ihn mit gedünsteten Karotten auf!! Sie behauptet, dass niemand es weiß außer ihrer Mutter im Himmel.

Wie diese bräunlich graue Mischung in Form eines Miniaturmeteors zu einem Delikatessenstatus aufsteigen konnte, werde ich nie verstehen. Unser Leben lang bot meine Mutter den Fisch zuerst meinem Vater an. Keiner hätte einen Bissen genommen, ehe er nicht vorgekostet hatte, wie El Exigente in der Savarin-Kaffee-Werbung. Alle Augen richteten sich auf ihn, wenn er schluckte und seine Augen vor dem dick mit scharfem Meerrettich bestrichenen Fisch verdrehte. Wenn er ihn für gut befand, tanzten die Leute auf der Straße, Witwen winkten mit weißen Taschentüchern von den Balkonen.

Die Damen sagen, ich solle von meiner Mutter lernen, wie man den Fisch zubereitet. *Passiert nicht.* Sie ist heutzutage die letzte der Bridgedamen, die dabei alles selber macht. Genau genommen gebraucht sie das Rezept von Bettes Mutter, nach dem man drei Sorten Süßwasserfisch benötigt: Karpfen, Kabeljau und Hecht. Die müssen alle speziell bestellt werden, und meiner Mutter zufolge weiß niemand mehr, wie man Fisch richtig filetiert. Oft verflucht sie die Männer und Frauen, die im Laufe der Jahre ihren Fisch schlecht filetiert haben. »Ich könnte ihnen die Hände abhacken«, sagt sie mit derselben Verve, die sonst nur den Friseuren vorbehalten ist, die sie »abschlachten«. Als die Damen wiederholen, dass ich mit meiner Mutter zusammen kochen und mich einarbeiten solle, höre ich den Subtext durchaus: Sie wird nicht ewig da sein.

Als ich ankomme, hat meine Mutter schon die schwarze Schürze mit dem Muster aus roter, gelber und grüner Paprika umgebunden. Kaum stehe ich in der Tür, als sie, in der Küche herumwuselnd, vor sich hin murmelt, wie sie es nur machen soll, damit es auch richtig ist. Die Ingredienzien liegen auf dem Küchentisch, und zwei riesige Suppentöpfe stehen auf dem Herd, der wie ein Rechteck aus Glatteis wirkt.

»Wirklich, Mom, nach all den Jahren vertraust du nicht darauf, dass du es richtig machst.«

»Stimmt«, sagt sie und »Okay, also bete darum«, und schließlich legt sie noch mit etwas mehr Schwung nach: »Dann also Rock 'n' Roll.«

Wenn du meinst.

Sie beginnt, in den Fischpaketen zu kramen. Dieses Jahr hat, wie durch ein Wunder, ein junger Mann namens Brion (sie weist auf die Schreibweise seines Namens hin) bei A & P den Fisch fabelhaft filetiert.

»Möge es ihm wohlergehen«, sagt meine Mutter mit einem Ausdruck ihrer tiefsten Dankbarkeit.

Sie schaut zu mir auf, während sie die Pakete mit Filets, Fischhäuten und -köpfen sortiert. »Ich wollte ihm ein Trinkgeld geben. Meinst du, ich hätte das tun sollen?«

»Ich glaube, jeder freut sich über ein Trinkgeld.«

»Aber ist es angemessen?«

Das ist ein Hauptwort im Leben meiner Mutter. Es ist der Atemzug zwischen Denken und Handeln. In diesem Fall weiß ich, was es bedeutet. Trinkgeld im Supermarkt – tut man das?

Brion hat jedes Paket mit dem jeweiligen Inhalt beschriftet. Offenbar hat niemand in der ganzen Weltgeschichte das bisher getan. »Ich gehe noch mal hin und gebe ihm ein Trinkgeld.«

Der Fisch muss trocken sein. Dazu rollt meine Mutter Schlangen von Küchenpapier aus, legt den Fisch darauf und tupft ihn ab. Dann beginnt die große Jagd nach dem Rezept; entweder steckt es in einem Kochbuch, in ihrem Korb mit Zeitungen – von denen einige bis in die Mitte der 60er Jahre zurückreichen –, oder es ist in irgendeinem Ordner abgeheftet.

»Hier ist es«, sagt sie, stolz auf die Rekordzeit, in der sie es in einem unordentlich aufgerissenen FederalExpress-Umschlag ausgemacht hat, auf den das Wort REZEPTE gekritzelt ist.

Das Rezept sieht aus wie ein Fragment von den Schriftrollen von Qumran: über und über mit Flecken von Fischfett bedeckt, verfärbt mit Altersflecken wie die Hand eines älteren

Menschen, mit Zahlen für die Verdoppelung des Rezepts versehen und irgendwelchem *Schmutz*. Und ganz oben: *Aus der Küche von Sylvia Cohen*. Das ist Bettes Mutter, überall in New Haven und Umgebung anerkannt als eine der größten Köchinnen aller Zeiten.

»Jetzt nehmen wir die Augen raus«, sagt meine Mutter mit sichtlichem Vergnügen. Und dann hebt sie ohne Vorwarnung ein Messer, im Stil von Norman Bates, und bohrt es in das Fischauge. Mich überfällt eine Welle von Übelkeit, und ich fühle mich, als würde ich gleich ohnmächtig. Ich ziehe mich ins Arbeitszimmer zurück, lasse mich auf das Sofa fallen und hole mein Telefon heraus, während meine Mutter mit dem Ausnehmen fortfährt. Als ich das Surren der Messer in der Küchenmaschine höre, weiß ich, dass sie beim nächsten Schritt ist.

»Ich zerkleinere den Fisch«, ruft sie.

»Es riecht ekelhaft«, bemerke ich sachlich, als ich in die Küche zurückkomme.

»Dann geh nach Hause.«

♦

Meine Mutter kurbelt ein Fenster hoch, womit sie stillschweigend den Fischgestank eingesteht.

»Du nimmst eine Handvoll«, sagt sie und greift in die Mischung aus Fisch und Mazzenmehl, »und formst es so, zu Kugeln.«

Gemahlen sieht der Fisch wie Gehirnmasse aus. »Das geht gar nicht, ich kann das nicht anfassen.«

»Warum gehst du nicht nach Hause, du siehst erschöpft aus«, sagt meine Mutter, obgleich ich ihre Geduld sicher erschöpft habe. Ich weiß, dies war als eine großartige Chance gedacht, einander näherzukommen, und ich will mich auch darauf einlassen, aber es ist zu künstlich. Wir wissen beide, dass ich nie Fischklößchen zubereiten werde, und ich habe meine Zweifel, ob ich je ein Sedermahl vorbereiten werde. Größtenteils macht sie sich diese ganze Mühe, damit meine Tochter, halb jüdisch und halb katholisch und in keiner der beiden Religionen aufgewachsen, Erfahrungen mit dem Judentum machen kann. Sie befürchtet, dass der Katholizismus mit seinen Weihnachtsgeschenken und Osterhasen am Ende obsiegt. Ich bin mir nicht sicher, wie hoch sie demgegenüber ihre Chancen einschätzt, mit Fischklößchen und den zehn Plagen. Aber jedenfalls holt sie alljährlich die Haggadas und die Sederplatte hervor.

»Jetzt kommt der Moment der Wahrheit«, sagt sie, unverdrossen bei der Arbeit. Werden die Fischklößchen auf die Köpfe, Gräten und Häute im Topf passen? Sie schichtet sie wie Ziegelsteine, bis zum Topfrand. Nun schaut sie noch einmal ins Rezept, beißt sich auf die Finger und sagt »Oje«, streut zwei Teelöffel Zucker an die Ränder und beschwört dann den Fisch: »Komm schon, komm schon.« Dann wendet sie sich zu mir und sagt, ohne einen Hauch von Ironie: »Und jetzt beten wir.«

Wir bleiben in der Küche, bis der Topf zum Kochen kommt, dann wird sie die Temperatur reduzieren. Meine Mutter beugt sich über den Herd und fummelt an den Knöpfen auf der Schaltfläche herum. »Dieser verdammte Herd.«

Ich weiß, ich sollte jetzt gehen und mich wieder an die Arbeit machen. Aber ich bleibe, lasse mich auf »meinem Stuhl« am Küchentisch nieder, wo ich bei jedem Familienessen gesessen habe. Schließlich setzt sie sich zu mir.

»Ich kann es noch immer nicht fassen, dass du mit diesem Fischgericht so unsicher bist.«

»Ich bin bei vielen Dingen unsicher.«

»Zum Beispiel?«

»Na, ich fühle mich nie klug genug.«

»Wann zum Beispiel?«

»Na, ich habe mich immer unsicher gefühlt, wenn ich Leuten begegnet bin, die auf guten Hochschulen gewesen waren. Natürlich merke ich in meinem hohen Alter, dass viele von ihnen Arschlöcher sind.«

Wohl wahr.

»Und ich hatte nie Respekt vor CCNY, was man das Harvard der armen Leute nannte. Wenn du es unbedingt wissen willst, ich fühle mich fast immer wie eine kleine graue Maus. Erst in jüngster Zeit mache ich mal den Mund auf.«

Dann erinnert sie sich, wie sie im College den Rorschach-Test gemacht hat. Ihre Freundin, eine Psychologiestudentin, führte den Test mit ihr durch und erklärte, sie sei entweder ein Genie oder eine Idiotin.

»Das ist eine ziemliche Bandbreite«, sage ich.

Erst dann gesteht meine Mutter, dass sie gelogen hat, was die Ergebnisse verzerrt haben könnte.

»Wie kann man bei einem Rorschach-Test lügen?«

»Na ja, viele Bilder sahen phallisch aus. Wenn eine Blume wie eine Vagina aussah, wollte ich das vor meiner Freundin nicht sagen.«

»Das könnte die Ergebnisse verzerrt haben«, sage ich verblüfft. Wer lügt bei einem Rorschach-Test?

Dann beginnt der Topfdeckel zu tanzen, und wie ein Vulkan steigt Dampf auf.

»Jetzt geht's weiter«, sagt sie und springt auf. »Das ist genau richtig.«

Dann quillt Flüssigkeit über den Rand und brutzelt wie heißes Fett auf dem Herd.

»Shit, ich wusste, dass das passiert. Dieser verdammte Herd, verstehst du, was ich meine?« Und währenddessen rinnt der Fischsud weiter an den Seiten herunter.

Als die Krise sich legt und meine Mutter sich wieder setzt, frage ich sie, wem ich wohl ähnlicher bin.

»Oh, deinem Vater«, sagt sie ohne Zögern. »Findest du nicht... dein Arbeitsethos, dein Humor?«

»Und, was habe ich von dir?«

»Da sehe ich nicht viel.«

»Wie ist es mit dem Schreiben?«

»Ich habe nie ein Wort geschrieben. Ich wollte es bloß.«

»Wie ist es mit Großzügigkeit?«

Sie winkt ab.

Ich erinnere meine Mutter daran, dass sie das Schulgeld für die Privatschulen ihrer Enkelkinder bezahlt, dass sie sie mit Einkaufsbummeln und Broadway-Shows in New York verwöhnt. Sie kauft ihnen ein Auto, wenn sie Examen machen. Die Damen witzeln schon, so eine *Bubbe* hätten sie auch gern.

»Vielleicht, mag sein. Komisch, wie du das aus mir herausfischen musst.«

»Wie ist es mit deinen Werten, deiner Moral? Meinst du nicht, dass du uns die mitgegeben hast?«

Sie ist sich nicht sicher oder zumindest nicht gewillt, die Lorbeeren einzuheimsen.

Meine Mutter hat immer Wert auf die Mitzwoth gelegt, die 613 Vorschriften, denen die Juden folgen sollen, kurz gesagt: Es sind Regeln für gute Taten. Wenn sie einer kranken Freundin ein Essen bringt oder einen Scheck für die Synagoge ausstellt, ist das für sie eine gute Tat. Aber ihrer Ansicht nach basieren solche Freundlichkeiten auf der Überzeugung, dass es richtig ist, so zu handeln, und nicht weil Gott es befohlen hat. Gute Taten tut man nicht aus Angst, bestraft zu werden, wenn man es nicht täte, sondern weil man im Herzen weiß, dass es richtig so ist. Das hat sie uns beispielsweise beigebracht.

Eigentlich möchte ich gehen, aber dann zögere ich es wieder

hinaus. Was will ich eigentlich? Worauf warte ich? Wer ist dieser Mensch mit dieser Fischshow, ihrer verrückten Schürze und den soßenfarbenen Sneakers? Meine Mutter meint, ich solle mich verziehen, denn wir sind fertig. Sie möchte, dass ich zu Hause bin, wenn meine Tochter aus der Schule kommt.

»Mom, sie ist sechzehn.«

»Na und, was bedeutet das schon?«

Meine Mutter geht wieder an den Herd, verlagert das Gewicht von einem Fuß auf den anderen und passt die Temperatur an, wobei sie die ganze Zeit vor sich hin murrt.

»Mom, redest du mit dem Fisch?«

»Wirklich«, sagt sie. »Mach dich auf den Weg.«

Plötzlich überkommt mich eine große Traurigkeit, wie ich da in der strahlenden Küche meiner Mutter auf meinem angestammten Stuhl sitze. Alles ist so vertraut: Die Nachmittagssonne scheint auf ihre kanariengelb gestrichenen Metallschränke, die breite Durchreiche von der Küche zum Arbeitszimmer, die oft als Bar oder Büfett genutzt wurde, wenn meine Eltern Partys feierten. Jetzt stapeln sich Zeitschriften und Bücher darauf, das Telefonbuch und der Monatskalender meiner Mutter. Weiße Kästchen sind gefüllt mit Zetteln für Arzttermine, Vorträge, Theaterstücke, Lunch- und Dinner-Verabredungen und ihre wöchentliche Maniküre bei der Russin Fania. Und für die Montage, als würde sie sich nicht erinnern, steht da in ihrer wunderschönen Schrift aufgeschrieben: *Bridge.*

Als mein Vater starb, machte es sich meine Mutter zum Grundsatz, jede Einladung, die sie bekam, anzunehmen. Die halten sie über Wasser, aber eigentlich lebt sie für die Feste, die Bar Mizwas, Hochzeiten und Graduierungsfeiern. Diese Meilensteine sind wie eine Lichterkette, leuchtende Sternbilder an einem leeren Himmel.

Als ich endlich aufstehe und gehen will, sind wir wieder unbeholfen. Ich gebe ihr an der Tür ein Küsschen auf die Wange, dann zieht sie mich plötzlich und ungewohnt dicht an sich und umarmt mich wie ein normaler Mensch, so wie ich meine Tochter umarme. So wie man erwarten sollte, dass Mütter und Töchter sich umarmen.

»Puh, lass uns das mal in Ruhe auskosten«, sage ich.

»Wenn es nach mir ginge, würde ich dich abküssen.«

»Warum nicht?«

Sie tritt zurück und lässt die Frage einen Moment wirken.

»Es ist nicht angemessen.«

Wir lachen beide darüber, die Königin der Etikette und ich.

»Also los, jetzt geh, ich muss mich um den Fisch kümmern.«

Vom Auto aus sehe ich, wie meine Mutter durch den Flur stolpert, um ihr Voodoo über den Fischklößchen durchzuführen. Ich weiß, dass der Gefrierschrank im Keller bereits mit Mazzen-Klößchen-Suppe in festen Tupperware-Behältern und in Folie eingewickelter Rinderbrust und Kugel gefüllt ist. Sie geht mit all diesen Vorbereitungen wissenschaftlich genau vor. Einmal sah sie etwas gekränkt aus, als mein Mann sie ganz unschuldig fragte, ob sie je etwas Frisches esse. Monate vor einem jüdischen Feiertag ruft sie wie aus dem Blauen heraus: »So, meine Rinderbrust ist im Gefrierschrank.« Und ich mache mich auch deswegen über sie lustig, über ihre Manie, Festtagsessen einzufrieren, und dabei würdige ich eben nicht, wie viel Arbeit dahintersteckt. Sie ist dreiundachtzig und bereitet jedes Gericht für jeden Feiertag selber zu. Wenn ich sie frage, was ich mitbringen kann, sagt sie immer dasselbe: einen Salat und dein wunderbares Dressing (Essig und Öl). Mit einem Mal spüre ich, dass ich mehr Aufmerksamkeit für ihre Kochlektionen haben sollte, statt mich wie ein Kind zu benehmen.

Ich erinnere mich, wie meine Mutter eines Abends aus ihrem Schlafzimmer auftauchte, als sie und mein Vater ausgehen wollten, gut angezogen, mit Pumps und Nylonstrümpfen, in Rock oder Kleid mit schlanker Taille, ihr Perlenhalsband sah aus wie ein Hof um den Mond. Ich beobachtete sie von meinem Sitzplatz in der Küche, wie sie schlafwandlerisch einen Ohrring von hinten befestigte. Ich wäre gern noch einmal klein, nur für eine kurze Zeit, um mich ihr ganz nah zu fühlen. Eigentlich habe ich meine Mutter nie geachtet. Mich selber habe ich auch nicht geachtet.

Kapitel 8

Schnappen

Als ich den Anfängerkurs wiederhole, bringe ich einen Freund mit, der zufällig auch in demselben Gebäude arbeitet, in dem der Bridgeclub sitzt. Bei seiner Ankunft ist Matty – genau wie ich – erstaunt darüber und kann es kaum glauben, nur ein paar Stockwerke unter dem Verlag, in dem er arbeitet, diese ganze Subkultur vorzufinden. Ich bin etwas besorgt, ihn hierhergelockt zu haben, nachdem er bei einem Abendessen allenfalls ein moderates Interesse für Bridge zum Ausdruck gebracht hat. Er wirkt etwas angespannt und nimmt sich eine Handvoll M&M, während wir auf den Lehrer warten. Ich habe keine Ahnung, ob es Barbara oder Jeff sein wird (der, wie ich erfahren habe, verheiratet ist) oder wer sonst, ich hoffe, dass es jemand anders ist. Ich möchte noch einmal von vorn anfangen, und ich verspreche mir, diesmal das Buch, das man uns gegeben hat, zu lesen und die Handouts zu studieren, und ich möchte versuchen, zu den betreuten Übungsstunden zu kommen.

Ellen schneit wie mit einem Windhauch herein, leichtfüßig und mit einem fließenden Schal fasst sie uns als ihre neuen Schüler ins Auge. Wir stellen uns vor, und sie erwähnt, dass eine weitere Frau mit dabei sein wird. Sie fragt, ob wir ein Paar sind, und wir stellen das schnell richtig, es ist uns peinlich, fälschlicherweise als Paar betrachtet zu werden. Wir verheiratet? Nein! Sie bittet uns, Platz zu nehmen, während sie verschwindet, um sich einen Kaffee zu holen. Wir scherzen, dass wir eines Tages im Altersheim Bridge spielen können. Wir wünschten, unsere Ehepartner würden Bridge lernen, aber die sind jeweils uninteressiert. Ellen erscheint wieder und schaut auf die Uhr. Unsere dritte Person ist noch nicht aufgetaucht. »Warten wir noch ein paar Minuten.«

Ich fühle mich sofort wohl mit ihr. Sie hat kurze weiße Haare, eine raue Stimme und einen Husten, der wie ein startender Motor klingt. Vor allem scheint sie die Aussicht, Anfänger zu unterrichten, nicht tödlich zu langweilen. Als sie uns fragt, warum wir Bridge lernen möchten, sagt Matty vage, er habe schon immer gedacht, es wäre interessant. Als ich gestehe, dass ich den Anfängerkurs wiederhole, findet sie das gut, viele täten das. Da fühle ich mich schon unendlich viel besser.

Schließlich stürzt die Dritte hektisch herein. Sofort beginnt sie mit einer Litanei darüber, wie die öffentlichen Verkehrsmittel sie im Stich gelassen haben. Sie kämpft mit ihrem Mantel, die Haare verfangen sich in ihrer Halskette. Dann fällt ihr die Tasche hin, und ein Teil des Inhalts purzelt heraus. Ellen sagt, sie solle sich Zeit nehmen, nur mit der Ruhe. Als sie sich endlich setzt, immer noch etwas über die Bahn vor sich hin murmelnd, stellen wir uns vor, und sie sagt, sie sei Emily. Sie wird wohl ungefähr in unserem Alter sein, sie hat rote Haare, vermutlich ist es die natürliche Farbe; ihre Fingernägel sehen aus, als wären sie in ihren Fingerspitzen eingebettet. Ich bin kein Handfetischist, aber Bridgespielen schärft das Auge, und ich muss immer wieder ihre kleinen Muschelfingernägel ansehen.

Matty ist sehr aufmerksam, als Ellen die Basics durchgeht: wie viele Punkte man zum Eröffnen braucht, wie viele Punkte zum Reagieren. Emily macht beim Zuhören leise, babyhafte Nuckelgeräusche. Mir gefällt einfach der Klang von Ellens Stimme. Sie klingt musikalisch und warm. Sie hat einen New

Yorker Akzent, nur den Bezirk kann ich nicht genau einordnen. Häufig unterbricht sie sich und fragt, ob wir ihr folgen. Während sie erklärt, merke ich endlich, dass Reizen wie ein Nummernschloss ist. Du und dein Partner, ihr reizt abwechselnd und findet heraus, wie viel ihr gemeinsam in der Hand habt (was in Punkten und der Anzahl der Trümpfe ausgedrückt wird). Sie erwähnt die Zahl sechsundzwanzig, die Zahl, die Barbara am ersten Abend an die Tafel geschrieben hat. Jetzt verstehe ich: Idealerweise möchten wir *zusammen* sechsundzwanzig Punkte haben. Mit sechsundzwanzig Punkten und acht Trümpfen sind wir gut aufgestellt, so viele Stiche zu gewinnen, dass wir den Kontrakt erfüllen können, in diesem Fall zehn Stiche oder »Spiel«.

Ellen betont, dass wir uns diese Zahlen einfach merken müssen. Da führt kein Weg dran vorbei. Nicht nur, dass ich mir meine Gleichungen in der Grundschule nicht merken konnte, auch beim zweiten Mal habe ich versagt, als ich meine Tochter mit ihren Lernkarten abfragen musste.

Emily zieht ein Anfängerbuch für Bridge aus ihrer Tasche und beginnt darin zu blättern, während Ellen spricht. Es ist nicht klar, ob sie prüft, ob Ellen es richtig macht, oder was sie eigentlich will. Aber es ist ablenkend und irritierend, ja, es wirkt sogar respektlos. Schließlich bittet Ellen sie, das Buch beiseitezulegen. Emily murmelt etwas vor sich hin wie: Ist schon gut. Und liest dann weiter. Matty und ich sehen uns an. Tickt sie richtig?

Ellen bittet sie noch einmal, sie möge es beiseitelegen. Wir wollen ein Spiel spielen.

Wir tasten uns mit Hilfe von Ellens instruktiven Stichworten durch eine Runde Reizen und beginnen mit dem Abspiel. Als Emily dran ist abzulegen, zieht sie die Knie an die Brust und beugt den Oberkörper vor, als wäre sie Houdini bei einem Befreiungsakt. Matty und ich können uns kaum ansehen.

Nach einer gewissen Zeit sagt Ellen: »Spielen Sie eine Karte und schauen Sie, was passiert.«

Emily kämpft noch immer mächtig und starrt nun gebannt ihre Karten an. Das habe ich schon einmal mitangesehen, das ist nicht gut.

»Spielen Sie einfach«, sagt Ellen. »Wir lernen.«

Emily reagiert nicht.

»Warum versuchen Sie es nicht mit Cœur-Dame?«

Emily funkelt sie wütend an. Ihr ist noch nicht klar, dass Ellen genau weiß, was wir in der Hand haben.

Als Matty die Dame aussticht, wird Emily wütend.

»Ich wusste, dass ich so nicht hätte spielen sollen.« Ihre Stimme klingt vorwurfsvoll.

Matty hat den höchst zufriedenen Gesichtsausdruck eines Menschen, der die Macht des Trumpfens entdeckt hat. *Nimm das!*

»Ich liebe das Schnappen«, sagt Ellen genussvoll.

»Schnappen« ist ein anderes Wort für trumpfen. Also, wenn man in der ausgespielten Farbe keine Karte hat und den Stich gewinnen kann, indem man eine beliebige Karte aus der Trumpffarbe spielt. Damit einem dies gelingt und man nicht übertrumpft wird, muss man einen Überblick über die dreizehn Karten der Trumpffarbe haben, vor allem die Figuren. Ich sehe, dass Matty mitkommt. Zahlen sind seine Freunde. Ellen merkt auch, dass Matty Talent hat. Er macht einen Fehler einmal, beim nächsten Blatt aber vermeidet er ihn dann.

Als die Stunde vorbei ist, gibt uns Ellen Handouts mit kleinen Quizfragen. Sie sagt uns, dass es seine Zeit braucht, und erkundigt sich, ob es uns Spaß gemacht hat.

Ein kollektives Ja! Auch wenn wir alle erschöpft aussehen, weil wir uns so konzentriert haben und die Köpfe schwirren, Bridgehirne.

»Gut«, sagt sie. »Das ist die Hauptsache.«

Dann, als Matty aufsteht, legt sie ihm die Hand auf die Schulter und sagt: »Sie haben Sinn für Karten.«

Matty fragt bescheiden: »Wirklich?«

»Ja, ganz bestimmt.«

Und ich? Ich dachte, ich hätte auch einen Sinn für Karten. Okay, dieses Spiel geht mir auf den Keks, aber mein Vater hatte enormen Sinn für Karten, und da ich ihm fast in jeder Weise ähnlich bin, folgt daraus denn nicht, dass ich auch einen Sinn für Karten habe? Mickrig, sage ich mir, dass Ellen Matty nur ein Kompliment gemacht hat, damit er weiter zum Unterricht kommt, auch wenn ich einsehe, dass sie recht hat.

Matty, Emily und ich nehmen in betretenem Schweigen den Fahrstuhl. Dann fängt Emily nochmals von ihrem Zug an, und ich merke, dass sie zu den Menschen gehört, die kein Gespür dafür haben, wie wenig andere Leute die Einzelheiten ihres Lebens interessieren. Als sie in die Nacht hinauszockelt, ist es Matty und mir gleichgültig.

Die Abendluft tut gut.

»Was meinst du?«, frage ich.

»Mir hat es gefallen, glaube ich.«

Zusätzlich zu den Unterrichtsstunden sollen wir mindestens zweimal zum betreuten Spielen in den Bridgeclub kommen; das gehört dazu. In der ersten Unterrichtsrunde habe ich es nie geschafft, auch wenn man uns daran erinnerte, dass wir uns mit dem Unterricht allein nicht verbessern werden. Als ich ankomme, haben sich die Teilnehmer schon an den Tischen platziert, einige mit dem Lunch vom Büfett. Warum fällt es mir im Alter von dreiundfünfzig Jahren noch immer so schwer zu sagen: Entschuldigung, ist der Platz noch frei?

Ich sitze allein. Der Raum füllt sich und wird laut. Niemand setzt sich zu mir an den Tisch, und allmählich verzweifle ich. In diesem Moment kommt der Keebler Elf. Schönen Tag! Er winkt und hüpft gleich herüber. Wir vertrauen einander an, wie angespannt wir sind, und kichern dann in unserer Angst. Zwei weitere Herren treten näher und fragen, ob sie sich zu uns gesellen dürfen. Ja! Ja!

Der Jüngere von beiden, etwa um die dreißig, trägt eine Lederjacke und einen Schulsiegelring mit einem Bernstein. Er hat einen Bürstenhaarschnitt, ein Grübchen im Kinn und einen Tagesbart. In dem Bemühen, vor dem Unterrichtsbeginn etwas Small Talk zu machen, frage ich, warum er Bridge lernt. Ohne den Blickkontakt zu erwidern, antwortet er, dass er programmiert und dass es hieß, das Spiel könnte ihm Spaß machen. Er gibt offen zu, dass er zu viel Zeit mit Videospielen verbringt; er »zwingt« sich, etwas Geselligeres zu tun, auch wenn er, nach seiner steifen Körpersprache zu schließen, wohl lieber zu Hause wäre, mit seinem Joystick. *Warum muss ich immer neben den Travis Bickles dieser Welt sitzen?*

Der andere Herr ist älter, hat einen kräftigen dicken Bauch und scheint die Keks- und Brezelkrümel, die sich darauf ansammeln, nicht zu bemerken. Er hat einen klassisch jüdischen Namen aus einer verflossenen Zeit – wie Al oder Lou oder Hen. Allein dafür mag ich ihn schon. Er erinnert mich an den Metzger in dem jüdischen Delikatessengeschäft in New Haven, der uns Brezelchen schenkte, wenn meine Mutter dort einkaufte, seine Schürze voller Blutflecken von koscherem Fleisch und eine Dose mit Halva-Bröseln auf der Theke. Ich weiß nicht, wie viel Prozent der Bridgespieler im Manhattan Bridge Club Juden sind, aber man kann sagen: offensichtlich ziemlich viele.

Ellen bringt einen Stapel Boards an jeden Tisch und bittet uns anzufangen. Dann erkennt sie mich wieder und begrüßt mich mit einem aufmunternden Nicken. Sie scheint froh zu sein, dass ich ihrem Rat gefolgt und zu dieser Stunde gekommen bin. Wir können sie jederzeit zu uns rufen und bekommen beim Reizen oder beim Abspielen Rat. Sie schwebt von Tisch zu Tisch und antwortet auf die ununterbrochenen Fragen. Unser Tisch ist zurückhaltender. Ich frage mich, ob es an den Herren liegt, weil Männer nicht fragen, wo es langgeht.

Das Spiel beginnt langsam, da wir uns beim Reizen Zeit lassen. Der Elf und ich sind Partner, keiner von uns hat ausreichend viele Punkte, um zu eröffnen, und wir sind beide froh, dass wir passen können. Travis und Pupik schaffen es, vier Piks zu erreichen. Meines Wissens bedeutet dies, dass sie zehn Stiche holen müssen (was ein »Vollspiel« genannt wird) und dass die Trumpffarbe Pik ist. Travis Bickle ist frustriert, als Elf mit Abwerfen dran ist. Er wackelt hin und her und summt vor sich hin, während er darüber nachdenkt, welche Karte er spielen soll. Travis stachelt ihn an, gibt ihm Stichworte mit knappen Fragen: Haben Sie die passende Farbe? Können Sie stechen? Der Elf berührt eine Karte nach der anderen, zieht jede ein Stück heraus, als wolle er sie abwerfen, stupst sie dann zurück und beginnt wieder von vorn abzuwägen, welche Karte er abwerfen soll. Dann tut Travis etwas Unglaubliches. Er lehnt sich vor, schaut in Elfs Blatt, zeigt auf eine Karte und sagt: »Die da.«

Als der Elf nicht sofort reagiert, lässt Travis die Augen um den Tisch kreisen. Er sucht nach einer Art Bestätigung von dem älteren Herrn und mir, dass diese Situation unerträglich ist. Ich möchte für meinen Partner eintreten, aber ich habe Angst vor Travis. Sein Bein hämmert unter dem Tisch, der Boden bebt, als seien dies die Vorzeichen eines Erdbebens. Dann reckt sich Travis ohne jede Vorwarnung noch einmal zu Elf hinüber, schnappt sich die Karte aus dessen Blatt und knallt sie auf den Tisch. Ich bin schockiert. Das ist vollkommen unmöglich. Unter allen anderen Bedingungen würde dieses Benehmen wahrscheinlich dazu führen, dass der Spieler verwiesen wird. Aber als ich zu Elf hinüberschaue, steckt er sich ganz erleichtert einen ganzen Schokoladenkeks in den Mund.

Als Travis mit Abwerfen dran ist, lehnt er seinen Stuhl zurück, die Beine breit gespreizt, und schnipst eine Karte in die Tischmitte, als wäre er ein Gangster, das Gewehr gespannt und bereit zum Schuss, dies alles auf einer staubigen Hauptstraße. Er ist ein typischer New Yorker Eigenbrötler, merkwürdig extravagant und immer unterhaltsam, solange er mich nicht dafür attackiert, dass ich die falsche Karte abwerfe oder schlecht reize. Neben dem Elf sehe ich wahrscheinlich aus wie Omar Sharif mit seiner grandiosen Bridgekarriere.

Als ich später ein leichtes Blatt vermassele, fragt er, ob ich Englisch studiert habe.

»Ja«, sage ich, »woher wissen Sie das?«

Er schaut angeekelt weg und sagt: »Logik.«

Im Laufe der Zeit treffe ich ganz unterschiedliche Leute im Manhattan Bridge Club, auch wenn mir die gewisse Anonymität, die bei Bridge gewahrt wird, besonders gut gefällt. In den meisten Kontexten in New York definiert das eigene Handeln, wer man ist. Daraus ergibt sich ein Mosaik von Meinungen darüber, wie andere einen einschätzen. Ganz anders beim Bridge. Das Einzige, womit man andere beeindrucken kann, ist, wie man ein Blatt spielt. Es ist irrelevant, ob du Mathelehrer oder Banker bist. Du könntest mit der Außenministerin oder mit dem Ersatztrommler für Mötley Crüe spielen. Wie groß dein Anlageportfolio ist, hilft einfach nicht, wenn du die Trumpfkarte nicht ziehst.

Einmal habe ich mit einer Frau mit einem Pony im Stil von Louise Brooks und mit einer Philip-Johnson-Brille, rund und schwarz wie Wagenräder, gespielt. Ihre Partnerin war komplett in Leopardenmuster gekleidet, einschließlich ihrer Ballerinas, und die Augenbrauen waren wie die goldenen Bogen von McDonald's gezupft. Sie hätten Statisten im *Great Gatsby* sein können. Zuerst hielt ich sie für extravagant, aber dann erwiesen sie sich als ruhige, gute Spielerinnen, zeigten fast keine Gefühle, ob sie nun gewannen oder nicht, kaum ein Lebenszeichen. Alle Energie ging in die Konzentration. Die geselligen Aspekte des Spiels interessierten sie nicht besonders. Meine Partnerin an diesem Tag hätte Coco Chanels jüngere Schwester sein können oder eine italienische Filmschauspielerin. Weder ihr Akzent noch ihr Alter ließen sich genau bestimmen. Ihr Kleid war aus einem seidigen Crinkle-Stoff, ihre Ringe so groß und leuchtend wie Gummibonbons, die an ihren dünnen Fingern schwammen, deren Gelenke altersbedingt wie Pferdeknie hervorgewölbt schienen. Wenn sie mit ihrem Blatt zufrieden war, ließ sie die Karten in die Handfläche gleiten und blickte »unschuldig« um sich, als wäre ihr die Welt gleichgültig. Wenn es ihr nicht gefiel, zogen sich ihre Lippen angewidert zusammen wie ein Beutel, und sie starrte auf die Tischmitte.

Das unerfreulichste Duo, mit dem ich je spielte, war eine Mutter mit ihrem Sohn. Die Mutter sah in ihrem Schneiderkostüm geschäftsmäßig aus, mit Lacklederpumps und Hermès-Tuch. Sie war mit einem Stapel Armreifen behängt, die mit Nefertiti hätten konkurrieren können, und dazu Sets von Ringen mit Diamanten, Saphiren und Rubinen. Der Junge war wohl um die vierzehn, mit Pony, Zahnspange und einem verschossenen Dartmouth-T-Shirt. Ich tippte, dass er hochbegabt war, ohne Freunde, gelangweilt von theoretischer Physik und leicht aggressiv. Vielleicht war seine Mutter auf der Suche nach Aktivitäten, die ihn vielleicht interessierten. Ich ließ mich nicht von den Pickeln oder Zahnspangen des Jungen täuschen. Er war ein harter Brocken, außerdem unausstehlich. Er gähnte offen, als ich beim Reizen lange brauchte, und lachte jedes Mal, wenn ich einen Fehler machte. Und wenn er gewann, zeigte er die Faust, als hätte er in Wimbledon groß gepunktet. Kein Wunder, dass er keine Freunde hatte.

Man merkt es: Jeder im Manhattan Bridge Club hat einen Grund zu kommen. Es gibt Witwen, Geschiedene, Leute im Ruhestand, Leute zwischen Jobs. Es ist ein Spiel, das Menschen in Übergangssituationen anspricht, die etwas suchen, womit sie die Zeit füllen können. Es passt zu Genies der ganzen Bandbreite, vom Gelehrten bis zum Nerd. Buchhalter lieben das Spiel! Es eignet sich für Mütter, deren Nest leer ist, und für Leute, die chronisch unterfordert sind. Es ist für Menschen, die die Quasi-Geselligkeit des Spiels lieben, oder die – wie ich – eine Neigung zur Sucht haben. Und noch etwas habe ich beobachtet: Bridgespieler sind höchst leistungsorientiert, ganz gleich, wie sehr sie sich dagegen wehren. Ellen sagt gerne, dass manche Leute schummeln, selbst wenn kein Geld im Spiel ist!

»Sie müssen spielen und spielen und noch mal spielen«, sagt Ellen in unserer letzten Stunde. Mir ist klar, dass sie recht hat. Nur so kann man sich alles merken, nur so kann sich das Wissen ansammeln und hängenbleiben. Beim letzten Blatt dieses Abends bin ich mit Reizen dran, und ich erstarre. Ellen fragt mich, was ich brauche, um zu überbieten. Dies bedeutet, dass du reizt, nachdem einer der Gegner eröffnet hat. *Überbieten, überbieten.* Ich weiß, was es ist, ich weiß auch, dass es einen guten Trick gibt, wie man es sich merken kann, aber er fällt mir nicht ein.

»Fünf plus zehn. Fünf von einer Farbe und zehn Punkte.«

»Was ist nur mit mir los?«, sage ich empört.

»Ich wünschte, ich wäre eine bessere Lehrerin«, sagt Ellen bedrückt und gibt sich geschlagen.

»Ach Gott, das ist nicht Ihre Schuld«, sage ich. »Ich habe in der Schule einfach viel zu viel Gras geraucht.«

Darüber lacht Ellen. Aber ich fühle mich immer noch schrecklich.

Ellen fragt, ob Matty mit dem Unterricht weitermacht. Er wird darüber nachdenken. Emily spricht mit ihrem Notizbuch. Und ich selber weiß nicht, wie es weitergeht. Vermutlich sollte ich mir eine näher gelegene Unterrichtsmöglichkeit suchen. Die Damen montags zu beobachten ist zwar gut, aber ich muss spielen. Ich brauche das Spiel.

Kapitel 9

Willkommen im Club

Nach jüdischer Tradition – teils Brauch, teils Aberglaube – kauft man weder Bekleidung noch das Kinderbett, ehe das Kind geboren ist. Ich verstehe das nicht. Ist es nicht besser, davon auszugehen, dass alles gut geht? Mit dem Neugeborenen in ein hübsches Zimmer mit einem hergerichteten Kinderbett nach Hause zu kommen? Ich habe meine Mutter im Laufe der Jahre immer wieder gebeten, mir das zu erklären, weil es mich erstaunt, dass die Juden an dieser Tradition festhalten.

»Die Juden. Was soll ich sagen?«

Meine Mutter erinnert sich, wie sie wie eine »Wahnsinnige« herumgelaufen ist, um das Kinderzimmer einzurichten, nachdem meine Schwester auf die Welt kam, vor allem von großer Angst getrieben. Dieses lang ersehnte Kind, dessen Ankunft ein solches Wunder war wie der Fund eines Kindes in einem Schilfkorb, entwickelte sich nicht richtig. Die Kleine musste sich übergeben, verlor an Gewicht und schrie ständig. »Es war wirklich schwer und wirklich erschöpfend«, sagt meine Mutter entschuldigend.

»Schließlich wurde etwas diagnostiziert, das man Pylorusstenose nannte, eine Art Verengung des Verdauungstraktes.«

Ich war von der Narbe meiner Schwester immer fasziniert gewesen, einer horizontalen Linie über ihrem Bauchnabel, der sich wie zusammengepresste Lippen einfaltete. Niemand sprach je darüber, und sie versteckte die Narbe auch, sie trug nie Bikinis und zog sich diskret an und aus, damit niemand sie sehen konnte. Als kleines Mädchen stellte ich mir in einer kurzen UFO-Phase vor, es wäre vielleicht ein außerirdisches Implantat, und schließlich geriet das alles in Vergessenheit. Jetzt, als ich meine Mutter frage, was genau passiert ist, sieht sie schockiert aus.

»Das weißt du wirklich nicht?«

»Eigentlich nicht.«

»Das kann ich gar nicht glauben.«

Meine Schwester musste operiert werden, und der Arzt versicherte meinen Eltern, dass es eine einfache Blinddarmoperation wäre. Aber immerhin war es eine Operation an einem Neugeborenen, und meine Mutter gesteht, dass sie sich alldem entzogen hatte. »Dad war dann stundenlang im Krankenhaus bei ihr und hat sie gefüttert. Ich bin sicher, dass ich einmal am Tag auch hingegangen bin, aber ich sage dir, ich erinnere mich vor allem, wie ich herumgerannt bin.«

Als sie Nina nach der Operation aus dem Krankenhaus nach Hause brachten, kam eine polnische Putzfrau für meine Mutter als Orakel daher: »Dieses kleine Küken kommt September, sie wiegt zehn Pfund.« Und wie vorhergesagt, der September kam, und das Baby wog zehn Pfund. Sie gedieh prächtig. Das Unglück war abgewendet. Meine Mutter hatte ein gesundes Baby, einen ergebenen Ehemann und das Leben, von dem sie immer geträumt hatte.

Dann hält meine Mutter inne. Ein Messingbrieföffner liegt auf dem Tisch, und sie dreht ihn immer wieder um. Ich weiß so ungefähr, was jetzt kommt, selbst wenn ich im Laufe der Jahre nur in wenige Einzelheiten eingeweiht wurde; nur gezwungenermaßen hat sie mir eine selektive Version ihrer postpartalen Depression anvertraut.

»Mom, erzählst du mir mal davon?«

Sie nimmt jetzt den Brieföffner und schabt ihn in ihrer Handfläche hin und her, als würde sie eine Scheibe Toast mit Butter bestreichen.

»Ich verstand nicht, was los war und wie das überhaupt passieren konnte.«

Wie konnte aus ihrem sieben Jahre gehegten Traum jetzt das werden? Ein kleines Baby begann gerade, gut zu gedeihen, ein Zehn-Pfund-Küken fing an zu quieken? Meine Mutter konnte unmöglich ahnen, dass ein Buch, das sie in der Schule geliebt hatte, Charlotte Perkins Gilmans' *Die gelbe Tapete*, zu einer grausigen Prophezeiung ihrer eigenen postpartalen Depression werden würde. Mit der einen Ausnahme, dass meine Mutter nicht in einem gelben Zimmer eingeschlossen war. Sie stand jeden Tag auf, stillte die Kleine und ging mit ihr spazieren. Sie funktionierte, aber die Welt war gelb, es war das Gelb von van Gogh, das Gelb der Krankheit.

Die Sonne gleitet hinter die Baumwipfel. Die Küche verdüstert sich, aber keiner von uns beiden regt sich, um Licht anzuschalten. Ich starre auf die riesige Keramikschale auf dem Küchentisch, die mit Post angefüllt ist: Rechnungen, Abonnements, Programme von der Synagoge und vom Seniorenzentrum und Danksagungen (niemand wird in den Augen meiner Mutter höher geschätzt als der Verfasser eines wohlformulierten Dankschreibens). Es ist ihr Scheiterhaufen, den sie mit viel Liebe Jahr um Jahr pflegt und nie etwas wegwirft. Meine Schwestern und ich werden ihn wohl eines Tages durchsortieren müssen. Aber auch er wird nur einen Teil der Geschichte einer Frau erzählen, die fünfzig Jahre in einem Haus gelebt hat und gut und freundlich war, großzügig und wütend, und die eher in sich zusammenbrach, als ein Wort über ihre Depression zu sagen, von der sie wie von einer langen, dunklen Woge heimgesucht und fast umgebracht wurde.

»Ich war sehr, sehr allein. Mit dem Baby war ich besonders allein. Es war mühsam. Es war ermüdend. Dein Vater hat alles für sie getan, er hat sie gebadet, er hat sie gefüttert.«

Jahrelang habe ich versucht, wirklich mit meiner Mutter in Kontakt zu kommen, und jetzt fühle ich mich nur unbeholfen und traurig. Ich stehe auf und schaue in den Kühlschrank, obwohl ich seinen kargen Inhalt kenne: Hüttenkäse ohne Natrium, ohne Fett, laktosefreie Milch, ein Netz Orangen, eine halb volle Weißweinflasche vom Pessachfest, eine Tüte vertrocknete Rosinen und in der Tür eine Flasche Cola light.

»Oh, du hast Cola light«, sage ich begeistert, als würde ich ein Versteck mit Pot aus meiner Jugend entdecken.

Meine Mutter legt den Brieföffner wieder auf den Stapel, schaut erst ihre Nägel an und dann mich.

Ich setze mich mit meiner langweiligen Cola wieder hin und versuche es noch einmal.

»Ist das plötzlich passiert oder allmählich?«

»Ich weiß es nicht. Vielleicht kam es allmählich.«

»War alles dunkel? Oder fühllos? Kamen dir viele düstere Gedanken?«

»Ich habe mich von allem zurückgezogen. Ich wollte niemanden sehen. Ich wollte nichts tun.«

»Hast du mit deiner Mutter darüber gesprochen?«

»Nein, eigentlich nicht. Sie war sehr besorgt und aufgeregt, das weiß ich, aber sie hat nicht darüber gesprochen und mich auch nicht danach gefragt.«

»Hast du ihr gegenüber versteckt, wie es dir ging?«

»Nein, ich glaube, das konnte ich nicht verstecken, ich erinnere mich nicht mehr genau daran. Ich weiß es wirklich nicht.«

»Hat Dad versucht, dich da rauszuholen?«

»Er war sehr, sehr hilfsbereit und hat mich enorm unterstützt, wirklich. Ich bin sicher, er hat Angst gehabt, aber er blieb immer bei der Stange.«

Während es mir leichter fällt, mit den Damen zu sprechen, und ich sie besser kennenlerne und mich ihnen verbunden fühle, werden die Gespräche mit meiner Mutter immer schwieriger. Zuerst ist sie immer ganz darauf aus zu reden, oft knetet sie ihre Finger wie ein Schulkind, das aufmerksam am Pult sitzt. Manchmal weiß ich nicht, wo ich anfangen oder was ich sagen soll. Einmal habe ich vollkommen vergessen, dass wir verabredet waren, und als sie mich anrief, habe ich es abgetan. Ich hätte mich geschämt, wenn mir das mit Jackie oder Rhoda, mit Bea oder Bette passiert wäre. Mir fällt auf, dass ich unsere Gespräche hinausschiebe. Egal, was wir sagen, immer habe ich das Gefühl, dass das Wichtigste nicht zur Sprache kommt. Immer wenn ich ihr Haus verlasse, bin ich in Tränen aufgelöst, manchmal sind es nur ein paar Tränen, manchmal geradezu Weinkrämpfe. Diese heftigen Gefühle überkommen mich regelmäßig an derselben Stelle, am Ende des Zufahrtswegs.

Einmal bin ich nach ein paar Erledigungen eigens zu meiner Mutter gefahren statt zu mir nach Hause und war dann vor ihrem Haus einen Augenblick lang verwirrt. Wo war ich? Wohnte ich hier? War dies mein Zuhause? War mein Unbewusstes so stark? Ich hätte schauen sollen, ob meine Mutter da war, und ihr Guten Tag sagen. Aber ich fühlte mich jämmerlich und klein. Wenn sie jetzt gefragt hätte, warum ich denn hier sei, was hätte ich da sagen sollen? Dass ich versehentlich gekommen sei, dass ich … meine Mami brauche?

♦

Therapie ist wie das Klatschen mit einer Hand, keiner hört es. Bei meiner nächsten Therapiestunde berichte ich Anne, wie ich mit Autopilot zu meiner Mutter gefahren bin. Ich bin schockiert, dass ich das getan habe, und breche in Tränen aus. Sie sagt nichts. Ich sage ihr, dass es unglaublich wehtut, meiner Mutter nahezukommen; statt dankbar zu sein für diese Chance, bin ich überwältigt von Traurigkeit und Reue. Sie sagt nichts.

Ich gestehe, dass ich meinen Vater mehr geliebt habe, er hat mich zum Lachen gebracht, er hat mich verwöhnt, ihn habe ich geachtet. Ein Therapeut, den ich im College aufgesucht habe, beharrte darauf, dass ich, wenn ich mit meiner Mutter keinen Frieden schließe, ehe sie stirbt, nie zu mir selber finden würde, dass diese nicht aufgearbeiteten Gefühle mir immer im Weg stehen würden. Meine Mutter hat selber einmal heraufbeschworen, dass mich ihre Erwartungen und Vorschriften noch nach ihrem Tod verfolgen würden. Als Teenager wünschte ich mir nur, dass meine Mutter offen und ehrlich wäre, dass sie offen und ehrlich mit mir wäre. Ich hatte das Gefühl, dass sie sich versteckte oder mir etwas vormachte oder blind dem Protokoll folgte, und ich versuchte ständig, an ihr zu rütteln, sie in Frage zu stellen, sie aus der Reserve zu holen. Und doch, ganz gleich wie sehr ich mich bemühte, merkte ich gar nicht, dass jemand schon zuerst da war. *Du warst immer dumm, du bist dumm, und du wirst immer dumm sein.*

Ich möchte wissen, was Anne denkt, aber sie schaut mich nur an. Früher war ich immer wütend und frustriert über den Therapeuten, der kaum etwas sagte, als wäre das Ganze eine psychologische Mutprobe; manchmal blieb ich stumm, nur um zu zeigen, dass beide das Spiel beherrschten. Jetzt fühle ich mich durch Annes Schweigen getröstet. Ich lasse mich in einen halbbewussten Zustand gleiten und starre so intensiv auf den Teppich zwischen uns, dass ich am Ende jede einzelne Faser erkenne.

Ich erzähle Anne von dem Unfall meiner Mutter, einem Ereignis, das in meiner persönlichen Mythologie eine große

Rolle spielt. Es ist eine Geschichte, die ich im Laufe der Jahre diversen Therapeuten erzählt habe, und jedes Mal habe ich sie etwas mehr ausgeschmückt; irgendwann wusste ich nicht mehr, was die Fakten waren und was meine Fantasie. So viel ist jedenfalls wahr: Meine Mutter saß am Steuer und rauchte. Als sie die Zigarette aus dem Fenster warf, flog ein Aschefunke zurück, verfing sich in ihrem Mantel und fing Feuer. Ein Mann sah sie, half ihr aus dem Auto und brachte sie dazu, dass sie sich auf dem Boden rollte. Sie wachte im Krankenhaus von Stamford auf, auf ihre Arme hatte man Haut von den Oberschenkeln transplantiert. Sie musste sieben Wochen in der Klinik bleiben, bis sie wieder genesen war. Dieser mysteriöse Mann hatte ihr das Leben gerettet.

Im Laufe der Zeit kam ich zu der Überzeugung, dass dieses Feuer kein Unfall war. Dass sich meine Mutter auf einer Brücke befand, als es passierte, auf einer Brücke, von der sie hätte springen wollen. Und ich glaubte noch etwas: dass sie mit mir schwanger war.

»Wo hast du das denn her?« Meine Mutter war überrascht, als ich sie bei einem unserer Gespräche nach dem Unfall fragte. »Ich war jung verheiratet. Ihr wart alle noch nicht auf der Welt. Ich war so glücklich, wie ich nur sein konnte.« Später wird sie das zurücknehmen, und sie erinnerte sich, ja, sie hatte gerade herausgefunden, dass sie nicht schwanger war, obwohl sie alle Hoffnungen darauf gesetzt hatte.

Dennoch, woher hatte ich das? Wir beide sterben einen tragischen und dramatischen gemeinsamen Tod, Mutter und ungeborenes Kind, von Flammen verschlungen. Ich schäme mich, Anne dies zu erzählen; meine Fantasie ist so überbordend und offensichtlich: Wie ich so verzweifelt wünsche, ich würde mit meiner Mutter eins werden, als wäre sie eine dieser Bekenntnisdichterinnen, deren tragisches Leben ich verehrte. Nur dass meine Mutter nicht Anne Sexton ist und ich nicht ihre Bohne, ihr kleines Mädchen. Egal, wie extravagant meine Fantasie auch sein mag, nichts daran ist poetisch, kathartisch oder befreiend. Selbst nach so vielen Jahren Therapie bin ich wie ein Kind mit verbundenen Augen, das mit ausgestreckten Armen in die Dunkelheit greift: Ist es heiß? Ist es kalt?

»Ist die Zeit rum?« Meine innere Uhr ist genau auf fünfzig Minuten geeicht.

Anne runzelt die Stirn und sieht als Antwort auf die Uhr.

Als ich von der Therapie nach Hause fahre, sehe ich all die jungen Yale-Studenten, wie sie die Prospect Street überqueren, so strahlend und lebendig, und am liebsten würde ich sie überfahren.

Am folgenden Montag findet das Bridge wieder bei meiner Mutter statt. Ich bringe, eingewickelt in ein weißes Tuch, ein selbstgebackenes Brot mit, das mein Schwiegervater für Ostern gebacken hat. Unterwegs lobe ich mich dafür, wie aufmerksam ich bin. Ich schaue zu dem Brot hinüber, das auf dem Beifahrersitz liegt; es ist so groß, dass ich es geradezu anschnallen könnte. Ich bin sicher, die Damen werden von den Backkünsten meines Schwiegervaters beeindruckt sein. Und außerdem: Diese Pogacha ähnelt dem jüdischen Sabbatbrot – sie werden begeistert sein.

Ich trete ein und halte das Brot wie ein eingewickeltes Kleinkind im Arm. Als meine Mutter das Handtuch auffaltet und das Brot sieht, tritt sie zurück, als schaute sie in die gelben Augen von Rosemarys Baby. »Weißt du denn nicht, dass das Pessachfest noch nicht vorüber ist? Bring das in die Küche!« Sie gestikuliert, dass ich es aus dem Weg räume, und ich lasse das verbotene Brot verschwinden und fühle mich zugleich vorgeführt und wütend.

Ich habe keine Ahnung, warum meine Mutter es für nötig

hält, dieses Theater um Pessach vor den Damen aufzuführen. Zugegebenermaßen ist sie ja keine praktizierende, sondern eher eine kulturelle Jüdin. Ich habe sie oft wegen ihres À-la-carte-Umgangs mit der Religion aufgezogen. Einmal habe ich sie gefragt, wann sie Atheistin wurde. Sie antwortete entschieden: »Ich bin als Atheistin geboren!« Wen würde es stören, wenn dieses köstliche selbstgebackene Brot angeboten würde? Rhoda vielleicht? Als ehemalige Geschäftsführerin der Synagoge ist sie diejenige, die am ehesten ihr Judentum praktiziert. Meine Mutter und Rhoda sind die Einzigen, die auf eine Hebräische Schule gegangen sind. In ihrer Heimatstadt Salem, eher bekannt für die Hexenzirkel als für jüdische Gebetskreise, besuchte Rhoda den Unterricht in einem behelfsmäßigen jüdischen Zentrum, wo eine stämmige Lehrerin namens Mrs Kekst einen schrägen Blick auf die junge Rhoda warf, weil sie an Fantasy-Büchern mehr interessiert war als an den Lehren von Hillel. Meine Mutter ist stolz darauf, dass sie an den hohen Feiertagen mit ihrer Mutter zur Synagoge ging, auf die europäische Art an den Armen untergehakt.

Trotzdem muss mir meine Mutter das Gefühl geben, eine Kriegsverbrecherin zu sein, weil ich das Brot mitgebracht habe? Sie kann es nicht erklären, will es nicht erklären, manchmal wirft sie sogar die Arme hoch und sagt: »Muss alles sinnvoll sein?«

Ich sehe, dass meine Mutter schon den Kessel für das Teewasser aufgesetzt hat, und frischer Kaffee tropft in eine Kanne. Ihre Süßspeise, Dessertteller und hübsche dazu passende Dessertmesser liegen auf dem Küchentisch vorbereitet. Ich weiß genau, welches Geschirr und welches Vorlegebesteck meine Mutter für jede Gelegenheit gebraucht. Jede Platte hat einen bestimmten Zweck, von dem wir nie abweichen. Sie hat ihren berühmten Hühnersalat mit Preiselbeeren und Sellerie gemacht.

Die Damen kommen im Minutentakt an. Bea trägt heute

eine Jeans und ein limettengrünes Shirt mit einer cremefarbenen Weste mit winzigen Perlen, die amöbenartig aufgenäht sind. Rhoda ist mit einer eierschalenfarbenen Halskette geschmückt, die aus vielen Strängen besteht, und dazu mit einem rosafarbenen Ring, der wie ein Stück Godiva-Schokolade aussieht. Meine Mutter trägt eine schwarze Schnur mit einem Stein, der von der Klagemauer abgeschlagen sein könnte. Jackie trägt ein Stück aus ihrer Kunstsammlung, dieses hier mit einer Kauri-Muschel in der Mitte, die möglicherweise das Böse abwehrt. Bette trägt ein Stück, das ich bisher noch nicht gesehen habe, einen Drahtring, an dem ein kleines Metallstück baumelt, vielleicht Emaille, es sieht wie ein Mini-Braque oder -Picasso aus, und ihre Perlenohrringe, schlicht und elegant.

Nach dem Lunch räume ich ab, während die Damen sich zum Bridgetisch begeben. Sie werfen ihre Dollars auf den Tisch, begleitet von denselben faden Witzen über ihren überzogen hohen Einsatz; das Wortgeplänkel ist so vertraut wie Sitcom-Witze, die wie Golfbälle in einem See landen. Ich mache den Abwasch fertig, gegen den Protest meiner Mutter. Aus der Küche höre ich, wie sie sich niederlassen, dann das Quietschen von Karten, die gemischt werden. Es ist schon später im Spiel, zwischen drei und vier, als ich nur noch Löcher in die Luft gucke. Woher nehmen die Damen ihr Durchhaltevermögen? Meine Mutter hat eine Schale mit Kirschen hingestellt, und jede Dame nimmt sich wählerisch eine oder zwei. Ich würde mich gern ins Schlafzimmer meiner Mutter verziehen, *Ellen* in ihrer Talkshow anhören und ein Nickerchen machen. Ich möchte unbedingt an mein Telefon und sehen, ob ich wichtige Anrufe oder dringende Nachrichten habe. Mein Auge richtet sich auf den Boden – ihre Füße sehen so winzig aus.

♦

In den 50er Jahren galten Frauen, die unter einer postpartalen Depression litten, als neurotisch, und viele wurden mit Elektroschocktherapie behandelt. Die Erkrankung wurde erst 1958 als solche erkannt und benannt und erst 1994 im DSM als psychiatrische Erkrankung aufgenommen. Heute ist bekannt, dass die meisten Frauen ein oder zwei Wochen nach der Geburt zumindest unter einer leichten depressiven Verstimmung leiden und dass zehn bis zwanzig Prozent der Frauen eine gravierende Form der postpartalen Depression haben. Als meine Schwester 1958 geboren wurde, war Imipramin das erste in der Gruppe neuer trizyklischer Antidepressiva, das auf den Markt kam. Meine Mutter weiß, dass ihr etwas verschrieben wurde, nachdem sie schließlich einen Arzt aufgesucht hatte, aber sie weiß nicht mehr, was es war. Sie blieb zwei weitere Jahre in Therapie, bis ich zur Welt kam.

»Sind nicht zwei Jahre ziemlich lang für eine postpartale Depression?«

»Ich weiß es nicht. Meinst du?«

»Hattest du Angst?«

»Ich war eher traurig, einfach sehr traurig. Ich habe nichts mehr geschafft. Ich habe mich von allem zurückgezogen. Ich wollte niemanden sehen. Ich wollte nichts tun. Ich wollte nichts unternehmen, war einfach nur niedergeschlagen, sehr niedergeschlagen.«

»Du musst ja das Gefühl gehabt haben, dass dir etwas entgeht«, sage ich.

»Ja, oder nein. Ich habe mich sehr schlecht gefühlt, dass so etwas passieren konnte.«

»Hattest du je die Sorge, mit dem Kind allein zu sein?«

»Es war so eine Ironie, endlich hatte ich dieses lang ersehnte Kind; es ergab überhaupt keinen Sinn.«

»Was war mit Dad?«

»Er war immer da, wie ich schon sagte.«

»Aber was hat er gedacht?«

»Also, von Therapie hielt er nicht besonders viel. Er war jemand, der sich selber an den Haaren aus dem Sumpf zog.«

Noch einmal denke ich über meinen Vater nach: Ein junger Ehemann, der vom Holzlager nach Hause zu seinem neugeborenen Baby kommt, und seine Frau kann kaum das Notwendige bewältigen. Sie war das junge Mädchen, um das er geworben hatte, lustig und kokett, die seine Zuneigung begeistert erwiderte und seinen markigen Witzen aufmerksam zuhörte. Sie schmusten unter der Uferpromenade, er lud sie zu Shows ein, die er sich kaum leisten konnte, und sorgte immer für die besten Plätze. Sie küssten sich unter der Chuppa einer Synagoge in Brooklyn, wo er ein Glas hinter sich warf. Sie bezogen ihre erste miese Wohnung mit Badezimmer am Ende des Flures, dann ihr erstes Haus in Stamford und schließlich hier in Woodbridge. Es war ein Zug, der immer nur nach vorn fuhr, von der harten Arbeit und Stetigkeit meines Vaters angetrieben.

»Mom, was verschweigst du mir?«

Sie stößt sich vom Tisch zurück, und ich weiß, wir sind jetzt am Ende, so wie ein Arzt aufhört mit der Beatmung eines Herzinfarktopfers. Nur schiebt sie dann ihr Kinn vor und macht den Mund auf, als wollte sie sprechen. Ich sehe, wie sie denkt, wie sich die Kampflinien eines ganzen Lebens in ihrem Gesicht abzeichnen: Was kostet mehr, Offenheit oder Verschweigen? Ich merke, sie will etwas sagen. Plötzlich habe ich Angst, auch wenn ich mich nach diesem Augenblick gesehnt habe. Meine Augen reißen in den Augenwinkeln auf. Ich habe das Gefühl, dies ist mehr, als ich ertragen kann, gleichgültig, was sie nun sagt.

Endlich sagt sie mit rauer Stimme: »Wendest du das Produkt an?«

»Was?«

»Die Haarpflege. Erst die Creme, nur ein Klecks, wie eine Münze.«

Vor kurzem hat sie mir ihr Haarpflegemittel besorgt, in der Hoffnung, dass es »Wunder« wirken würde.

»Zuerst die Creme und dann das Serum. Machst du es auch richtig?«

»Meinst du das ernst?«

»Dann gehst du nicht mehr dran. Du musst es völlig trocknen lassen.«

Ich gebe auf. Ich verstehe nichts mehr. Was will ich eigentlich von ihr?

♦

»Du warst ein unkompliziertes Baby.« Das hat sie immer beteuert, und mir hat das oft ein gutes Gefühl gegeben, auch wenn ich nichts dazu getan habe, womit ich es verdient hätte. Vermutlich wollte sie damit eigentlich sagen, dass die lähmende Depression nach meiner Geburt nicht wieder anfing; vielleicht war sie eine unkomplizierte Mutter.

Dann wurde meine Mutter mit ihrem dritten Kind schwanger, noch einmal ein Mädchen. Offenbar wusste sie jetzt, wie es ging.

»Zuerst wurde ich nicht schwanger, und plötzlich war ich wie eine Fruchtbarkeitsgöttin! Ich war so überglücklich.«

Noch ein Mädchen! Die Leute zogen meinen Vater auf. Welcher Mann wünscht sich schließlich keinen Sohn?

»Er liebte es, Mädchen zu haben, er liebte es einfach«, sagt meine Mutter, und sie hatte wohl recht: Er machte sonntags gebratene Salami und Eier, ging mit uns ins Kino, in den Zirkus und zu Broadway-Shows. Er brachte uns Fahrrad fahren bei und ging mit uns zum Skilaufen, obgleich er selber nicht Fahrrad fuhr und nicht Ski laufen konnte. Er schnürte uns die Skistiefel zu, bis seine Hände fast blutig waren, als wären wir Olympioniken, wie wir da langsam im Schneepflug den Hügel hinunterfuhren.

Dann bekam mein Vater einen Verkaufsjob in einem Holzlager in New Haven. Statt seiner Arbeitskleidung trug er im Büro jetzt ein Sportjackett mit Krawatte. Die Eltern kauften unser Haus in Woodbridge. Es war längere Zeit auf dem Markt gewesen, aber ihm war klar, dass die Probleme lediglich kosmetisch waren, und sie kauften es preiswert zusammen mit einem halben Hektar Land und einem Teich im Garten. So wie meine Mutter Potential in ihm sah, sah er Potential in dem Haus auf der Höhe der Milan Road. Wir waren eine fünfköpfige Familie, die aus Stamford auf eine Ranch mit drei Schlafzimmern zog, die in einem für seine ausgezeichneten Schulen und eine aktive jüdische Gemeinde bekannten Vorort lag. Von alldem hatte meine Mutter geträumt. Jetzt brauchte sie nur noch ein Bridgespiel.

Kapitel 10

1964

Diesen Teil der Geschichte lesen Sie vermutlich nicht so gern. Es war ein Novemberabend, als das Schlimmste passierte. Es fing als Erkältung an und entwickelte sich zu einer Lungenentzündung. Schwere Lungenentzündung nannten sie es. In jener Zeit gab es noch Hausbesuche, nur kam diesmal der Arzt nicht. Er meinte, sie brauche nicht ins Krankenhaus, und meine Eltern hielten sich pflichtgemäß daran; 1964 waren Ärzte über alle Kritik erhaben. Ein Krankenwagen holte meine Schwester in der Nacht ab. Sie war zwei Jahre alt.

Am nächsten Morgen nahm meine Mutter meine ältere Schwester und mich zu sich auf unser grünes Sofa und sagte uns, dass Barbara gestorben war. Nina war sechs, ich war vier. Hörte ich überhaupt zu, oder kletterte ich nicht vielmehr über den Sofarücken, wie ich es so gern tat, um mich dann herunterbaumeln zu lassen, als wäre es ein Kliff? Zwei Tage später schickte meine Mutter uns, als wäre nichts geschehen, zur Sonntagsschule, alles ganz normal. Nur holte unser Onkel uns von der Synagoge ab. Warum war er von New York den ganzen Weg hierhergekommen? Nina erinnert sich, dass wir nach Hause kamen und da eine Party stattfand, oder was sie fälschlicherweise für eine Party hielt.

»Sie war ganz verwirrt«, sagt meine Mutter. »Sie verstand nicht, warum wir eine Party feierten.« Warum sich all diese

Erwachsenen, alte Freunde aus Stamford und Familie aus Brooklyn unter geheimnisvollen Umständen in unserem neuen Zuhause, in dem wir erst seit ein paar Monaten wohnten, mitten am Tag trafen, lebhaft, wie solche Zusammenkünfte eben sind: Man rauchte, trank und lachte sogar. Meine Mutter wundert sich, dass ich mich gar nicht daran erinnern kann.

Wir beide sind bei uns zu Hause in einem kleinen Zimmer, das mit Büchern vollgestopft und mit einem alten Walnusstisch und einem blauen Sofa möbliert ist. Auch auf dem Tisch stapeln sich die Bücher. Unter dem Tisch sind noch mehr verstaut. Normalerweise kommt meine Mutter hierher, wenn sie für uns die Kinder hütet, und stürzt sich unerklärlicherweise immer auf *Unendlicher Spaß* von David Foster Wallace. Sie liest ein paar Seiten, dann döst sie. Ich sage ihr immer, dass sie sich das Buch ausleihen kann, und sie lehnt es jedes Mal ab. Sie hat mehr zu lesen da, als sie bewältigen kann. Draußen vor dem Fenster hängen die letzten rostbraunen Blätter von den Zweigen. Ich habe sie immer bewundert, nicht die schönsten Blätter der Jahreszeit, aber die, die am längsten hängen bleiben.

»Ich würde gerne über Barbara sprechen«, sage ich.

♦

Was bedeutet der Tod für ein kleines Kind? Was bedeutete es, dass Barbara gestorben war? Am nächsten Tag waren alle Bilder von ihr wie weggefegt. Irgendwer, vermutlich meine Mutter, faltete ihre kleinen Kleidungsstücke zusammen und gab sie weg. Mein Vater muss ihr Kinderbett auseinandergenommen haben, oder hatte sie schon in einem Bett für ein großes Mädchen geschlafen? Kleine Kinder verstehen das nicht. Für sie ist der Tod eher wie ein Schlaf; sie meinen, dass Menschen, die sterben, wiederkommen werden, als wären sie nur mal eben losgegangen, um Milch einzukaufen. Ich glaube, ich war noch verwirrter: Hatte es sie überhaupt jemals gegeben?

Nina, zwei Jahre älter, hatte die schwerere Last zu tragen. Sie war in jeder Weise wie eine Erstklässlerin, mit kariertem Trägerkleid und Danskin-Zweiteiler und Penny-Loafers. Kürzlich erst hatte sie eine Brille bekommen, um die ich sie beneidete: ein modischer Katzenaugen-Gestell mit winzigen Diamantenstückchen an den Ecken, die nach oben geschweift waren. Meine Schwester meinte, sie hätte Barbara angesteckt mit ihrer Erkältung, die dann zu jener Lungenentzündung wurde und sie das Leben gekostet hatte. Schließlich konnte Nina es nicht mehr ertragen und erzählte ihr schreckliches Geheimnis einer Lehrerin, der sie vertraute und die dann sofort meine Mutter in die Schule rief. Es ist kaum vorzustellen, was in meiner Mutter vorging, als sie dort hinfuhr, der Lehrerin gegenübersaß und – noch mehr – ihrer Tochter, die ein Licht auf all den sorgfältig unterdrückten Schmerz geworfen hatte.

Man nennt es magisches Denken, wenn ein Kind glaubt, es habe den Tod eines anderen verursacht. Wie sah meine Schwester aus, als meine Mutter ankam? Ängstlich, schuldbewusst? Würde sie meine Mutter in Schwierigkeiten bringen bei einem Termin im Büro der Schulleitung? Als sie ankam, versicherte meine Mutter ihr immer wieder, dass sie niemals Barbaras Krankheit hätte verursachen können. Dass niemand von uns das hätte tun können. Niemand hatte die Schuld daran.

»Meinte ich, dass ich sie getötet hätte?«, sagt Nina heute. »Nein. Aber es ist passiert.«

♦

Wie bei allen Bridgetöchtern sind die Kindheitserinnerungen meiner Schwester von dem geprägt, was die Damen anhatten.

»Für das Bridge toupierten sich die Damen die Haare und zogen sich gut an. Ich habe sie gern beobachtet. Alles war so erwachsen. Was ich besonders gern hatte, war, dass wir Entenmann's bekamen. Nur dann hatten wir solche Donuts und ähnliches Gebäck im Haus.«

Nina erinnert sich, dass meine Mutter zuerst Bridge mit den Abenddamen spielte. Sie waren der erste Bridgeclub meiner Mutter in New Haven, und ihr monatliches Erscheinen, wenn wir die Gastgeber waren, kam ihr wie eine Entenhorde vor, die, rundlich und laut, wie sie waren, immer wieder treu und brav zu ihrem Teich kamen. Sie war von meiner Kindergartenlehrerin in den Kreis gebeten worden, und wenn wir als Gastgeber dran waren, war ich begeistert, sie bei uns zu Hause zu sehen, als käme eine Berühmtheit zu Gast. Ich kannte das Ritual auswendig, meine Mutter, die aus den Eckschränken die guten Kaffeetassen und Untertassen herausholte, Löffel und Servietten auf den Tisch legte, den Kuchen oder das Plundergebäck oder *Babka* mit einem Serviermesser auf eine Platte legte. Und auf dem Kartentisch lagen ein Kartenspiel, ein dazu passender Punkteblock und ein Bleistift, der so dünn wie ein Rührstäbchen war.

Im ganzen Haus war Ruhe, wenn sie ein Blatt spielten, gelegentlich unterbrochen durch Geplauder, wenn sie die Karten mischten und ein neues Blatt austeilten. Manchmal nannten sie es »die Karten waschen«, und ich stellte mir eine Spüle mit Spülmittel vor, in die die Karten eingetaucht waren, und die Hände meiner Mutter, in pinkfarbenen Latexhandschuhen, wuschen sie einzeln ab und klemmten jede einzelne mit einer Wäscheklammer an eine Leine. Schließlich wurde sie zu dem Montagsspiel eingeladen. Dies war ihr zufolge so ähnlich, wie einen Code zu knacken. Diese Damen waren in New Haven das Äquivalent zu jüdischem blauem Blut – sie waren in New

Haven geboren und aufgewachsen, besuchten dort die Schule, gingen anderswo aufs College, kamen nach Hause und heirateten Jungen aus New Haven mit Collegeabschluss und guten Zukunftsaussichten. Für eine junge Frau mit sozialistischem Herzen und Brooklyn-Akzent war das hart.

Das Entree zum Montagsclub war ein allmählicher Prozess. Shirley, eine der Abenddamen, war ganz eng mit Bette befreundet. Bette und Jackie hatten den Club gegründet. Diverse Damen kamen und gingen, ehe Bea hinzukam, und dann meine Mutter. Anfangs wurde meine Mutter ersatzweise eingeladen, wenn eine regelmäßige Spielerin ausfiel. Nach einer Weile wurde sie zu einer regulären Ersatzteilnehmerin befördert. Keine der Damen erinnert sich, wann sie zu einer regulären Teilnehmerin wurde, nur dass es so war, wie wenn ein neues Mitglied für eine Studentenverbindung in die engere Wahl kommt. (Rhoda fing auch als Ersatz an. Jetzt, mit sechsundzwanzig Jahren Spielerfahrung, ist sie das »jüngste« Mitglied.) Meine Mutter war hocherfreut, beim Montags-Bridgeclub zum normalen Mitglied befördert zu werden, nur dass sie jetzt ein Essen anbieten musste. »Ich war sehr aufgeregt, wie ich einen Lunch zubereiten sollte. Ich ging los und kaufte mir das Kochbuch der *New York Times*. Und dass ich so viel Geld für ein Kochbuch ausgab, zeigt dir, wie aufgeregt ich war.« Sie weiß nicht mehr, was sie kochte, und als ich nachhake, sagt sie: »Ich weiß es wirklich nicht; ist das nicht gleichgültig? Ich habe einen Lunch gemacht.«

Die Montagsdamen waren wie Geister. Ganz selten einmal erhaschten wir einen Blick von ihnen, wenn wir aus der Schule nach Hause kamen. Sie wirkten formeller und steifer als die Abenddamen, und wir sprachen sie immer so an, wie wir alle Erwachsenen angesprochen haben, mit dem ehrwürdigen Mrs. Die Bridgedamen haben sich darüber mehr als einmal ausgelassen. Rhoda ist ganz unerbittlich; sie meint, es sei ein Zeichen von Respekt, Mr und Mrs, Großmutter und Großvater, Onkel und Tante zu sagen. Sie schätzt es nicht, wenn jüngere Leute sie Rhoda nennen, und sie möchte nicht, dass ihre Enkelkinder sie mit ihrem Vornamen ansprechen. Sie hat gelernt, Erwachsene und Lehrer zu respektieren, und sie in diesem Sinne anzusprechen sei ein Zeichen von Respekt.

Meine Mutter kann es nicht ausstehen, so etwas zu hören. »Respekt ist nichts Automatisches. Er muss verdient werden«, faucht sie geradezu, wenn das Thema aufkommt. Ich weiß, dass sie in erster Linie an ihren Vater denkt, aber Rhoda kann das nicht wissen. Rhoda hat ihren Vater mehr als respektiert, sie hat ihn verehrt. Bette klingt oft wie eine Anthropologin, wenn sie betont, dass, wie wir die Menschen ansprechen, erlernt und kulturell reglementiert ist.

Bea erwähnte einmal, dass sie den Direktor des Beerdigungsinstituts getroffen habe, der die meisten jüdischen Beisetzungen in der Stadt koordinierte. Er sprach sie als Mrs. Phillips an.

»Ich sagte, nennen Sie mich Bea. Er sagte, dann würde ihn seine Mutter dumm und dämlich schlagen.«

Ich frage Jackie, was sie dazu denke. Sie sagt, ihr sei es egal. Ich frage, wie ihre Enkelkinder sie und Dick ansprechen.

»Oh.« Sie strahlt. »Mich nennen sie Geo und Dick Puff.«

♦

Bei den Abendspielen hat meine Mutter die einzige echte Freundin ihres Lebens kennengelernt, fast so etwas wie eine Seelenverwandte. Gloria hatte auch drei Töchter, und wir passten im Alter genau zusammen. Ihre jüngste Tochter hieß zufällig Barbara. Nina meint, dies habe dazu beigetragen, dass meine Mutter sich zu Gloria hingezogen fühlte: dieses kleine Mädchen, diese Doppelgängerin. Ich widerspreche dieser Theorie. Unsere Mutter hat unsere Schwester so völlig verschwinden lassen, kein einziges Bild von ihr war noch da, und ich war überzeugt, dass es schmerzlicher gewesen sein muss, dieses kleine Mädchen zu sehen, in demselben Alter, mit demselben Namen. Es muss eine ständige Erinnerung an ihren Verlust gewesen sein.

»Aber das ist sie nicht. Mom liebt sie und hat eine besondere Beziehung zu ihr. Hatte sie schon immer.«

Ich frage meine Schwester, woher sie das weiß, und sie sagt, sie wisse es eben. Sie hat andere Erinnerungen, die ich nicht habe, so wie beim Heimkommen von der Hebräischen Schule, der frühe Abend ist schon dunkel, das Haus ist dunkel, und dann fand sie meine Mutter allein im Arbeitszimmer vor.

»Wenn jemand von den anderen Eltern mit dem Abholen dran war, wurde immer gefragt, ob jemand zu Hause sei, weil das Haus so dunkel war. Ich sagte dann, es sei in Ordnung. Ich wusste, dass sie zu Hause war.«

»Und was passierte dann?«

»Ich kam herein, und sie zuckte zusammen, sprang auf und sagte: ›Oh, ich muss das Abendessen machen.‹«

Sie erinnert sich auch, wie meine Mutter so ärgerlich auf uns werden konnte, dass sie sich in ihr Schlafzimmer zurückzog oder sich in ihrer Wut ins Auto setzte und wegfuhr. »Es hat uns wirklich Angst gemacht. Du erinnerst dich nicht?«

Ich habe meine Mutter flüchtig in Erinnerung: Wenn sie eine Zigarette tief inhalierte, als würde sie mit dem Universum verschmelzen. Wenn wir den Bus verpassten und sie uns in ihrem Hausmantel zur Schule fuhr, richteten sich ihre Augen wütend auf die Straße. Oder sie ersann Worte mit dem Scharfsinn einer Hexe, die sich einen Fluch ausdenkt. Woran erkennen wir unsere Mütter? Durch Vorbild? Durch Osmose? Jedes Kind ein kleiner Schwamm? Durch ihren Geruch, oder wie sie sich im Spiegel ansieht? Wie sie Lippenstift aufträgt? Woran habe ich meine Mutter erkannt? In all unseren Jugendjahren hat sie nie von Barbara gesprochen. Sie hatte eine Brandmauer errichtet, und wir wussten, dass wir nicht fragen durften. Und wir taten es auch nicht. Wie tröstet man jemanden, der nicht getröstet werden will?

»Wir waren neu in der Stadt.« Meine Mutter sagt das immer wieder, und es klingt wie ein Alibi, ein Mantra. Wir waren nach Woodbridge umgezogen, und drei Monate später starb Barbara. Sie meinte einfach, die Leute wüssten das nicht. Sosehr sie ihre Freunde aus Stamford auch bewunderte, gestand sie schuldbewusst, dass sie doch erleichtert war, nicht in ihrer Nähe zu sein.

»Ich wollte nicht bemitleidet werden«, sagt sie. »Ich wollte nicht, dass man uns über ihren Tod definierte.«

Zum ersten Mal verstehe ich etwas. Ihr Geheimnis war ihre Rettung. In der Lebensmittelabteilung machten die Leute keinen Bogen um sie und nickten auch nicht wissend – als Beileidsbekundung. Sie konnte für sich trauern, wurde mit ihrem Gram in Ruhe gelassen. Meine Mutter füllte wie jede andere Mutter Lunchboxen mit Sandwiches und Obststückchen. Sie fuhr in unserem Auto beim Bankschalter vor, und der Kassierer schob ihr das Geld zusammen mit einem Dum-Dum-Lutscher für uns in einer Röhre durch, und dabei gab es keine mitleidig gesenkten Blicke. Sie kümmerte sich um die Einkäufe, holte Hackbraten und brachte uns zu unseren vielen Nachmittagsaktivitäten und zur Hebräischen Schule, ohne je ein Wort über ihren Verlust zu sagen. Und wenn sie Bridge spielte, machte sie es genauso und beteiligte sich am Small Talk über Ferien und Sommerlager.

Als Bette mir bei einem unserer ersten Treffen vom Tod ihrer Schwester erzählte, fragte ich, ob sie etwas von Barbara wusste.

»Das wussten doch alle«, sagt Bette.

»Aber wieso das denn?«, frage ich, und dabei fühle ich mich plötzlich bloßgestellt und naiv. War nicht Woodbridge unser Neuanfang, unsere unbeschriebene Tafel und eine Zuflucht vor öffentlicher Neugier?

»Betsy, jeder wusste von deiner Schwester. Das muss auch deiner Mutter klar gewesen sein, in einer Stadt wie New Haven.«

Vermutlich hat Bette recht, aber ich sage nichts.

»Ich glaube, auch ihr ist eigentlich klar, dass die Leute Bescheid wussten.« Sie geht unglaublich sanft auf mich ein und würde mich nie beunruhigen oder meiner Mutter in den Rücken fallen.

»Wie war es beim Bridge? Hat meine Mutter es da nie thematisiert, hat es denn niemand in all den Jahren thematisiert?«

»Niemals«, sagt Bette, »nicht ein einziges Mal.«

Ich würde am liebsten mein Gesicht in Bettes Sofa vergraben. Der Gedanke daran ist zu traurig. Meine Mutter, die diese Show macht, weil alles andere zu schrecklich gewesen wäre und den anderen Angst eingejagt hätte, ihr selber auch. Sie musste mit dem Leben vorankommen, und das tat sie eben auch. Ich glaube, Karten zu spielen, hat da geholfen.

◆

»Es war einer meiner diversen Fehler. Ich habe versucht, nicht in eurer Gegenwart zu trauern, und ich wollte nicht, dass ihr trauert. Es ging mir nur darum, dass alles weiterlief.« Meine Mutter zupft an einem blauen Faden im Sofa. Ihr Handrücken ist braun von Prellungen, die nicht mehr heilen, das Gewebe ist vom Alter papierdünn. Sie überlegt es sich und zieht den Faden nicht heraus, denn sie weiß nicht, wo er endet, und steckt ihn wieder zurück.

Trauerberater und Trauergruppen kamen für meine Eltern zu spät. Aber ich bezweifle auch, dass meine Mutter davon Gebrauch gemacht hätte. Als mein Vater im Hospiz war, legte sie keinen Wert auf eine Selbsthilfegruppe, dergleichen verpönte sie. Als der Priester und der Rabbiner ihn dort besuchten, begrüßte sie sie mit einem knappen Lächeln, das ihre Ablehnung ihnen und ihren Gebeten gegenüber deutlich machte. Als eine der engelsgleichen Krankenschwestern, die sich um meinen Vater kümmerten, hinter meine Mutter trat und ihr die Hände auf die Schultern legte, verspannte sich ihr ganzer Körper, und sie warf der Krankenschwester einen zornigen Blick zu, mit der klaren Botschaft: Rühr mich nicht an. Tröste mich nicht. *Lass deine Empathie.*

Eine Tante hatte mir zugetragen, dass meine Mutter nicht auf den Friedhof ging, und aus dieser falschen Information hatte ich den Schluss gezogen, dass sie niemals getrauert hatte und dem Leben gegenüber abgestumpft war.

»Natürlich bin ich auf den Friedhof gegangen.« Meine Mutter ist entsetzt, dass meine Tante so etwas gesagt haben soll oder dass ich die ganze Zeit etwas derart Absurdes geglaubt habe. Wie hätte ich wissen können, was ich glauben soll? Niemand hat mit uns gesprochen. Selbst jetzt, da ich auf meinem schäbigen blauen Sofa so dicht neben meiner Mutter sitze, dicht genug, um den Duft ihres Make-ups zu riechen, kann ich sie nicht fragen. Unsere Blicke schweifen ab. Zwischen uns ist ein riesiger See, schwarz und still. Eine Krähe kreist langsam auf einem breiten Luftzug, Schwingen, so groß wie Zweige. Meine Mutter wendet sich wieder dem blauen Faden zu, der aus dem Sofa heraussteht wie eine Raupe, und dreht ihn zwischen Daumen und Zeigefinger.

»Als dein Vater mit leeren Händen aus dem Krankenhaus zurückkam...«, hebt meine Mutter an.

Schon das macht mich stutzig. Diebe verlassen die Bank mit leeren Händen. Spieler verlassen das Casino mit leeren Händen. Wie kommt ein Vater mit leeren Händen aus dem Krankenhaus? Manchmal nehme ich die Dinge so im wahrsten Sinne des Wortes, dass ich jetzt meinen Vater nach Hause kommen sehe, er hält eine Decke, in der ein Baby liegen sollte, und dreht seine Hände um, als wolle er sagen: Schau, sie sind leer.

»Mom, bist du denn nicht ins Krankenhaus gegangen?«

»Ich musste bei euch zu Hause bleiben.«

Meine Mutter bringt mir nochmals in Erinnerung, dass wir neu in der Stadt waren, dass wir erst seit ein paar Monaten dort wohnten. Wir kannten nicht einmal unsere Nachbarn. Es gab niemanden in der Nähe, den wir hätten anrufen können.

»Er ging. Und als er nach Hause kam, sagte er: ›Ich wünschte, ich hätte es sein können.‹ Und ich sagte: ›O nein, nein, nein.‹ Wir hatten zwei Kinder, die versorgt werden mussten. Wie hätte ich das je allein geschafft?«

»Meintest du das wirklich?«

»Ja, ganz genau.«

Meine Eltern waren neu in unserer Synagoge und der runden Kapelle mit dem Buntglas, das die jüdischen Feiertage abbildete. Meine Mutter war vierunddreißig, als sie eine Tochter zu Grabe trug und dort mit den vielen Trauergästen stand. Hat sie sich auf der vorderen Sitzbank abgestützt? Hat mein Vater seine gefleckte Hand auf ihre gelegt? War sie verkrampft und abweisend? Und was war mit dem aprikosenfarbenen Licht, das in Streifen durch die Buntglasfenster mit ihren Staubkörnchen fiel, die wie Fliegen dort festhingen? Sprach sie das Kaddisch, wie die meisten Juden auf Hebräisch mitmurmelnd, oder schwieg sie und hielt den hundert auf sie gerichteten Blicken stand: *Durch Gottes Gnade bin ich, was ich bin?*

»Hattest du eine Ahnung, was für ein Kind sie war?«, frage ich und kämpfe dabei mit den Tränen.

»Ja, natürlich. Wenn ich euch Kinder zur Schule brachte und wieder abholte, rief sie in ihrem Kindersitz im Auto: ›Cool, cool.‹ Und sie war sehr, sehr schnell. Wenn Dad abends nach Hause kam, war sie bei ihm, ehe ihr beiden großen Mädchen das geschafft habt. Ich wusste nie, wie sie das machte. Schon mit zwei hatte ich das Gefühl, dass sie das Haus beherrschte. Natürlich kann das nicht wahr sein. Aber ich hatte das Gefühl, dass einmal etwas Besonderes aus ihr werden würde. Wirklich.«

So viel hat mir meine Mutter noch nie erzählt. Nur ein paar Sätze, aber sie kommen mir wie die Welt vor. Dann schaut sie auf ihre manikürten Nägel, der Lack ist makellos aufgetragen, die Farbe ist von Woche zu Woche eine andere, wie ein Stimmungsring. Mir war immer klar, dass sie wegen Barbara sehr gelitten hatte; mir war aber nicht klar, wie viel Freude dieses lebhafte kleine Mädchen ihr bereitet hatte, das weniger eine Schildkröte gewesen war, sondern eher ein Hase.

Mehr will ich jetzt nicht wissen. Ich bin bereit, an dieser Stelle hier Schluss zu machen, mit diesem Leben der unbeantworteten Fragen und des magischen Denkens. Wir sitzen nah genug beieinander in diesem kleinen Lesezimmer, aber trotzdem nehmen wir uns nicht in den Arm. Nah genug, uns für all die Dinge zu entschuldigen, die wir als Mutter und Tochter nie getan haben. Aber es geschieht nicht. Wo hätten wir auch anfangen sollen? Das Zimmer mit den Büchern ist still. Geschichten, die im Druck gefangen sind, unfähig, Flügel zu bekommen, Sätze, die über eine Seite marschieren und Geburt und Tod nicht erklären. *Unendlicher Spaß*, allerdings. Ich war viel zu jung, um zu begreifen, dass ich meine Schwester verloren hatte. Erst jetzt wird mir klar, dass der viel schlimmere Verlust der meiner Mutter gewesen war.

Kapitel 11

Schneiden

♠

»Schau dir das mal an.« Meine Mutter schickt mir den Newsletter vom Seniorenzentrum der Nachbarstadt Orange. Die Nachricht in ihrer schönen Schrift mit den eleganten Schwüngen hat sie auf einem Post-it auf die Broschüre geklebt. Als ich dort anrufe und mich nach dem Anfängerkurs erkundige, heißt es, dass man einen Partner brauche. Diese Nachricht gebe ich gleich an meine Mutter weiter, die sich ohne Zögern zur Verfügung stellt. Ich weise sie darauf hin, dass es ein Anfängerkurs ist und sie seit mehr als fünfzig Jahren spielt. Sie besteht darauf, dass man immer dazulernen kann. Ja, das stimmt sicher, aber es ist trotzdem ein Anfängerkurs. Meine Mutter sagt, dass ihr das nichts ausmache.

Auf der Fahrt zum Unterricht frage ich sie, was sie sagen wird, wenn der Lehrer sie fragt, warum sie kommt.

»Meinst du, das wird er?« Meine Mutter ist erstaunt über diese Möglichkeit.

»So beginnen die Lehrer normalerweise ihren Unterricht.«

Sie beißt sich in den Finger, um ihr Nachdenken zu verdeutlichen. »Ich werde lügen.«

Wir gehen durch eine große Cafeteria, in der gerade Bingo gespielt wird, in das Seniorenzentrum. Meine Mutter hakt sich bei mir unter und drängt zur Eile, als wären wir zu einem berühmten Schach- oder Tennisturnier angemeldet. Es riecht hier wie in solchen Einrichtungen nach Fertiggerichten, und die Senioren sehen geschlagen aus: einerseits vom Leben und andererseits von den Schachbrettern vor ihnen. Wir bahnen uns den Weg durch einen langen Flur. Die Wände sind mit Flyern über kostenlose Lunches, Filmabende und Vorträge gepflastert. Der Unterrichtsraum wirkt deprimierend, Betonwände, staubige Tafeln, ein Durcheinander von Tischen und Stühlen. Ein paar Frauen, um die fünfzig und sechzig, und ein älteres Paar laufen umher. Der Lehrer ist zu spät dran, und alle schauen auf die Uhr.

Eine der Frauen macht es sich zur Aufgabe, zum Büro zu gehen und sich nach unserem fehlenden Lehrer zu erkundigen. Sie hat gelocktes weißes Haar und ein großes schwarzes Brillengestell im Stil von Swifty Lazar. Ich sehe schon, sie ist der Typ, der im Kino in den Projektionsraum geht, wenn der Ton ausfällt, oder eine Tüte ausgelaufene Milch im Supermarkt meldet.

Als sie zurückkommt, berichtet sie der Gruppe, dass sich der Lehrer mit der Zeit vertan hat und eine halbe Stunde später kommen wird. Dann stellt sie sich und ihren Mann vor, Barbara und Bernard Barkin. Sie hat einen herrlichen New Yorker Akzent.

»In New York geboren und aufgewachsen«, sagt sie, als gehöre sie einem indianischen Stamm an. Barbara gefällt mir von Anfang an. Sie hat ein tolles Lachen, ja, überhaupt eine tolle Einstellung. Sie und ihr Mann sind hierhergezogen, nachdem sie zweiundsechzig Jahre in Westchester und Greenwich gelebt haben. Sie erklärt, dass Bernard eine Aortendissektion hatte (normalerweise tödlich); sie sind aus ihrem dreistöckigen Haus ausgezogen, weil es ihnen zu mühsam wurde. Ihre Kinder sind vor einiger Zeit hierhergezogen und drängten sie, in ihre Nähe zu ziehen, und so hat es sich ergeben, dass Barbara und Bernard sich donnerstags nachmittags in diesem Seniorenzentrum in Orange, Connecticut, einfinden. Sie ist gut gelaunt, gesteht zwar ein, dass der Umzug und der Verkauf ihrer vielen Sachen traumatisch war, aber die Menschen hier sind so freundlich. *Du wirst uns schon noch kennenlernen.*

Barbara berichtet uns stolz, dass ihre Mutter eine meisterliche Bridgespielerin war. Sie drängte ihre beiden Töchter, auch zu spielen. Barbaras Schwester tat dies auch und ist heute ebenfalls eine hervorragende Spielerin, sie spielt in Florida viermal pro Woche. Barbara zeigte kein Interesse. Ihre Mutter warnte sie damals, sie werde es bedauern, wenn sie älter ist. Barbara gibt freimütig zu, dass ihre Mutter recht hatte.

Schließlich kommt unser Lehrer, Verwirrung und Bedauern stehen ihm ins Gesicht geschrieben. Er stellt sich vor, aber ich verstehe seinen Namen nicht richtig. Al Cone oder Cole. Ich gebe ihm den Spitznamen Al Capone, auch wenn ich denke, dass er ein alter Jude ist, der ganz bestimmt niemanden je mit einem Thompson-Maschinengewehr *erledigt* hat. Er wird wohl so Mitte, Ende achtzig sein. Sein Haar sieht aus, als hätte er einen Hut auf dem Kopf gehabt, und er ist so unrasiert, dass er irgendwie deprimiert wirkt. Und seine Brille hat hellbraun getönte Gläser, die in der Sonne dunkler werden und sich drinnen erst nach einer Weile wieder aufhellen. Er trägt keinen Ehering, und seine Finger sind an den Gelenken leicht gekrümmt. Ich frage mich, ob er alleinstehend ist und als Freund für meine Mutter in Frage kommt. Es wird ziemlich schnell klar, dass mindestens drei Dinge für ihn sprechen: (a) er kann wirklich Bridge spielen, und zwar bewundernswert gut, (b) er hat einen pfiffigen Humor (was jeden für eine romantische Beziehung attraktiver macht, egal, in welchem Alter), und (c) er ist angesehen.

Barbara und ich sitzen einander als Partner gegenüber. Meine Mutter sitzt links von mir, und der Tisch wird mit einer Dame namens Ruth komplettiert. Sie trägt eine hellbeigefarbene Fleecejacke und eine dazu passende breitgerippte Cordhose. Im Laufe des Unterrichts werden wir erfahren, dass Ruth Buchhalterin ist, »aus freien Stücken« alleinstehend und älter, als sie aussieht.

Barbaras Ehemann Bernard ist ein hervorragender Spieler, aber er hält sich mit seinem Sudoku-Buch am Rande. Er hat eine graue Jogginghose und einen Pullover an und Sneakers mit Klettverschlüssen, die Standardausstattung der Senioren. Ich erfahre, dass er und Barbara alles gemeinsam machen; sie sagen von sich, dass sie an den Hüften zusammengewachsen sind wie siamesische Zwillinge. Mir ist unklar, ob dies auf einer unerschöpflichen Zuneigung beruht oder ob sie Bernard nach seiner Krankheit nur ungern allein lässt. Bernard kommt immer wieder zu unserem Tisch und küsst Barbara auf den Hals, wie man einem Baby mit einem schmatzenden Laut auf den Bauch küsst. Er ist in den zwei Stunden Bridge liebevoller zu ihr, als ich es in den vielen Ehejahren bei meinen Eltern je gesehen habe.

Ich weiß, dass meine Mutter das unangemessen findet. Genau genommen schaue ich sie bewusst nicht an, weil ich lachen müsste, wenn ich das Missfallen in ihrem Gesicht sehen würde. Sie hat keine Ahnung, dass ihr Gesicht ihre Gefühle verrät, aber es ist ganz offensichtlich. Bernard bemerkt ihre aufrechte Haltung und nennt sie Rozzy Baby. Ähnlich könnte man Queen Elizabeth Queenie oder Lizzie nennen. Dann stellt er ihr ein paar persönliche Fragen: Lebt Ihr Mann noch? Woran ist er gestorben? Wie lange ist das her? Und dann bemerkt Bernard, obwohl er keinerlei Information dazu bekommen hat, er müsse ein wunderbarer Mensch gewesen sein. Meine Mutter ist konsterniert. Die Aussage mag zwar freundlich gemeint sein, aber er hat doch keine Ahnung, wer mein Vater war.

»Ja, war er«, antwortet meine Mutter knapp in der Hoffnung, dieses viel zu persönliche Gespräch abzubrechen, weil es nach ihrer Ansicht vollkommen unangemessen ist.

»Hatten Sie eine gute Ehe?«

Meine Mutter schaut Bernard an, den Kopf etwas schräg. Jetzt ist er zu weit gegangen.

»Ich wette, Sie hatten eine gute Ehe.« Rozzy Baby ist wenig entzückt, aber wieder antwortet sie knapp: »Ja, hatten wir.«

Bernard hat meine Mutter in Rekordzeit auf die Palme gebracht. Ich bin beeindruckt. Dann geht er zu Barbara hinüber und küsst sie auf den Hals.

»Bernard! Es reicht!« Im Laufe der Monate, in denen wir die Barkins beim Bridgespielen kennenlernen, wird klar, dass dies ihr Spiel ist. Bernard sagt ungeheuerliche Dinge, und Barbara bringt ihn zum Schweigen. Nur macht Bernard immer weiter. Ich kann den Schalk in Bernards Gesicht ablesen und spüre, dass er das Wesen eines traurigen Clowns hat.

Al Capone hält keinen formalen Unterricht, sondern pendelt zwischen den beiden Bridgetischen hin und her und gibt Ratschläge. Wir haben alle Erfahrung genug, um es gewissermaßen aus dem Ärmel zu schütteln. Barbara hat zwei Bücher und eine Anleitung zur Reizung mitgebracht, die sie regelmäßig konsultiert (einmal Lehrer, immer Lehrer). Meine Mutter bittet Al fast jedes Mal zu sich, wenn sie mit dem Ausspielen dran ist. Mich wundert das, nachdem sie seit mehr als fünfzig Jahren spielt. Der erste Angriff ist beim Bridge oft entscheidend. Es ist die erste Karte, die von den Gegenspielern ausgespielt wird, und beeinflusst das Spiel des Blatts. Die Faustregel heißt, entweder mit einer Figurenfolge derselben Farbe (König-Dame-Bube) zu eröffnen oder, wenn man keine solche hat, die vierte Karte aus der längsten und höchsten Farbe. Diese Regel habe ich auswendig gelernt, aber ich habe keine Ahnung, was sich dahinter verbirgt. Genau genommen beschreibt das ziemlich genau, wie weit ich es mit dem Bridge gebracht habe. Die Regeln haben sich allmählich eingeprägt, wie Jeff vorhergesagt hatte, aber die Logik dahinter verstehe ich eigentlich nicht.

Beim Ausspiel gibt es noch einen weiteren wichtigen Aspekt: Es ist ein Zeichen an den Partner, wie er weiterspielen soll. Als ich zuerst von dieser Art von Signal erfuhr, schien es mir wie Morsezeichen und deren Dekodierung. Für Anfänger vermittelt es einen ersten Eindruck, wie man mit dem Partner als Tandem zusammenspielt. Indem man einander Zeichen über die Farben gibt, in denen man gemeinsam stark ist, kann sich das Paar auf eine stärkere Abwehr einstellen. Beim Bridge macht es Spaß, den Kontrakt zu gewinnen. Es macht auch richtig Spaß, den Gegner zu schlagen.

Einmal, als ich nicht weiß, welche Karte ich spielen soll, winke ich Al zu mir herüber. Er schaut sich meine Karten und die Karten an, die der Tisch ausgelegt hat, analysiert die Situation und schlägt vor, dass ich es mit dem »Schneiden« versuche.

Schneiden habe ich beim Manhattan Bridge Club gelernt, aber ich war mehr von dem eleganten Begriff fasziniert, als dass ich eigentlich verstanden hätte, wie die Sache funktioniert. Barbara, immer noch eine ausgezeichnete Lehrerin, erklärt, dass »Schneiden« eine Taktik ist, mit der du versuchst, einen Stich mit einer niedrigeren Karte zu holen, *während* der Gegner noch eine höhere Karte hat. Ob dies gelingt, hängt davon ab, wo die höhere Karte liegt, beim linken oder beim rechten Gegenspieler. Daher klappt es auch nur mit fünfzig Prozent Wahrscheinlichkeit.

Ich zeige auf Cœur-Sieben in meinem Blatt. Al nickt, und ich spiele sie aus. Meine Mutter, Gegenspielerin links von mir, bedient, indem sie Cœur-Vier zugibt (der zweite Mann spielt niedrig – eine weitere Faustregel), ich nehme die Dame vom

Dummy (Al nickt wieder zustimmend). Und die vierte, Ruth, legt den Cœur-König ab und gewinnt damit den Stich. Begeistert hüpft sie auf ihrem Stuhl wie ein Kind, das zum ersten Mal einen Pudding probiert.

Ich bin sauer, dass ich den Stich verloren habe, und sehe Al an, weil ich eine Erklärung brauche. »Es gibt eine Redewendung im Bridge«, sagt er, »gib dem Kaiser, was des Kaisers ist«, und dann geht er zu dem Nachbartisch zurück, wo die Damen schon nach ihm rufen.

Im Auto auf dem Nachhauseweg versuchen wir, das Alter der Barkins zu schätzen, und wir fragen uns, ob dieser Umzug in unseren kleinen Ort eine gute Idee war. Soll man alles beim Alten lassen oder sich verkleinern oder sich für Betreutes Wohnen entscheiden, das sind ständige Gesprächsthemen. Bea und Rhoda waren jeweils schon in ihre Wohnungen gezogen, als ihre Ehemänner noch lebten, und es erwies sich als der richtige Schritt, nachdem sie dann Witwen geworden waren. Für Bette, Jackie und meine Mutter, die alle noch da wohnen, wo sie über fünfzig Jahre gelebt haben, gibt es immer viel zu bedenken und zu organisieren. Als ich meiner Mutter vorschlage, dass ich unsere Garage zu einem schönen Studio-Appartement umbauen könnte, ohne Stufen, mit eigenem Eingang, antwortet sie mit großem Nachdruck: »Nur über meine Leiche.«

Als wir uns ihrem Zuhause nähern, werfe ich ihr vor, dass sie mit Al Capone geflirtet und ihn dauernd zu sich gerufen hat, um beim Reizen Rat zu bekommen, als wäre sie ein Schulmädchen. Sie protestiert heftig.

»Meinst du, er ist alleinstehend?

»Wer, Al?«

»Ja, Al. Vielleicht ist er verfügbar.«

»Für mich?«

»Ist sonst noch wer im Auto?«

»Sei nicht lächerlich.«

Daraufhin sieht meine Mutter aus dem Fenster, zutiefst irritiert über mich.

◆

In all den Jahren meiner Kindheit hat sie uns nachmittags auf denselben Straßen zur Hebräischen Schule, zum Töpfern und zu Arztterminen gefahren. Immer, auf den vielen Autofahrten, spürte ich Ablehnung und Resignation bei ihr, oder vielleicht hatte sich meine eigene Teenagerwut im Auto auch angestaut. Wann ich so schwierig wurde oder warum, lässt sich schwer bestimmen. Erst jetzt, als wir darüber sprechen, dass wir nicht miteinander auskamen, sagt meine Mutter, so schlimm sei es nicht gewesen. Zumindest erinnert sie sich nicht, dass es schlimm war. Womit sie impliziert, dass ich da bestimmt übertreibe.

»Mom, hast du Gedächtnislücken?«, frage ich.

»Vielleicht. Jedenfalls erinnere ich mich nicht, dass es schlimm war.«

»Wenn du meinst.«

Wir fahren in ihre Auffahrt. Sie braucht eine Weile, um auszusteigen. Ich sehe ihrem Rücken und den Schultern an, wie es sie anstrengt auszusteigen. Ich spüre die Anstrengung in meinem eigenen Rücken und frage, ob sie Hilfe braucht.

»Nein, nein, ich schaffe das. Du musst mir nur eine Sekunde Zeit lassen.«

Als wir beide ausgestiegen sind, sage ich, dass es mir Spaß gemacht hat.

»Gut«, sagt sie und geht ins Haus.

Kapitel 12

Selbstoffenbarung

♠

»Kein Mann ist es wert, dass man sich für ihn umbringt«, sagt Bea, kaum habe ich mich zu ihr zum Frühstück gesetzt. Bei ihr habe ich manchmal das Gefühl, als würde ich irgendwo mitten im Film einsteigen.

»Das sage ich allen Mädchen im Sozialdienst, wenn sie in der Suppenküche aushelfen. Du weißt schon, statt Gefängnis abzusitzen.« Bea sagt, sie erträgt es nicht, wenn ein Taugenichts einen ordentlichen jungen Menschen aus der Bahn wirft. Als sie mit ihrem Ehrenamt in der Suppenküche anfing, mochte sie die Leute, die Sozialdienst leisteten, nicht fragen, was sie verbrochen hatten. Erst allmählich fühlte sie sich sicherer, vertrauter.

»Ich habe wirklich alles schon gehört«, sagt sie. »Letzte Woche hat mir ein Mädel erzählt, die Polizei habe im Kofferraum ihres Autos Drogen gefunden, aber es seien nicht ihre gewesen. Also, echt.« Ich liebe diese coole Sprache von Bea. Ich kann mir vorstellen, wie sie mit einem Detektivabzeichen irgendeinen Täter beim Dreh von *Law & Order. Criminal Intent* verhört. Bea redet ziemlich viel daher.

Als ich sie fragte, ob ich mal dabei sein und in der Suppenküche mithelfen, sie in Aktion sehen könnte, war sie begeistert. Seit fast zehn Jahren, als ihr Mann starb, steht sie zweimal die Woche in der Essenausgabe. Sie hat mir stolz erzählt, dass sie jeden Tag über dreihundert Essen ausgeben, und gegen Ende des Monats, wenn bei den Leuten das Geld knapp wird, sogar noch mehr. Wenn sie beim Bridge die Suppenküche erwähnt, was sie häufig tut, geht nie jemand darauf ein. Keiner fragt, wie das so ist, oder lobt sie für ihren Einsatz. »Betsy« – sie lässt das Thema nicht fallen –, »meinst du, es gibt einen Mann, der es wert wäre, seinetwegen in den Knast zu kommen?«

»Vermutlich nicht«, taste ich mich vor.

»Vermutlich?«

»Okay, sicher nicht«, stimme ich zu.

»Genau richtig.«

♦

Nach dem Essen holt sie ein Pillendöschen aus ihrer Handtasche. Sie schüttelt es, und eine kleine weiße Pille rollt über den Tisch. Sie reagiert schnell und schnappt sie, ehe sie herunterrollt. »Meine Pille«, sagt sie mit einem Zwinkern. Dann zieht sie ihren Lippenstift und einen kleinen runden Spiegel hervor, der genau in ihre Handfläche passt.

»Schau mal«, sagt sie und überreicht ihn mir.

Auf der Rückseite klebt ein Schwarzweißfoto von Bea und ihrer Mutter. Ich habe Bea schon mehrmals gefragt, ob sie sich nahestanden. »Persönlichkeiten passen nicht immer zusammen«, ist alles, was sie sagt. Trotzdem hat sie diesen Schnickschnack-Spiegel aus den Catskills noch mehr als achtzig Jahre später bei sich. Als ich ihn Bea zurückgebe, sagt sie: »Das ist vor ewigen Zeiten aufgenommen«, und dann, als Nachgedanke, »ich war ein hübsches Kind.«

Als wir auf die Suppenküche zugehen, stehen dort ein paar Kerle mit herunterhängenden Jeans, Durags, Dreadlocks, Schürzen und riesigen Arbeitsstiefeln rauchend herum. Beim Näherkommen rufen ihr alle drei wie Spatzen auf der Stromleitung zu: Hallo, Miss Bea, hallo, Miss Bea. Sie begrüßt jeden mit Namen und stellt mich als Helferin vor. Drinnen spielt sich dasselbe ab. Sie nimmt mich mit in die Küche und stellt mich dem Koch und den Tellerwäschern vor. Bea kennt jeden beim Namen und weiß, was bei ihnen los ist. Sie gehört hier vollkommen dazu. Ehe sie ihren Platz an der Essensausgabe einnimmt, füllt sie die Vogeltränke in dem hübschen Innenhof zwischen der Kirche und dem Gemeindesaal. Sekunden später ist die Schale mit Vögeln bevölkert, die sich gegenseitig verdrängen, um etwas abzubekommen. Bea blickt erfreut zurück.

Sie legt ihre Schürze um, zieht die Plastikhandschuhe an und nimmt dann ihren Platz da ein, wo sie die Nachspeise ausgibt. Normalerweise gibt es auf einem großen Silbertablett gespendeten Kuchen, Donuts und Kekse zur Auswahl, aber man muss sich schnell entscheiden, um etwas zu ergattern. Bea lässt nicht zu, dass jemand die Schlange aufhält, wenn er unentschieden ist. Und sich heimlich in die Schlange zu drängen – für eine zweite Nachspeise –, geht auch nicht. Wenn jemand meint, Bea wegen ihres Alters ein X für ein U vormachen zu können, ist das ein Irrtum. Vielleicht täusche ich mich, aber sie scheint der Mittelpunkt des ganzen Unternehmens zu sein.

Normalerweise kommt ein Theologiestudent aus Yale, um mit den Versammelten vor dem Essen ein Tischgebet zu sprechen. An dem Tag, als ich da war, erschien eine junge Frau, die mit allen betete, und dann ging sie von Tisch zu Tisch, um mit den Teilnehmern zu sprechen. Bea erklärte, dass die Pfarrer meistens nach dem Beten gehen. Sie ist beeindruckt von dieser jungen Frau, die sich Zeit nimmt und bleibt.

»Egal, auch wenn sie einen Ohrring in der Nase trägt«, und damit meint Bea keinen dezenten Diamanten in einem Nasenloch, sondern einen dicken Ring in der Nasenscheidewand, mit Kugeln an den Enden.

»Ich meine, sie macht das gut, von mir aus kann sie jeden Tinnef in der Nase haben, den sie will.«

Die Leute, die in die Suppenküche kommen, haben es offensichtlich schwer. Die Mütter mit kleinen Kindern wenden sich an Bea. Kleinen Kindern gibt sie immer zwei Nachspeisen und nennt sie »Süße« oder »Herzchen« und ermutigt sie, sich in aller Ruhe auszusuchen, was sie wollen. Manche Männer sehen nach meinem Eindruck furchterregend aus, entweder wegen ihrer Größe oder wegen ihrer Körpersprache. Nur sagen sie dann »Hallo Miss Bea« und strahlen sie an. Ich wünschte, die Bridgedamen würden das sehen. Die meisten Leute in der Schlange bedanken sich bei Bea und sagen: *Gottes Segen* und *Einen gesegneten Tag.*

»Ich wette, Sie sind in Ihrem Leben nie so gesegnet gewesen, nicht wahr, Betsy?«, sagt Bea beim Herausgehen.

Auf dem Weg zu unserem Auto nimmt sie beim Überqueren der Straße meinen Arm, die Schürzen zusammengerollt unter ihrem Arm, als Zeichen eines vollbrachten Tagwerks.

In Rhodas Appartement ist es unter einer Decke grauen Himmels lichtlos. Seit Tagen hat es immer wieder geregnet. Die Damen tauchen stets genau richtig angezogen auf, einige mit Regenhüten und Regenstiefeln, andere schleppen Schirme mit Monet-Lilien aus dem Metropolitan Museum mit sich, Werbegeschenke von NPR. Als ich ankomme, und meine Mutter sieht, dass ich keinen Mantel anhabe, fragt sie also, was auch nicht anders zu erwarten war: »Kein Mantel?«

Ich glaube, ich habe das Haus in ihren Augen noch nie angemessen gekleidet verlassen. Sie ist eine Mantelpedantin. Nein, sie ist die Generalinspektorin der Oberbekleidung, die Kommissarin der Mäntel. Nicht nur, dass ich einen tragen muss, ich brauche vielmehr einen Mantel für jede Art von Wetter. Während sie als Mädchen nur einen einzigen Mantel hatte, besitzt meine Mutter jetzt einen ganzen Schrank voll, denn ihrer Meinung nach sind nicht alle Mäntel gleichberechtigt. Ohne mir eine Chance zu geben, ihr Folge zu leisten, hat die Generalinspektorin bereits ihr Krähenauge auf meine Tochter geworfen. Es macht sie »wahnsinnig«, wie ich sie ohne Mantel »aus dem Haus lasse«. Als ich meiner Tochter einen Mantel kaufe, der für alle Jahreszeiten geeignet ist, inspiziert meine Mutter das Material und sagt mit absoluter Autorität: »Zwei. Allenfalls.«

Statt alle meine Knöpfe zu drücken, amüsiert mich dieses Gespräch fast, als wären wir in einem Off-Theater und würden einen abgedroschenen Dialog proben. Dann erst eskaliert das Verhör: »Gibt es ein Futter dazu?«

»Ja.«

»Hast du es gekauft?«

»Ja«, sage ich.

»Lüg mich nicht an.«

»Tu ich nicht.«

»Ich sehe, dass du lügst.«

»Okay, ich kaufe eins.«

»Tust du das wirklich? Soll ich es kaufen? Du musst unbedingt ein Futter besorgen. Wann hast du Zeit dafür? Du hast doch nie Zeit.«

Das Schlimmste an diesem Schlagabtausch ist, dass ich ganz ähnlich verrückte Gespräche mit meiner Tochter führe. Ich nerve sie fast jeden Morgen, wenn sie zur Schule geht. *Bist du warm genug angezogen? Möchtest du nicht Stiefel anziehen? Möchtest du nicht frühstücken?* Wie viele meiner Freundinnen auch, habe ich geschworen, nie so zu werden wie meine Mutter. Nur, da sind sie, alle Warnungen, alle Vorwürfe aus meinem Mund – und sie überschlagen sich förmlich, offenbar eine unsichtbare Art mütterlicher DNA.

Dennoch sind die Frauen meiner Generation ziemlich überzeugt, dass wir unsere Kinder besser erziehen, dass wir mehr in Kontakt und einfühlsamer sind, als unsere Eltern es mit uns waren. Schließlich nutzen wir dieselbe Technik und hören dieselbe Musik, wir sind auf dieselben Colleges gegangen und haben mit denselben Drogen experimentiert. Meine Tochter und ich tauschen Kleider. Die Vorstellung, je etwas aus dem Erwachsenenkleiderschrank meiner Mutter zu borgen, stand von jeher außer Frage. Die Frau trug Hüfthalter und BHs mit trichterförmigen Körbchen.

Eigentlich sind wir selber nicht so sicher, ob wir erwachsen werden wollen. Coole Väter tragen Arctic-Monkey-T-Shirts und Converse Sneakers am Arbeitsplatz. Ich kenne eine Mutter, die surft!

Als meine Tochter in der zehnten Klasse war, haben wir beide zusammen *Girls* gesehen und fanatisch *The Office* verfolgt – die ganze Serie. Manchmal wollte ich unbedingt noch eine weitere Episode sehen, aber sie entschuldigte sich mit der Behauptung, dass sie Hausaufgaben machen müsse! Ich war so stolz, als sie sich für ein Konzert meine Doc Martens auslieh. Ich habe nicht einmal Einspruch erhoben, dass sie mich nicht vorher gefragt hatte.

Als sie erklärte, sie wolle einen Nasenring, bestärkte ich sie darin. Meine Mutter war entsetzt, dass ich sie auch noch dazu ermutigt hatte. Wusste ich denn nicht, dass diese Ringe zu Heroinabhängigkeit, zu Armut und zum Tod führen? Ich war nicht sicher, über wen meine Mutter empörter war, über meine Tochter oder über mich. Tatsache ist, dass ich immer blaue Haare, Irokesenschnitt und Tattoos liebte, zweifellos weil meine Mutter das schon von jeher abscheulich fand. Ich hatte zwar nie den Mut, selber so herumzulaufen, aber ich habe ihr genug Ärger gemacht mit meinen Armeehosen und der Sammlung von T-Shirts mit Bandnamen, die sie störten oder beängstigten: von The Clash, The Sex Pistols und den Grateful Dead. Um alles in der Welt, warum trägt man ein Shirt mit einem Totenkopf? Was soll diese grässliche Aufmachung, die ich mir da angewöhnt habe? So im Country Club aufzutauchen und meine Mutter ausrasten zu lassen war um 1975 meine Vorstellung von zivilem Ungehorsam. Als meine Tochter ein längst ausgesondertes Jerry-Garcia-T-Shirt aus meiner damaligen Sammlung findet, ist sie begeistert. Das ist das Coolste überhaupt.

Bei Rhoda gibt es Sardinen. Ich frage mich, ob ich sie unter dem Salat verstecken kann. Ich weiß, ich kann sie nicht im Badezimmer verschwinden lassen und in der Toilette wegspülen, wie ich es früher getan habe, wenn meine Mutter Kabeljau machte. Ich nehme mich zusammen und lehne höflich ab, als sie bei mir herumgereicht werden.

»Wirklich?«

»Ja, vielen Dank. Ich bin ganz glücklich so.«

Alle beginnen mit dem Essen, als Rhoda die Hände flach auf den Tisch legt, sich erhebt und sich räuspert, um eine Ankündigung zu machen. Für sie ist es ein Leichtes, den Tisch zu beherrschen. Sie ist die einzige erfahrene Führungspersönlichkeit unter ihnen, nachdem sie sechzehn Jahre lang Geschäftsführerin der Synagoge war. Obwohl Rhoda behauptet, sie wäre fast umgekippt, als man ihr die Stelle anbot, war sie letztlich für eine solche Führungsposition wie geschaffen: ein selbstbewusstes Einzelkind, Absolventin von Russell Sage, einem stolzen Frauencollege, dessen Motto lautete »Sein, Wissen, Handeln«.

Es war die höchste Verwaltungsposition in der Gemeinde; sie leitete ein Team von fünf Mitarbeitern und war für alles zuständig, von den Namenszeremonien bis zur Gebäudeinstandhaltung. Und nicht zu vergessen, es gab auch ein Gehalt.

Sie erzählt mir, wie sie zum ersten Mal in ein Vorstandszimmer eintrat, in dem außer ihr nur Männer saßen.

»Wie Peggy in *Mad Men*?«, frage ich, aber Rhoda sieht mich mit leerem Blick an. (Meine Damen, schaut mal Kabelfernsehen, es beißt nicht!)

»Bei der ersten Konferenz habe ich mir die ganze Zeit Notizen gemacht und konnte kaum Luft holen. Da kam ein Vorstandsmitglied auf mich zu und sagte: ›Rhoda, entspannen Sie sich!‹« Sie fuhr allein zu Konferenzen. »Ich bestieg ganz allein ein Flugzeug und fand mich in den Städten zurecht; das war schon was.«

Aus einer sechsmonatigen Probezeit wurden dann sechzehn Jahre. Ihre Mutter war in dieselbe Gegend gezogen und unterstützte sie mit den Kindern. Rhoda würde nicht behaupten, dass sie alles hatte oder dass sie sich immer durchsetzen konnte, aber ihr Leben hatte viele Facetten und war häufig herausfordernd. Peter unterstützte sie in jeder Weise. Manchmal fuhr er mit auf die Konferenzen. Als die Ehegattinnen der Vorstandsmitglieder eine Vereinigung gründeten, wählten sie Peter als Vorsitzenden; er war als Rhodas Gatte der einzige Mann in dieser Runde, und er liebte es. Peter war so verrückt, für alles offen, ein richtiger Clown. An einem Pessachfest klebte er sich das *Afikomen* auf den Bauch.

Heute lässt Rhoda alle mit großer Begeisterung wissen, dass Fran Kay, ihre langjährige Schulfreundin und ihre Brautjungfer, eine Neuinszenierung von *Pippin* am Broadway herausgebracht hat. Rhoda und ihr Freund George haben das Musical am Wochenende gesehen, und sie berichtet, dass es großartig war, dafür wird Fran bestimmt noch einen Tony Award bekommen.

Fran Kay kam in Rhodas Schulzeit in die Stadt. Sie konnte einen verzaubern; wenn Rhoda von ihr spricht, hört man noch immer die Faszination in ihrer Stimme.

»Francis Kay war ein sehr hübsches Mädchen mit hohen

Wangenknochen und langen wunderschönen Haaren. Wunderschön.« Wie Rhoda sagt, konnte Fran sich kleiden, wie sie wollte, jeder andere wäre so übersehen worden, aber sie wirkte damit faszinierend. Sie hatte immer einen Freund, und immer auch einen, der es schon auf sie abgesehen hatte. »Wenn sie nicht mit einem ihrer Beaus am Telefon war, telefonierte sie mit mir und vertraute sich mir an.«

Rhoda folgte Fran bis zu den Poconos, wo sie bei einem jüdischen Sommercamp namens With-a-Wind einen Job hatte. Sie überredete ihre Eltern, dass sie da arbeiten durfte, und fuhr allein mit dem Bus dorthin. Rhoda wäre Fran bis ans Ende der Welt gefolgt, was dieses Camp in Pennsylvania auch gewissermaßen war.

Hier am Bridgetisch ist Rhodas Stolz deutlich spürbar. Sie meint, bei ihrer enormen Ausstrahlung sei es nicht erstaunlich, dass Fran am Broadway so groß herausgekommen ist. *Pippin* war auch nicht ihr erster Erfolg. Rhoda erinnert die Damen, dass Fran mit ihrem Mann das Musical *Chicago* ebenso wie zahllose andere erfolgreiche Shows produziert und dafür sechs Tony Awards gewonnen hat. Und jetzt hat sie mit sechsundachtzig eine weitere Show, die am Broadway herauskommen soll. Die Reaktion am Tisch ist enttäuschend. Vielleicht haben sie schon von Fran gehört, vielleicht sogar schon hundert Mal. Trotzdem, die Frau ist eine Sensation, ihre Erfolgsgeschichte klingt umwerfend.

Manchmal denke ich, ein Meteorit könnte auf der Erde einschlagen und damit alles zerstören, mit der einzigen Ausnahme dieser fünf Damen, dieses Lunches mit dem silbrigen Fisch, zwei Kartenspielen und den Punkteblöcken in greifbarer Nähe. Ich wünschte, eine der Damen würde auf den Tisch springen und mit Stepptanz loslegen, irgendwelchen ungehörigen Klatsch preisgeben oder etwas über ihr Leben ausplaudern.

An einem Nachmittag auf Bettys hübscher Veranda fragte ich sie, worüber sie als junge Mädchen geredet hätten.

»Warum kann ich mich an nichts erinnern?«, fragt sie. »Über irgendetwas müssen wir ja gesprochen haben.«

»Gab es Klatsch?«, sage ich in der Hoffnung, sie damit zu etwas Skandalösem zu bringen.

»Kinder!«, sagt sie schließlich, froh, dass ihr etwas eingefallen ist.

»Wir haben viel über die Kinder geredet. Meine Amy und Jackies Lisa sind am selben Tag zur Welt gekommen. Wir alle hatten Kinder etwa im gleichen Alter.« Jetzt kommt ihr alles wieder in Erinnerung, wie Dias, die durch einen Projektor laufen: Schwangerschaften, Ärzte, Schulen, Lehrer und Vorspeisenplatten für Partys.

»Wir haben uns viel über Einladungen unterhalten, wir planten wochenlang im Voraus, wir haben alles wie verrückt vorbereitet, unser bestes Silber geputzt, Menüs entworfen und Rezepte ausgetauscht. Partys waren eine große Sache, puh.«

Jetzt war Bette in Schwung: Strandclubs, Sommerlager. Manche teilten sich Ferienhäuser und machten zusammen Weihnachtsurlaub. Je mehr Bette darüber nachdenkt, desto mehr gesteht sie zu, ja, der Bridgeclub war eine Art Selbsthilfegruppe.

»Na ja, als ihr Kinder größer wart und die Dinge schwieriger wurden, haben wir auch darüber geredet.« Bette erzählt mir, dass die Bridgedamen sich gegenseitig unterstützten, als die 70er Jahre mit einer Respektlosigkeit ihrer Kinder über sie hereinbrachen, die sie sich nie und nimmer ihren eigenen Eltern gegenüber erlaubt hätten. Das war die Zeit, als jegliche Werte auf einer Welle von vorehelichem Sex, illegalen Drogen und einer Musik, die sie ausflippen ließ, weggeschwemmt wurden. Sogar die Beatles waren ihnen zu verrückt. Unsere Mütter meinten, von Gras bekäme man Gehirnschäden und von LSD Schizophrenie. Ich hielt sie damals für bescheuert; wenn ich heute mit ihnen spreche, merke ich, dass sie zu Recht erschrocken waren. Zwischen meiner Generation und der meiner Tochter gab es keinen so radikalen Bruch und nicht diese kulturellen Veränderungen. Ihre Welt unterscheidet sich nicht so drastisch von der meinen. Als meine Tochter in meinem Nachttisch einen Joint und in einem kleinen Beutel Hanfknospen fand, schwenkte sie ihn vor mir hin und her. »Mom, echt?«

♦

Rhoda schenkt Getränke nach, und die Unterhaltung dreht sich um Wetter, Wochenendaktivitäten, Arztberichte, Film- und Buchrezensionen. Die meisten Damen sehen sonntags abends *The Good Wife*. Alle lieben Alicia Florrick, die Protagonistin der Fernsehserie. Sie spricht für ihre Generation. Die Frauen, die ihren Männern zur Seite stehen und in die andere Richtung schauen. Frauen ihrer Generation hielten wesentlich aus finanzieller Notwendigkeit und aus Angst vor sozialer Stigmatisierung an der Ehe fest. Wenn eine der Bridgedamen ihren Ehemann betrogen hätte oder von ihm betrogen worden wäre, würde sie das Wissen darum ins Grab mitnehmen.

Ich habe verstanden, dass Angeberei erlaubt ist, allerdings nur bis zu einem gewissen Punkt. Dazu gehören Zulassungen zur Hochschule, Verlobungen, Geburten und neue Jobs – damit anzugeben, bleibt im Rahmen. Wenn man den Damen zuhört, so ist keines ihrer erwachsenen Kinder gestrauchelt oder von der rechten Bahn abgekommen, keines ist geschieden oder hat einen Job verloren.

Bette verfügt über Sonderkonditionen mit der Angeberei. Sie wurde mit achtzig Jahren Großmutter, »die älteste lebende

Großmutter auf Erden«, sagt sie. Eines Montags, als das Bridge bei ihr stattfand, gingen die Damen eine nach der anderen in ihr Büro und sahen sich auf ihrem Computer ein Video von den Buben an, wie sie in ihrem Kinderbett stehen und so tun, als sollten sie Fußballpokale bekommen. Heute verkündet sie entzückt und erleichtert: »Die Zwillinge laufen!« Alle jubeln. Manchmal hatte ich den Eindruck, dass das Glas für Bette halb leer ist, aber seit der Ankunft dieser Kinder läuft ihr Glas schon fast über. »Ich habe das Gefühl, dass die Buben ein Teil von mir sind, sie sind in meine Seele gekrabbelt.«

Die Damen sprechen über Nachrufe von hiesigen Freunden, öffentlichen Persönlichkeiten und Filmstars, vor allem, wenn sie jüdisch sind wie Bess Myerson, die erste jüdische Miss America, und Lauren »Betty« Bacall, die ihr Judentum herunterspielte, je mehr sie zum Hollywood-Star wurde, und einwilligte, als Humphrey Bogart ihre Kinder taufen lassen wollte. Bei einer Quizshow mit einem jüdischen Thema würden die Damen einen Mordsgewinn machen.

Im letzten Frühjahr klebten sie alle an ihren Fernsehern und sahen der Verbrecherjagd nach dem Bombenanschlag beim Boston-Marathon zu. Sie fanden es unbegreiflich, wie ein junger Mann mit Freunden und gut in der Schule zu einem Killer werden konnte. Die Welt ist sinnlos. Sie leiden mit den Menschen mit, die ihr Leben oder ihre Gliedmaßen verloren haben. Das ist die heutige Welt: ein Pendel, das von schlimm zu schlimmer schwingt, von zufälligen Taten aus Gleichgültigkeit zu vorsätzlichen Terroranschlägen. Oder vielleicht sind die Dinge sogar noch schlimmer. Bette erklärte einmal, dass sie seit 9/11 nicht mehr an Gott glaubt, was mich nach allem, was sie und ihre Generation schon durchgemacht haben, schockierte. Ich schlage andere Faktoren vor, durch die die Dinge heute schlimmer wirken: die vierundzwanzigstündigen

Nachrichten, Medien, die Ereignisse wie den Anschlag beim Boston-Marathon zu fernsehgeeigneten Filmen machen, und alle Social Media und ihre Reichweite. Nein, die Damen bleiben unerbittlich: Die Dinge seien heutzutage schlimmer. Sie sind vereint in ihrem Tenor, dass die Welt noch nie so gefährlich war. Ihre Empörung ist heftig. Hatten sie nicht weit schlimmere Zeiten erlebt? Ich frage mich, ob das Alter einen ängstlicher macht, verletzlicher. Oder sind die neuen Probleme bedrohlicher? Wie wird die schlechte alte Zeit zur guten alten Zeit? Hat meine Mutter tatsächlich recht, wenn sie sagt: Der Teufel, den du kennst, ist besser als der Teufel, den du nicht kennst?

♦

Rhoda hat Blondies gebacken. Sie sind akkurat in Quadrate geschnitten und wie ein Schachbrett auf einer Porzellanplatte angerichtet. Dessertteller sind herausgestellt, und Rhoda ist dabei, Teetassen und Kaffee nachzuschenken. Alle loben den Kuchen. Rhoda kocht und backt gern; sie erwähnt, dass George ihr Essen liebt. Ich kann mir nicht vorstellen, wie meine Mutter für einen anderen Mann kocht; sie hat den Kochlöffel weggelegt, als mein Vater starb.

Mit George hatte Rhoda Glück. Es geschah ganz unerwartet, sie war nicht auf der Suche.

»Ich habe nie daran gedacht, mit jemandem auszugehen. Ich hatte viel zu tun. Ich habe viele Freunde, meine Abonnements«, sagte sie bei unseren Gesprächen.

»Wie haben Sie sich kennengelernt? Im Internet? In einer Bar?«

Rhoda weiß, dass ich es im Spaß meine, aber sie protestiert trotzdem: »Nein! Eine Freundin hat uns zusammengebracht.«

»Sind Sie zum Essen ausgegangen?«

»Sie hat uns bei sich zum Essen eingeladen.«

Wir saßen auf Rhodas Sofa, und sie legte Muscheln von einem Teller auf einen anderen. Ich bin nicht sicher, vermutlich plante sie damit irgendeine jahreszeitliche Dekoration.

»Hatten Sie Angst?«

»Nein. Warum hätte ich Angst haben sollen?«

»Ich weiß es nicht, wenn man so lange keine Beziehung hatte, hat man vielleicht Angst davor, zurückgewiesen zu werden, sich auszuziehen, solche Dinge.«

Rhoda ist erstaunt über meine Unverfrorenheit.

»Nicht etwas nervös?«

»Vielleicht war ich etwas nervös.«

»Was hatten Sie an?« Ich meine es im Scherz, aber Rhoda antwortet unmittelbar. Daraus entnehme ich, dass sie sich darüber Gedanken gemacht hatte: schwarze Seidenhose und einen zartrosafarbenen Pullover.

»Was war ihr erster Eindruck?«

Dann erinnert sich Rhoda an etwas: Sie war als Erste bei ihrer Freundin angekommen, wollte gerade aus ihrem Auto aussteigen, als sie George sah, wie er vorfuhr und parkte. Da blieb sie im Auto sitzen und beobachtete, wie er eine Kuchenschachtel zum Haus trug, und beobachtete weiter, wie er von den Gastgebern begrüßt und nach drinnen gebeten wurde. Sie ließ sich einen Moment Zeit, ehe sie aus ihrem Auto ausstieg, zum Haus der Freunde ging und selber klingelte. Es war ein Augenblick wie bei Alice Munro; eine Short Story, in der eine Frau beschrieben wird, wie sie ruhig an der Schwelle zu etwas zögert, wo Vergangenheit und Zukunft ineinander übergehen. Hat sie in dem Augenblick an Peter gedacht, den einzigen Mann, den sie je wirklich kannte, hat sie ihn um Erlaubnis gebeten, oder hat sie sich nur gesammelt für einen Abend, an dem sie etwas vorhatte? Sie hatte nichts zu verlieren, nichts zu gewinnen. Oder hat sie so ähnlich mit sich selber gesprochen?

»Was haben Sie gedacht?«

»Ich dachte, er sieht sehr gut aus.«

»Wie verlief der Abend?«

»Es war sehr nett.«

»Haben Sie sich gefragt, ob Sie wieder von ihm hören würden?«

»Ich wünschte es mir.«

Die Damen sind voll des Lobes über die Blondies.

»Tut mir leid, Betsy, da sind Nüsse drin.« Rhoda kann sich an meine Nussallergie erinnern, auch wenn sie sich bei einem früheren Lunch dahingehend geäußert hat, wie viel mehr Leute heute unter Allergien leiden als früher, Nüsse, Laktose, Gluten, alles Mögliche. Sie klang ziemlich skeptisch, als würde ich mir das nur ausdenken. Überhaupt sind die Damen insgesamt skeptisch gegenüber vielen Bedingungen und Krankheiten, die es anscheinend zu ihrer Zeit nicht oder zumindest nicht so weit verbreitet gab, wie zum Beispiel Autismus, PTBS, ADHS oder Lese-Rechtschreib-Schwäche. Nur bringt Rhoda heute eine Dose mit Ingwerkeksen mit, die sie speziell für mich gekauft hat. »Ich habe mir jeden einzelnen Inhaltsstoff auf der Verpackung angesehen! Keine Nüsse!«

Sie mag mich, sie mag mich wirklich.

Rhoda wickelt den übrig gebliebenen Kuchen in Plastikfolie, so sorgfältig wie eine Mumie, und legt das Päckchen beiseite. Die Damen graben in ihren Handtaschen und werfen ihre Dollars auf den Tisch. Anfangs gibt es etwas Aufregung wegen falscher Reizung. Bridge bringt das Beste und das Schlechteste bei einem Menschen zum Vorschein: wie ehrgeizig du bist, wie großzügig, wie kleinlich und wie freundlich. Der Sinn für

Anstand oder ein Mangel daran zeigt sich unmittelbar. Wie geduldig du bist oder wie leicht aufbrausend. Wie sehr du eine Show machst oder wie cool du bist. Das eigentliche Wesen wird deutlich, wenn du herausgefordert wirst, wenn dein Partner einen schlimmen Fehler macht, wenn du schlecht abschneidest oder siegst. Eine Freundin meiner Mutter und ebenfalls langjährige Bridgespielerin nannte es einmal »Selbstoffenbarung«. Ich finde dieses Spiel sehr persönlich. Du kannst den anderen nichts vormachen.

Nach etwa einer Stunde verlege ich mich aufs Beobachten, ich lehne mich mit meinem Block zurück und skizziere die Accessoires der Damen. Wie entscheiden sie, was sie anlegen, nachdem ihre Kommoden voll sind mit Ringen, Nadeln, Armbändern und Ketten, die sich über ein ganzes Leben da angesammelt haben? Wie kommen sie mit nicht mehr so beweglichen Händen mit einem Verschluss zurecht? Wie stecken sie einen Ohrring an? Wieso ist es ihnen noch immer wichtig? *Wenn diese Perlen reden könnten.*

Als meine Mutter den ersten Kontrakt gewinnt, was bedeutet, dass sie eröffnet, murmelt sie die ganze Zeit vor sich hin und zählt ihre Trümpfe mit einem Bühnenflüstern. Wenn sie einen Stich gewinnt, sieht sie sich die vier Karten noch einmal an und beginnt darüber zu klagen, dass sie es nicht schaffen wird. Je mehr sie jammert, umso wahrscheinlicher wird sie gewinnen. Und wenn sie dann tatsächlich gewinnt, muss sie das Theater weiterspielen und ausrufen: »Puh, dachte nicht, dass wir das schaffen«, als hätte sie gerade ein Dutzend Kinder vor einer versteckten Mine gerettet.

Die Damen sind noch am späten Nachmittag ins Spiel vertieft. Als ich mich nicht mehr darauf konzentrieren kann und gerade gehen will, spüre ich, wie mein Telefon in meiner Hosentasche vibriert. Ich hatte vergessen, es im Auto zu lassen, und wer auch immer mir jetzt eine SMS schreibt, ist hartnäckig, zwei, drei, vier Mal nacheinander. Das könnte meine Tochter sein.

Allmählich mache ich mir Sorgen und entschuldige mich. »Pardon, ich habe eine SMS von Raffi.«

Auf dem Flur lese ich die vier Nachrichten. In der ersten bittet sie mich, ein Buch in die Schule zu bringen, das sie vergessen hat, und jede weitere ist zunehmend ärgerlich, weil ich noch nicht geantwortet habe.

Hallo?

Wo bist du

Hallo

Fairerweise muss ich sagen, dass ich selber immer übertrieben reagiere und sofort auf Sorgemodus umschalte, wenn sie nicht umgehend auf meine SMS reagiert.

Als ich zum Tisch zurückkomme, erkundigt sich meine Mutter, ob alles in Ordnung ist.

»Alles bestens. Ich mache mir nur Sorgen, wenn sie so viele SMS schickt.«

»Vielleicht sollte sie mal Geduld lernen«, sagt Rhoda, scharf, aber nicht ganz unzutreffend.

Ich frage mich, wie die Geschichte uns einmal beurteilen wird, uns Helikoptereltern, denen man vorwirft, dass wir über unseren Kindern kreisen bis sie über zwanzig sind? Oder wie bitter sich unsere Kinder bei ihren Therapeuten beklagen werden, wie wir an allem teilnehmen mussten, alles im kleinsten Detail organisierten und trotzdem nie wirklich für sie da waren, entweder weil wir immer gearbeitet haben oder zu sehr mit unserer Selbstverwirklichung beschäftigt waren. Als ich einmal bei einem Festtagsessen groß damit angab, dass ich zu allen Soccerspielen meiner Tochter gegangen bin, entgegnete sie: »Aber du warst ständig mit deinem Blackberry beschäftigt.«

Sie sind beim letzten Spiel für heute. Ich habe mich ausgeklinkt und starre auf die hübsche Schale auf Rhodas Teetisch mit den bunten Glasbonbons, die mit ihren geriffelten Kanten wie die Krägen der Niederländischen Meister aussehen. Neben der Schale steht ein Miniaturtrio: ein Frosch aus grünen Glaskugeln mit roten Augen, die wie Himbeeren herausstehen, ein Elefant aus grünem Glas und eine Kristallrobbe, die eine Kugel balanciert. Vielleicht erwachen sie nachts zum Leben und spielen ein paar Jazzklassiker, während Rhoda schläft. Vielleicht erwachen die Bridgedamen auch zum Leben, wenn ich gehe, und vertrauen sich gegenseitig allerlei an. Es stimmt, dass sie alle wesentlich offener geworden sind. Sie begrüßen mich an der Tür weniger zurückhaltend als anfangs, vielmehr hocherfreut. Und alle sagen, dass unsere Gespräche unerwartete Erinnerungen geweckt haben. Wenn ich sie frage, woran sie sich erinnern, ist es immer schwer greifbar, wie ein Traum, der noch ganz nah und deutlich ist. Warum bin ich so darauf aus, mir verborgene Tiefen und Heimlichkeiten vorzustellen? Vielleicht ist der Grund, warum sie nichts ausplaudern, der, dass sie letztlich kein Bedürfnis haben, sich zu öffnen. Tatsächlich würde es ihrer Wesensart nicht entsprechen. Sie sind offenbar zufrieden, wie die Dinge so sind. Vielleicht ist Bridge für sie die Energiespritze, so wie die offenen Gespräche mit meinen Freundinnen es für mich sind.

Vielleicht habe ich in meinem Verlangen, dass etwas passieren möge, verpasst, was eigentlich passiert.

Kapitel 13

Zickzack

Auf dem Plattencover von *Goats Head Soup* habe ich zum ersten Mal gesehen, wie man einen Joint dreht, wie man die Blätter und Blüten sorgfältig von den Zweigen und den Samen trennt, die gegen die flache Oberfläche des Albums prallten wie Silberkugeln in einem Flipperautomaten. Beas Tochter Nancy war für zwei oder drei Tage bei uns, weil meine Eltern verreist waren. Ich war fünfzehn, Nina war siebzehn, und Nancy studierte vermutlich schon und war grade in den Ferien zu Hause. Sie trug eine auf den Hüften sitzende Schlaghose mit breitem Ledergürtel und hatte lange braune Haare. Für mich war sie ein Rockstar, mit ihrer lauten Stimme und dem herzlichen Lachen. Bei uns fühlte sie sich gleich zu Hause, wie in einer Hippie-Variante des Kinderbuchs *Cat in the Hat* ließ sie sich auf dem makkaronifarbenen Veloursteppich in unserem Arbeitszimmer nieder und versicherte uns, wir würden Spaß miteinander haben. Sie verteilte das Marihuana auf dem Plattencover und holte die Zweige heraus, so wie Eli Whitneys Entkörnungsmaschine die Samen von den Fasern trennte. (Whitney hatte in Yale studiert, und jedes Schulkind in New Haven macht einen Ausflug zu dem Museum, das seiner Erfindung gewidmet ist.)

Nancy war eine groovige Mary Poppins mit ihrer besonderen Dosis Leckereien. Sie zog ein schmales orangefarbenes Päckchen hervor, das ich fälschlicherweise für Kaugummi hielt.

Bei genauerem Hinschauen sah ich, dass *Zickzack* daraufstand, und auf der Verpackung war ein Mann abgebildet, der wie ein Prophet aussah. Es war Zigarettenpapier. Erfahren leckte sie an einer Kante wie am Klebestreifen eines Briefumschlags. Dann füllte sie es mit frisch gesäubertem Gras und rollte es mit Schwung. Das Ganze steckte sie in den Mund und zog es schnell wieder heraus, um den Rand zu befestigen. Voilà!

Mick Jaggers Kopf auf dem Plattencover war in Chiffon eingehüllt, und zuerst dachte ich, es wäre das Gesicht einer Frau. Von den Rolling Stones hatte ich schon gehört. Die ältere Schwester einer meiner Freundinnen besaß *Sticky Fingers*, und wir waren ganz elektrisiert, dass da ein richtiger Reißverschluss aus dem Plattencover ragte. Bei einer Übernachtungsparty in ihrem neu eingerichteten Kellerpartyraum tanzten wir wie die Verrückten auf »Brown Sugar«.

Ein paar von Nancys Freunden kamen dazu, und die Musik wurde lauter. Sie arbeitete fieberhaft daran, eine Kuchenform mit Chex Mix zurechtzumachen. Glücklich, hier konspirativ mitmischen zu können, zeigte ich ihr, wo meine Mutter ihre Backformen hatte, und trieb damit die Zubereitung der Kekse voran. Es war eine Mischung aus Weizen, Mais und Reis Chex mit Peanuts und Bretzeln, alles mit Honig oder Ahornsirup glasiert und gebacken. Das entscheidende Wort hieß: *gebacken*. Ich hatte schon angefangen, mir Zigaretten zu erschleichen, und die Ankunft von Nancy Phillips war das Tor zu allem, bei dem ich mit von der Partie sein wollte. So eine coole Type hatte ich noch nie kennengelernt. Hätte sie gesagt, ich solle von einer Brücke springen, wäre ich gesprungen.

Die 60er Jahre kamen (in den 70ern) nach New Haven, und es gab kein Zurück. Mit dreizehn merkte ich allmählich, dass der beißende Geruch hinter einem Kino oder auf einem Parkplatz Marihuana war. Trotzdem war es noch ziemlich exotisch.

Ich hatte keine Ahnung, wo ich etwas herbekommen sollte oder woher die anderen Geschwister meiner Freunde immer ihr Gras hatten. Als ich dann ins Gymnasium ging, kiffte ich an der Bushaltestelle und im Keller und in meinem Auto, und meine Freunde und ich trafen uns oft zum Abendessen im Haus unserer Eltern, wo wir, bis zur Besinnungslosigkeit vollgedröhnt, das Essen verschlangen und hysterisch über alles lachten, einschließlich so etwas wie das Furzgeräusch, das Tupperwaredosen machen.

»Jeder rauchte Pot, jeder«, sagt Nancy, als ich den Kontakt zu ihr wiederaufnehme und ihr gestehe, wie stark mich die damaligen wenigen Tage beeinflussten. Die Phillips-Kinder waren bekannt dafür, dass sie gut aussahen, sie waren Schwimmer, sie hatten die schlanken Körper von Schwimmern und feierten gerne Partys. »Aber wir wurden nie erwischt.« Bea entdeckte Cannabis, das im Garten gedieh, und einmal fand sie Haschisch im Zimmer ihres Sohnes. »Sie dachte, es wäre ein Stein, und wollte ihn schon wegwerfen. Mein Bruder schrie sie an: ›Du wagst es nicht.‹ Und sie ließ es.« Alles, was Bea dazu zu sagen hat, drei Teenager in den 70er Jahren aufzuziehen: »Das waren eben die Zeiten. Es waren schwierige Zeiten.«

»Wir liebten Rock'n'Roll«, sagt Nancy und ergänzt damit die Eindrücke. »Wir *liebten* ihn. Sogar mein Vater, der ein ausgebildeter Musiker war, liebte Hendrix und Led Zeppelin. Er begriff nicht alles, aber er sagte: ›Hör dir nur diese Gitarre an.‹ Er war voller Bewunderung.« Als Nancy mir erzählt, dass es bei ihnen zu Hause keine Vorurteile gab, muss ich mich sofort an Beas Zuhause in Bedford erinnern, wo die Haushaltshilfe mit der Familie am Tisch aß. Nancy ist stolz auf das liberale Vorbild ihrer Eltern; sie erwarteten von den Kindern einzig und allein, dass sie jüdisch heirateten. Als Bea die Schule abschloss, ging Beas Mutter aus der Kleinstadt Bedford nach Louisville, weil dort mehr Juden lebten. Zweifellos waren sie auf der Suche nach einem Ehemann.

Als ich Nancy in ihrem Haus in Florida erreiche, gestehen wir uns beide, dass wir gleichermaßen erstaunt darüber sind, wie lange sich der Club unserer Mütter gehalten hat. Ich frage sie, inwieweit der Feminismus sie beeinflusst hat, und sie zögert nicht. »Ich erinnere mich genau, wie ich meinen Eltern sagte, dass ich hinter ihrem Rücken machen würde, was ich wollte, dass ich auch mit nichtjüdischen Jungen Beziehungen haben würde. Ich setzte mich durch. Frauen sollten ja unabhängig sein. Wenn ich nicht heirate, heirate ich eben nicht. Das war kein Ziel für mich.«

Nancy wusste von Anfang an, dass sie lieber allein wäre als in einer miesen Beziehung. Sie erzählt mir das alles unter viel Gelächter. »Das ist doch das, was uns der Feminismus gebracht hat, oder?« Nancy wollte arbeiten, Geld verdienen und eine eigene Wohnung haben. »Ich weiß, ich sollte heiraten, aber Frauen brauchen ihre Unabhängigkeit. Betty Friedan hat mich da total beeinflusst.«

Als ich Nancy frage, ob sie eine enge Beziehung zu Bea hat, sagt sie: »Heute ja.« Nancy ist so offenherzig, wie Bea sich bedeckt hält. »Habe ich ihr gesagt, dass ich sie hasste? Klar. Tun das nicht alle Töchter?«

Jackies Schwiegervater war Inhaber der New Haven Arena, *dem* Veranstaltungsort für Konzerte, Zirkus, Unterhaltungsmusik und Sport, wenn solche Events in die Stadt kamen. Jackies Tochter Lisa erlebte ihre Kindheit auf den besten Plätzen des Geschehens. Sie erinnert sich, wie sie bei ihrem ersten Konzertbesuch hinter der Bühne einer sehr großen blonden Frau begegnete, um später, als die Band auf der Bühne war, herauszufinden, dass es Mary von Peter, Paul und Mary gewesen war.

Sie war zwölf, als sie das berüchtigte Konzert miterlebte, wo Jim Morrsion, der erste Rockstar, der mitten in einer Veranstaltung festgenommen wurde, von der Bühne geholt wurde, weil er die Polizei von New Haven Schweine genannt und einen Mikrofonständer ins Publikum geworfen hatte. Sie war in der Presseloge mit ihrem Großvater sicher, der sie dann schnell nach Hause fuhr.

Als Lisa und ihre Freunde älter wurden, wollten sie raus aus der Presseloge und in der Menge sitzen. Lisa gibt zu, dass es immer allerlei Probleme gab, wenn sie Freunde mitbrachte. Zu unterscheiden, welche Freunde echt waren und welche nur nützlich, konnte für einen Teenager schon zur Tortur werden, so zum Beispiel, wenn sich Bette Cohen bei Ginger Bailey Karten für das Shubert-Theater erschlich. Dennoch, sie hörte Chuck Berry im Vorprogramm von Jefferson Airplane, Traffic, Leon Russell und Van Morrison. Dylan trat da auf, dann die Rolling Stones, die Kinks, Joan Baez, die Supremes, und Elton John gab dort 1972 sein Abschiedskonzert. Jackie ging in kein einziges Konzert, sie hatte kein Interesse an Musik. Als ich all die Prominenten aufzähle, die dort spielten, tut sie das geringschätzig ab. »Nein, nein, nein, nie was von ihnen gehört.«

◆

»Disziplin kam nicht in Frage«, sagt Bette. Seit Amy drei Jahre alt war, zumindest entsprechend dem Familienmythos, übernahm sie die Herrschaft. Ich bezweifle zwar, wie glaubwürdig es ist, dass eine Dreijährige so viel Macht haben kann, aber Bette beteuert, dass es so war. »Wir gehörten zum Surfclub in East Haven, und ich bin gerne jeden Tag mit ihr dorthin gegangen, um sie zu beschäftigen. Aber Amy sagte ›nein, nein, nein‹ und schlug sich dann mit dem Kopf auf den Boden, bis sie bewusstlos war.«

Wir sind in Bettes Küche, und sie zeigt auf die Stelle, wo die Kleine in ihrem Zornanfall bewusstlos geworden war. »Ich war mit meiner Schwiegermutter am Telefon, und plötzlich verdrehte Amy die Augen, ich fing an zu schreien, und meine Schwiegermutter hängte ein und rief die Nachbarn gegenüber an.« Bis die Nachbarn kamen, war Amy wieder aufgestanden. »Können Sie sich das vorstellen?«

Als Amy und die beiden jüngeren von Bettes Kindern noch ganz klein waren, erfuhr Bette, dass das jüdische Zentrum in New Haven einen Theaterclub gegründet hatte. Sie entsprach zwar nicht ganz April Wheeler in *Revolutionary Road*, der Hausfrau aus dem Vorort, die verzweifelt ihre verfehlte Schauspielkarriere wiederbeleben will, aber sie machte sich in Woodbridge auf, um ihre Chancen zu testen. Doch erst nachdem sie das Abendessen zubereitet hatte. Und Arthur, der immer entgegenkommend war, blieb abends gerne bei den Kindern, weil die Proben spät stattfanden.

Bette bekam die Hauptrolle im ersten Stück, für das sie vorsprach, *The Monkey's Paw*, und dann auch für alle weiteren Stücke, die die Gruppe auf die Bühne brachte. Wenn sie Musicals einstudierten (Bette konnte nicht singen), war sie für Make-up und Requisiten zuständig oder wurde als Bühnenarbeiterin oder Inspizientin eingesetzt.

»Ich bin einfach gerne dort gewesen. Es ist eine gewisse Atmosphäre, die mich bis zum heutigen Tag fasziniert, wenn ich ein Theater betrete, so wie ein Song, der einen an etwas Tolles im eigenen Leben erinnert und dieses damalige Erlebnis vergegenwärtigt.«

Als ich Bette frage, ob sie sich an jemand Bestimmten aus der damaligen Zeit erinnert, ist sie gleich dabei: »Ja, da war dieser Student, der in Yale Regie studierte, und er kam zu uns, um ein Stück zu inszenieren. Er war sehr begabt, sehr gut aussehend, und ich glaube, in meiner Traumwelt war ich in ihn verliebt, auch wenn ich zu Hause einen Mann und drei Kinder hatte. Aber er wurde für mein Leben sehr, sehr wichtig.«

»War das gegenseitig?«

»Nein. Es war eine komplette Einbildung. Ich bin sicher, dass er mich gernhatte und meinte, dass ich talentiert war, aber das war alles. Wir gingen nicht miteinander aus oder so. Es war einfach nur ein Hirngespinst.«

Als ich nach Hause komme, schaue ich unter dem Titel *The Monkey's Paw* nach und stelle fest, dass es auf einer britischen Geschichte von W. W. Jacobs aus dem Jahr 1902 basiert und von einem Paar handelt, das drei Wünsche frei hat. Nur ist jeder Wunsch mit einer schrecklichen Konsequenz verbunden, eine Bestrafung für die Versuchung des Schicksals. Als sie sich wünschen, ihren Sohn, der bei einem furchtbaren Unfall gestorben ist, noch einmal wiederzusehen, kommt er ein Mal zu ihnen zurück, aber so, wie er zu Tode gekommen ist, verstümmelt und verrottend. Bette hatte ihre eigenen drei Wünsche: eine Rolle in einem Stück, einen dynamischen Regisseur und ein Leben im Theater. Aber sie forderte ihr Schicksal nie heraus. Der Theaterclub löste sich eines Tages auf. Bette erzählt, dass sie alle Programmhefte aufbewahrt hat. »Sie liegen irgendwo im Keller.«

Ich möchte sie gern sehen. Darüber lacht sie. »Meine Kinder werden sie sicher alle wegwerfen, wenn ich sterbe.«

In der höheren Schule hatte Amy einen Freund mit einem Motorrad. *Gab es nichts, was dieses Mädchen nicht konnte?* Bette versuchte, sie zu Hause zu halten, sie hatte ihre Schule und die Prüfungen, um Gottes willen, aber sie ließ sich nichts sagen. Nach Bettes Bericht zu urteilen, war sie Amy völlig ergeben. In ihrem letzten Schuljahr inszenierte Amy dann ihren allergrößten Aufstand. Sie lief für drei Tage von zu Hause weg. Anders als die meisten verwöhnten Vorstadtkinder, die für ein oder zwei Stunden weglaufen, bis der Duft von Lammkotlett vom Grill sie wieder hereinlockt, war Amy verschwunden. Ich bin beeindruckt, ohne Frage. Amys verwegene und egoistische Tat entsprach offenbar ihrem rebellischen Geist, dem ich mich sehr verwandt fühlte. Nur war ich nicht so frei wie sie. Bette fragt mich, wie es mir ginge, wenn meine Tochter für drei Tage verschwinden würde, und ich kann es mir vorstellen, aber irgendwie nehme ich noch immer Partei für Amys Aufstand. Sie riefen alle Freunde an und holten die Polizei zu Hilfe. Schließlich fanden sie Amy bei einer Freundin zu Hause. Bis heute kann Bette nicht verstehen, warum deren Eltern sie nicht anriefen. Ich kenne Amy als Erwachsene. Sie hat ihre eigene Anwaltskanzlei und ist auch Juraprofessorin an einem College. Sie ist wie Bette schlank und gut aussehend, und sie hat die gleiche präzise Aussprache. Was auch immer sie sagt, es klingt wichtig und Respekt einflößend. Bette und Arthur und Amy feiern normalerweise mit uns Rosch Haschana. Amy ist immer umwerfend und bringt meistens einen tollen Freund mit.

Bette erzählt, die Jungen hätten »ihr die Tür eingerannt«, im Laufe der Jahre viele mögliche Ehemänner, aber die ließ sie links liegen. Keine von Bettes Töchtern ist verheiratet oder hat Kinder. Sie meint immer noch, dass ihnen ein Stück Leben fehlt und sie entsprechend noch zu ihr gehören. Für mich ist Amy vollständig. Bette lebte, um ihrer Mutter zu gefallen, und entsprach dieser Erwartung, indem sie sich eine Vorzeigeliste mit den besten Noten erarbeitete und in jedem Stück auftrat, in dem sie als Sylvia Cohens begabte und gut aussehende Tochter für alle Welt zur Geltung kam. Sie hat einen Juden geheiratet und ihrer Mutter drei Enkelkinder geschenkt. Ist das zu viel verlangt? Bette besteht darauf, ihr einziger Wunsch sei, dass ihre Töchter glücklich sind. Aber nach wessen Maßstab?

Als Rhodas Tochter Beth verkündete, dass sie ihren Schulfreund heiraten werde, hätte man einen Notarzt dahaben sollen. Abgesehen davon, dass er kein Jude war! Von all den schockierenden Dingen, die junge Leute in ihrem rebellischen Geist tun: das College abbrechen, LSD nehmen und von der Bahn abkommen, hatte Beth das Unwahrscheinlichste von allem getan, indem sie nicht mehr als heiraten wollte. Tatsächlich entschieden sich die meisten jungen Leute dafür, einfach zusammenzuleben – schon dies ist an sich eine Pille, die für unsere Eltern schwer zu schlucken war. Die Mutter einer meiner Freundinnen formulierte es so: »Warum kauft ein Mann eine Kuh, wenn er die Milch kostenlos bekommt?« Man könnte auch fragen, warum eine Frau ein Auto kauft, wenn sie nicht vorher unter die Kühlerhaube schauen kann.

Rhoda und ihr Mann bestanden darauf, dass Beth erst einen einjährigen Wirtschaftskurs abschloss, ehe sie heiratete, in der Hoffnung, dass die Zeit dieser Romeo-und-Julia-Geschichte ein Ende bereiten würde. Aber so kam es nicht, und nach ihrem Abschluss wurde eine Hochzeit im Hause des jungen Mannes geplant. Es war eine zermürbende Zeit, und Rhoda überlegte tatsächlich, ob sie bei der Hochzeit dabei sein wollte. Ihre eigene Mutter boykottierte die Sache. Rhoda und Peter trugen einem Rabbiner ihren Ärger vor und baten um Rat. Natürlich sprach alles dagegen. Welcher Rabbi hätte diese Ehe zwischen verschiedenen Religionen gutheißen können? Nur stellte er ihnen eine Frage: Möchten Sie weiter mit Ihrer Tochter in Kontakt bleiben? Denn wenn Sie das wollen, müssen Sie zur Hochzeit gehen.

»Also gingen wir.« Das klingt so, als ringe Rhoda noch immer mit der Entscheidung.

Sie blieben zwar nicht bis zu dem Fest, aber sie gingen zur Hochzeitszeremonie.

Die Ehe hielt vier Jahre. Danach hatte Beth schwierige Jahre mit viel Auf und Ab durchzustehen. Schließlich heiratete sie wieder und bekam zwei Söhne. Es gibt ein jiddisches Wort, *nakhes*, das die besondere Mischung aus Stolz und Freude beschreibt, die nur ein Kind seinen Eltern geben kann. Für das Gegenteil, also wenn ein Kind die Eltern enttäuscht, gibt es kein Wort. Darüber spricht man nicht.

Jahre später gestand Beth ihrer Mutter, sie habe gewusst, dass es ein Fehler war. Beth erklärt sich bereit, mit mir zu sprechen, auch wenn ich dann, als ich sie anrufe, eine gewisse Befangenheit in ihrer Stimme heraushöre. Aber sie lacht, als ich anfangs sage, dass ihre Mutter sich selber viktorianisch nennt. »Das ist meine Mutter definitiv.«

Dann frage ich, ob sie weiß, dass sie und ihr Bruder adoptiert wurden. Mir ist nicht so recht klar, inwieweit Beth dies mit ihrer schwierigen Beziehung zu Rhoda in Verbindung bringt. Dann sagt sie, dass ihre Mutter ein Einzelkind war und das »perfekte Kind« war und »perfekte Noten, perfekte Manieren« hatte.

»Das ist ziemlich viel Perfektion«, sage ich.

»Ich war ein rebellisches Kind. Ich war sehr schwierig. Ich habe aus Rebellion geheiratet. Alles, was ich tat, war das Gegenteil von dem, was sie war.«

Rhoda war gegen eine offene Adoption. »Sie waren unsere Kinder. Ende. Wenn eine Mutter ein Kind freigibt, hat sie einen verdammt guten Grund. Sie hat eine Entscheidung getroffen.« Aber sie hielt es auch für richtig, den Kindern so früh wie möglich die Wahrheit zu sagen. In dieser Hinsicht war sie ihrer Zeit voraus. Sie konnte sich nicht vorstellen zu warten, bis die Kinder erwachsen wären.

»Wir haben dich ausgewählt«, sagte sie immer. »Du bist unser auserwähltes Kind.«

Innerhalb weniger Minuten teilen Beth und ich persönliche Einzelheiten über unser Leben: Konflikte mit der Mutter, Niederlagen im eigenen Leben und wie wir damit umgegangen sind. Und da ist wieder diese Bereitschaft zu Offenheit, die den Bridgedamen ein Dorn im Auge ist. Für sie muss unser Leben wie ein riesiger Ölteppich vor der Küste von Carolina aussehen.

Ich frage Beth, wie die Beziehung zu ihrer Mutter heute ist. »Sie ist mir das Allerliebste. Ich weiß ihre große Liebe unendlich zu schätzen. Ich liebe sie ganz innig.«

Mir ist klar, dass Rhoda ihre hohen Ansprüche nicht ernsthaft heruntergeschraubt hat. Wenn sie auf die Wasserfläche, auf die der Ausblick geht, hinausschaut, hilft ihr das wohl, sich in einer Welt zurechtzufinden, die ihre Werte immer wieder niedertrampelt. Es folgten noch viele weitere Tage, an denen Beth ihre Mutter herausfordern sollte, und Rhoda fand sich schließlich an derselben Wegegabelung: Möchtest du weiter mit deiner Tochter in Kontakt bleiben?

Ich war drei, als JFK ermordet wurde, fünf, als die Antikriegsbewegung für nationale Aufmerksamkeit sorgte, als die entsetzlichen Bilder von Vietnam auf dem Cover des *Life*-Magazins und im Fernsehen zu sehen waren. Ich war acht, als Robert Kennedy und Martin Luther King Jr. im Abstand von zwei Monaten ermordet wurden. Ich war neun, als Neil Armstrong auf dem Mond landete und die Hippies für ein dreitägiges Rock-'n'-Roll-Festival ein Farmgelände in Woodstock belagerten. Jeder Junge in meiner Klasse wollte einen Astronautenanzug haben; ich wünschte mir eine Wildlederweste mit langen Fransen. An meinem neunten Geburtstag beging die Manson-Familie ihre Bluttat, angefangen mit dem Mord an Sharon Tate.

1971 teilte *All in the Family* die Welt in Anarchos und Blödmänner und definierte somit die Kluft zwischen den Generationen. Ich wusste, zu welcher Seite ich gehörte. Wie Nancy wollte ich meine eigene Wohnung, mein eigenes Auto und meine eigene Karriere. Nicht dass ich meinte, ich könnte alles erreichen, alles sein, so kühn war meine Fantasie nicht, aber ich wusste immerhin, dass ich keine Hackbraten machen, Kinder mit dem Auto herumfahren oder Bridge spielen wollte. *Unter keinen Umständen.*

Vor diesem Hintergrund ist dann bemerkenswert, dass in meinem Widerstand keine Jungen auf Motorrädern und keine Polizeirazzien durch die Wälder unserer ländlichen Stadt vorkamen. Ich begnügte mich mit Gewichtszunahme, getönter Brille, schwarzen T-Shirts und Tagebüchern. Es war eine Kombination aus geballter Wut und lähmender Traurigkeit. Immer wieder geriet ich in eine Ecke, aus der ich nicht herauskam. Teenager grübeln miteinander oft über schwerwiegende Fragen: Wenn du überall auf der Welt leben könntest, wo wärst du dann? Was würdest du tun, wenn du eine Million Dollar hättest? Oder in meinem Fall, wie würdest du dir das Leben nehmen? Ich war in den Sumpf der Adoleszenz gewatet, erst bis zur Brust, dann bis zum Hals. Wie unterscheidet man die üblichen Stimmungsschwankungen in diesem Alter von einer manisch-depressiven Erkrankung? Wie verdunkelt ein Wolkenband den Himmel, allmählich oder mit einem Mal? Habe ich wirklich mit einer ganzen Reihe egoistischer, dummer Jungen geschlafen? Und fast jedem meiner Freunde den Kopf verdreht?

Als ich jetzt meine Mutter nach meinen Teenagerjahren frage, erklärt sie, dass das Zusammenleben mit mir schwierig wurde. Als ich sie bitte, das genauer zu beschreiben, sagt sie, ich sei »unverschämt, widerlich oder so ähnlich« gewesen. Und dann erzählt sie dieselbe und einzige Geschichte, die sie mein Leben lang wiederholt hat, um zu erklären, was passierte. »Du warst ein wunderbares, quicklebendiges, aufgewecktes kleines

Mädchen, und mit deinem dreizehnten Geburtstag wurdest du mürrisch, unkommunikativ und zogst dich zurück.«

Sie stellte das immer auf eine heitere Art dar, als könnte sie das ganze Elend an dem einen Tag im August festmachen, als ich dreizehn wurde. Dann schleuderte sie einen ihrer berüchtigten Flüche auf mich: Ich wünsche dir eine Tochter wie dich. Ja, das war alles im Spaß gesagt. Aber eine Frage blieb immer offen: Was geschah eigentlich, als ich dreizehn wurde? Und fünfzehn? Und fünfundzwanzig? Warum war meine Mutter, wenn ich sie am meisten brauchte, der letzte Mensch auf der Welt, den ich um Hilfe hätte bitten können?

»Bist du bipolar?« Meine Tochter war zehn, als sie mich das fragte. Wir lagen im Bett und lasen zusammen etwas, bevor sie einschlief. Es war etwas, das ich ihr selbstverständlich eines Tages sagen würde, aber ich hatte nicht gedacht, dass es so früh schon sein musste. Mich überkam sofort ein großes Schamgefühl. Um eine Erklärung abzugeben, berichtete sie, dass die Mutter ihrer Freundin mich gegoogelt habe. Google. *Verdammtes Google.* Zum ersten Mal bereute ich es, Erinnerungen an meine Krankheit geschrieben zu haben. Sie war ein Kleinkind gewesen, als ich das geschrieben hatte.

Zu dem damaligen Zeitpunkt unterstellten ein paar Freunde, es sei verantwortungslos von mir; was würde meine Tochter denken, wenn sie alt genug wäre, es zu lesen? Gekränkt durch die Frage war ich mit meiner Antwort sehr direkt: Dürfen Männer denn nicht über ihre Krankheiten und Affären, ihre Aggressionen und Gemeinheiten schreiben? Warum hängt die Messlatte für Frauen höher? Warum werden wir als Mütter in Frage gestellt, wenn wir etwas Unangenehmes preisgeben? Meine ganze Empörung fiel von mir ab, als meine Tochter mich ansah. Ich hatte der ganzen Welt meine Geschichte erzählt, aber erst jetzt saß ich dem einzigen Menschen gegenüber, für den sie relevant war. Es war eine klare Frage, aber ich hatte das Gefühl, als hätte sich ein Loch in der Matratze aufgetan, und ich würde gleich hineinfallen.

»Ja«, sagte ich und unterdrückte meine Tränen. *Reiß dich zusammen.* Selbst wenn ich keine einzige Episode hatte, seit sie zur Welt kam, war das Stigma so enorm wie die größte Sonnenblume an einer südlichen Wand, die schwarze samtige Mitte groß genug, um ein kleines Mädchen zu verschlingen. Ich sagte ihr, dass Medikamente nicht bei jedem wirken, aber bei mir haben sie zum Glück geholfen. Ich fragte, ob sie noch weitere Fragen hätte und beließ es dabei, in dem Bewusstsein, dass man die Dinge einfach halten soll. Sie hat mich nicht gebeten, meine medizinische Akte einzusehen.

Da schien sie kaum noch zuzuhören, wirkte eher gelangweilt und schaute auf ihre Fanbilder aus irgendwelchen Zeitschriften an der Wand: Zac Efron, Hilary Duff und Raven aus *That's So Raven.* Dann drehte sie sich auf die Seite, legte die Hand auf die Hüfte und sagte unmissverständlich: »Ich habe das nicht.«

Mein einziger großer Wunsch war, die Verkettung von Geheimnissen und Unwahrheiten zu unterbrechen, aber ich *war* nicht meine Mutter, doch letztlich muss wohl gleichgültig gewesen sein, was ich dachte oder wusste oder mir selber sagte. Ich war überzeugt, wenn meine Mutter mir die Wahrheit über ihr Leben erzählt hatte, wenn sie mir die Geschichte ihres Vaters und ihrer Depression anvertraut hätte, wenn wir über Barbara hätten sprechen könnten, dass wir einander dann auch hätten helfen können oder zumindest einander gekannt hätten. Aber ist es nicht auch möglich, dass mein Urteil sie entwertet hätte, dass sie in meinen Augen geringer dagestanden hätte?

Die Reaktion meiner Tochter hatte mich erstaunt, auch wenn mir verstandesmäßig klar war, dass diese Betonung von

Differenz die gesündeste Reaktion überhaupt war. Sie hat ihren eigenen Willen, ihre eigenen Bedürfnisse, sie ist eine unabhängige Persönlichkeit mit ihren eigenen Plänen. Trotzdem fühle ich mich mit ihr verbunden, mit meinem kleinen Mädchen. Bei jeder einzelnen Enttäuschung ebenso wie bei jedem ihrer Erfolge fühle ich geradezu körperlich mit. Als sie beim Stafettenlauf in der Schule mitmachte, spürte ich den Stab in meinen Händen, meine Beine pumpten, und die Lunge gab das Beste, um das nächste Mädchen für die Übergabe zu erreichen.

Jahre danach, als ich Anne davon berichte, sagt sie etwas dazu, anders als sonst. Zuerst kreist ihr Fuß langsam wie eine Marionette, die zum Leben erwacht. »Es spielt eine Rolle«, sagt sie, »es spielt eine Rolle, dass Sie ihr die Wahrheit gesagt haben.«

Kapitel 14

Hol die Kinder von der Straße

Barbara Barkin meint, wenn ich nicht spiele, werde ich nie besser im Bridge. Dann ruft sie eines Abends an und sagt, sie habe einen Partner für mich. Sie ist so aufgeregt, als hätte sie ein Date für mich arrangiert.

»Er ist ein sehr netter Mann. Er ist gerade in Ruhestand gegangen, irgendetwas in der Finanzwelt war er, und er sucht einen Bridgepartner für dienstags in Orange. Seine Frau arbeitet noch!«

Ich stocke, so weit bin ich doch noch nicht. Barbara lässt das Nein aber nicht auf sich beruhen. Sie ist sich ganz sicher, dass ich das brauche. Sie gibt mir seine Nummer.

»Rufen Sie an, rufen Sie an«, sagt sie. »Rufen Sie heute Abend an. Er erwartet Ihren Anruf. Und rufen Sie danach mich an.«

Hätte meine Mutter das angezettelt, würde ich sie ermorden. Aber von Barbara kann ich es annehmen.

Das Dienstagsbridge im Seniorenzentrum in Orange findet in der Lounge statt. Es geht um eins los, aber Barbara bittet mich, um zwölf Uhr fünfundvierzig anzukommen, dann nehmen sie das Geld ein und bereiten alles vor. Der Einsatz ist ein Dollar, und die Gewinne werden unter den drei Spitzenpaaren aufgeteilt. Im ganzen Saal greifen die alten Leute in ihre Handtaschen oder fischen Brieftaschen heraus, um zu bezahlen. Etwa fünfzehn Spieltische sind aufgestellt, und wegen der Unterhaltung der vielen Leute ist es ziemlich laut. Ich weiß nicht, ob die Partner jeweils bestimmte Tische haben; es sieht ein wenig so aus wie die Reise nach Jerusalem, wo jeder sich bemüht, einen Platz zu finden, ehe alle besetzt sind.

Meinen Partner erkenne ich sofort. Er ist in Kakihose und Polohemd gekleidet, schick, und mit einer türkisfarbenen Lesebrille auf der Nase überfliegt er das *Wall Street Journal*. Vermutlich ist er Mitte sechzig und auf diese unfaire Art gut aussehend, wie Männer eben altern. Ich gehe zu ihm und stelle mich vor.

»Jonathan«, sagt er und gibt mir die Hand, mit einem kräftigen Handschlag. Ich mache ihn mit der Tatsache vertraut, dass ich Anfängerin bin. In diesem Augenblick sehe ich Barbara und Bernard im Gespräch. Ich bin froh, dass sie sich dazugesellen. Sie haben ihr Haus und einen großen Freundeskreis aufgegeben, als sie nach New Haven kamen. Nachdem mein Vater an den Rollstuhl gebunden war, pflegte meine Mutter zu sagen, dass sie mit seinem Verstand und ihrem Körper eine einzige Person waren. Vielleicht sind Bernard und Barbara jetzt auch eine Person. Bernard sagte einmal, wenn Barbara zuerst sterben sollte, dann werde er »den Schierlingsbecher trinken«.

»Das stimmt«, bestätigt Barbara, »aber ich werde ihn überleben.«

Und das wird wohl auch zutreffen. Das tun Frauen ja.

Fast alle im diesem Raum sind, soweit ich das beurteilen kann, in den Achtzigern, manche älter, ein paar jünger. Man sagt, niemand bereitet einen darauf vor, Kinder zu haben, aber worauf einen wirklich niemand vorbereitet, ist das Älterwerden, darauf, wie ein Pilz auszusehen, mit knorrigen Händen. Oder darauf, wie der Körper schrumpft, kleiner und schmaler wird. Einige Frauen sehen wie Männer aus. Manche Männer sehen wie Frauen aus. Kommt es so weit? Wird man sich die Augenbrauen nicht mehr zupfen, oder das Kinn? Unwillkürlich stelle ich mir die Frage, ob es für mich auch so weit kommen wird, dass ich meinen Körper mit einem Rollator vorwärtsschiebe, Neontennisbälle an die Schienbeine geklebt. Werde ich beim Spielen jemals besser? Werde ich noch bei klarem Verstand sein? Werde ich je das Glück haben, Karten zu spielen und Freundschaften zu pflegen? Mir ist auch klar, dass diese Leute hier die Glücklichen sind. Ich muss an die alten Leute denken, die nicht mehr aus dem Haus kommen oder in einer Wohneinrichtung festsitzen und sich *Days of Our Lives* ansehen.

Als ich die Damen fragte, wann sie begonnen hätten, sich alt zu fühlen, sagten sie alle: mit siebzig. »Dann bricht alles zusammen«, sagte Bette. »Achtzig ist furchtbar.« Bette Davis hatte recht, als sie behauptete: »Das Alter ist kein Ort für Weichlinge.«

Bridge ist besonders interessant für Forscher, die das alternde Gehirn untersuchen, weil es zwei Elemente verbindet, die das Risiko einer Demenz verringern. Zum einen hält einen das Spiel geistig fit, und dann kommt noch die soziale Komponente hinzu, denn Isolation kann für ältere Menschen katastrophal sein.

»Ein gesundes menschliches Gehirn kann wie ausgelöscht und schnell desorientiert sein«, so ein Artikel in der *New York Times* unter dem Titel: »Am Bridgetisch. Bei klarem Verstand altern«. Meine Mutter glaubt nicht daran, dass Bridge einen vor Demenz schützt. »Wenn man dement ist, spielt man nicht.«

Bridgespieler fürchten sich vor dem Tag, an dem sie es nicht mehr schaffen. »Wir haben alle Angst davor, unser Gedächtnis zu verlieren; wir sind alle davon bedroht«, sagte eine Frau in einem Altenheim, wo eine Studie über Bridgespieler in ihren Neunzigern durchgeführt wurde, die als »die Supergedächtnisgruppe« bezeichnet wurden. Jeder ältere Bridgespieler, mit dem ich gesprochen habe, bemerkt, wie schwierig es ist, wenn ein Spieler nicht mehr mithalten kann, Fehler macht und es mit ihm offensichtlich abwärtsgeht.

Bernard Barkin ist nach wie vor ein rüstiger und glänzender Spieler, auch wenn er die Karten nicht mehr richtig halten kann. Durch seinen Schlaganfall sind seine Finger verbogen. Es dauert länger, bis er die Karten aufnimmt und sie nach Farben ordnet, sodass er sich ständig bei seinen Mitspielern entschuldigt. Barbara übernimmt für ihn das Mischen und Austeilen. Eigentlich ist es kein Drama, aber seinem Gesicht ist anzusehen, dass es ein schwerer Schlag ist, eine ständige Erinnerung daran, dass er nicht mehr der energische Mann mit dem Spitznamen Buck ist, der Basketball coacht oder beim Tennis mit Kraft und Eleganz glänzt. Als mein Vater die Karten nicht mehr halten konnte, gebrauchte er einen Kartenhalter, aber das ging nicht lange gut. Für manche ist es eine vernünftige Lösung; für ihn war es demütigend, genau wie ein Lätzchen zu tragen.

Die Bridgedamen sind in dieser Hinsicht außergewöhnlich: Alle wirken gepflegt, geistig fit und unabhängig. Es ist kaum vorstellbar, wie eine von ihnen eines Tages nicht mehr willkommen wäre und was sie täten, wenn sie an diese Schwelle kämen. Ein Mitglied des Supergedächtnisclubs wies auf eine traurige Korrelation hin: Wenn jemand aufhört zu spielen, lebt er nicht mehr lange.

In dem Saal ist es so warm wie in einem Brutkasten. Ich spüre, wie sich am Bügel meines BHs, hinten am Hals und auf der Stirn Schweiß sammelt. Ich sage dem Paar, mit dem wir spielen, dass ich Anfängerin bin. Als ich mit den Bridgedamen spielte, wusste ich, dass sie mir jeden Fehler verzeihen würden. Dies hier ist Bridge für Erwachsene. Keine Stützräder. Keine Fragen zugelassen. Die Senioren sind hier, um zu gewinnen, Punkte zu sammeln und den Jackpot mitzunehmen. Es macht mir höllische Angst. Doch meine Mutter sagt, dass sie gerne mit einem Neuling spielt; das bedeutet mehr Punkte für sie. Nicht gerade aufmunternd.

Meine Brust krampft sich zusammen, als würde ich gleich eine Panikattacke bekommen. Warum habe ich zugelassen, dass Barbara mich dazu drängt? Ich weiß schon, bevor wir beginnen, dass ich völlig überfordert bin. Ich kenne nicht mal die Regel, wer die Karten mischt, abhebt und austeilt. Es schien mir nicht wichtig, sodass ich nie aufgepasst habe, aber Bridgespieler sind fanatisch, wenn es um die Tischetikette geht. Die Karten an die falsche Stelle zu legen, geschieht auf eigene Gefahr. Die Regeln schienen mir äußerst streng. Später, als ich mehr Erfahrung habe, werde ich mich an alle Regeln halten und dafür sorgen, dass sie eingehalten werden. Es hat einen eigenen Charme, wie der Wachwechsel, wie die Karten in einem bestimmten Turnus gemischt, abgehoben und ausgeteilt werden. Mir wird auch klar, dass die Regeln einen Sinn haben. Bridgeetikette vermittelt sowohl die Benimmregeln des Spiels wie auch die Prinzipien der Fairness.

Ich bin an der Reihe, das erste Blatt auszuteilen, und habe sogar Angst, das zu vermasseln und jedem die falsche Anzahl von Karten zu geben. Ich rede mir gut zu: Beruhig dich. Ich weiß doch um Himmels willen, wie man die Karten austeilt. Und selbst wenn ich es vermassele, dann passiert es eben. Ich nehme meine Karten auf und ordne sie nach Farben. Der Geber reizt als Erster. Meine Lektionen sind verflogen. Ich bin von Angst geradezu überwältigt. Als ich meine Unschuld verlor, war ich entspannter!

Unsere Gegenspieler sind ein Ehepaar. Sie ist zierlich, hübsch und merkwürdig ausstaffiert: mit einer türkisfarbenen Bärentatzenbrosche, Türkisring und dazu passendem Gürtel, vermutlich in einem Kaufrausch bei Pueblo.com erstanden. Und die beiden meinen, es wird schon klappen.

»Es ist nur ein Spiel«, sagt sie. Mach dir nichts vor: Wer so etwas sagt, ist blutrünstig, das habe ich immer wieder erlebt. Dergleichen sagt man, um den anderen zu benebeln und die eigene Überlegenheit zu etablieren. Nichts ist bloß ein Spiel, Bridge schon gar nicht. Der Mann schnipst an seinem Ohr und sagt, er höre schlecht. Seine Frau spricht weiterhin sehr leise. *Einschüchterung!* Seine Klettverschluss-Sneakers sind so groß, dass man den rechten nicht vom linken Schuh unterscheiden kann. Jonathan fragt, ob ich das Weak2 spiele. Er hätte ebenso gut fragen können, ob ich swinge oder Leder mag. Was zum Teufel ist Weak2? Später werde ich erfahren, dass Weak2 und ähnliche Reizungen Konventionen sind und in besonderen Situationen das Blatt beschreiben, in diesem Fall sechs Karten von derselben Farbe und eine niedrige Punktzahl, also eine schwache Hand.

Die Klingel ertönt. *Shit!*

Ich ordne meine Karten: Ich habe vierzehn Punkte und fünf Piks. Ich muss reizen. Ich erstarre. Mein Rücken wird feucht von Schweiß, meine Bluse klebt. Alle warten auf meine Reizung. Meine Shorts sind hochgerutscht. Die anderen warten immer noch. Ich beginne die Reizung »1 Pik«. Gut, nichts Schlimmes passiert.

Als Jonathan dann dran ist, sagt er, »2 Cœur«, und ich erstarre wieder. Ich habe gelernt, dass diese Reaktion bedeutet, dass er elf oder mehr Punkte und fünf Cœur hat, nur komme ich mit dieser Information nicht klar. Ich weiß nicht, ob ich noch einmal reizen oder passen soll. Stattdessen höre ich im Kopf die »Böhmische Rhapsodie«, und das vertreibt jeden vernünftigen Gedanken.

Scaramouch, scaramouch, will you do the fandango.

»Darf ich mal etwas fragen?« Starre Blicke richten sich auf mich. Das soll wohl ein Nein sein. Als ich das Spiel verliere, würde ich am liebsten nach Hause gehen. Nur bin ich nicht fünf Jahre alt. Aber fast jede Karte, die ich lege, ist falsch. Ich beobachte meinen ungläubigen Partner, während das gegnerische Team die Stiche holt, die unsere hätten sein sollen. Ich nehme seit fast einem Jahr Unterricht. Wenn die Damen nicht wären, hätte ich längst aufgegeben. Vielleicht sollte ich wirklich Bingo spielen! Vielleicht brauche ich einen speziellen Förderkurs für Bridge. Zumindest sollte mein Stuhl mit einem Schild für Behinderte gekennzeichnet sein.

Nachdem wir vier Blätter gespielt haben, klingelt es. Also ist jetzt Zeit, dass die Partner, die in Ost/West-Position sitzen, an einen neuen Tisch wechseln. Jonathan und ich sind Nord/Süd und bleiben. Der Saal sieht wie ein Squaredance für Senioren aus, bis jeder seinen neuen Tisch gefunden hat. Jonathan geht das letzte Blatt noch einmal mit mir durch. Ich kann sehen, wie sich sein Mund bewegt. Der Klang seiner Stimme macht deutlich, dass er sich bemüht, sanft zu sein. Aber ich verstehe kein Wort. Das nächste Paar kommt, und nun bin ich froh, dass ich ein paar Blätter habe, die zu schwach zum Reizen sind, und deshalb passen kann.

Die beiden Damen spielen seit über fünfzig Jahren als Partnerinnen zusammen. Die größere von ihnen trägt Hosen und eine Bluse mit einem zarten Blumenmuster. Ihre Freundin ist zierlich und trägt ein Kleid und eine Brosche, die wie eine Dotterblume aussieht. Beide haben so weißes Haar wie Baiser. Als ich ihnen sage, dass ich Anfängerin bin, schauen sie mich an, als wäre das völlig gleichgültig. Sie sind schnell beim Reizen, schnell beim Abspiel, schnell beim Einsammeln der Stiche und schnell beim Gewinnen und Zusammenzählen ihrer Punkte. Mir ist aufgefallen, dass Jonathan gerne eine Karte aus seinem Blatt herauszieht und damit mehrmals auf den Tisch klopft, ehe er sie abwirft, wie ein Tennisspieler den Ball vor dem Aufschlag aufspringen lässt. Ich kann nicht beurteilen, ob er nur Zeit zum Überlegen gewinnen möchte oder eine Show abzieht.

Ich verliere das einzige Blatt, das ich eröffnen kann (nachdem ich die Auktion gewonnen habe), weil es mir nicht gelingt, »Trumpf am Anfang des Spiels« zu ziehen. Die Trumpfkarten zu ziehen, ist grundsätzlich das wichtigste Anliegen: die Trumpfkarten des Gegenspielers herauszulocken, sodass keiner deine Gewinne in anderen Farben übertrumpfen kann. Dies gehört auch zu den ersten Dingen überhaupt, die man lernt, und Bridgespieler nennen dies »die Kinder von der Straße holen«. Als ich anfing zu spielen, wollte ich meine Trümpfe immer festhalten, weil ich meinte, ich würde sie später im Spiel noch brauchen. Ich habe lange gebraucht, um zu erkennen, dass man die Trümpfe früh herausholt, damit einen später keiner übertrumpfen kann. Mir ging das gegen den Strich. Als die zierliche Dame einen Trumpf ausspielt und Jonathan ihn übertrumpft, sagt ihre Freundin: »Schick kein Kind zu einer Männerarbeit.« Diesen Ausdruck hatte ich noch nicht gehört, aber allmählich wird mir der Bridgejargon vertrauter. Als ich mich das erste Mal sagen hörte: »Gib dem Kaiser, was des Kaisers ist«, merkte ich, dass ich eine Schwelle überschritten hatte. Zwischen den Blättern tauschen die beiden Damen Bridgesprüche in Form von Ermutigung aus: »Gut gemacht« und »Das war echt hart« und »Gerade mal geschafft.«

Das Wechseln läuft so, dass wir keinmal mit Barbara und Buck spielen, aber Barbara kommt gegen Ende des Nachmittags zu uns herüber. Sie möchte unbedingt wissen, ob es mir Spaß gemacht hat. Werde ich weiterspielen? Aber genau in diesem Augenblick ruft Bernard sie zu sich.

»Warte einen Moment, Bernard«, ruft sie zurück.

»Barbara«, ruft er nochmals, jetzt drängender.

»Psssh«, erwidert sie und wischt lediglich mit der Hand durch die Luft.

»Jetzt, Barbara!« Diesmal schwingt Panik in seiner Stimme mit, und sie eilt gleich hinüber. Ich sehe, wie sie sein Gesicht in ihre Hände nimmt und ihm in die Augen schaut. Sie sagt etwas, und er nickt. Dann eilt sie zurück, um ihre Tasche zu holen, entschuldigt sich für die Unterbrechung und sagt, sie werde sich wieder melden. Danach ist sie sofort bei Bernard an der Tür, legt ihren Arm um seinen Rücken, und nun verlassen sie gemeinsam das Haus.

Wie ich die beiden so sehe, sehne ich mich spürbar danach, schnell nach Hause zu kommen und Johns Gesicht in meinen Händen zu halten. In einer ungewöhnlich langen Phase ehelicher Langeweile sind wir distanzierter miteinander geworden. Nichts war falsch, und nichts war richtig. Ich hoffe, dass wir jenseits der achtzig noch zusammen sind, dass wir noch über etwas reden können. Wenn wir es schaffen, werden wir uns wieder einander annähern, uns dann noch einmal verlieben, so wie ganz am Anfang? Als Belohnung für eine lange Ehe? Niemand erwartet, das Paar in dem Restaurant zu sein, das da in Schweigen gehüllt sitzt, weil es nichts mehr zu sagen gibt oder weil die Energie, etwas zu sagen, fehlt. Immer wenn uns solche grimmigen Paare auffielen, hatten wir Mitleid mit ihnen, in der Überzeugung, dass uns das nicht passieren würde. Wir hatten die Arroganz der Jugend auf unserer Seite.

Kapitel 15

Uhrzeiger

»Ich musste das Bridge nicht aufgeben«, sagt Bette. »Das gehörte zum Besten.« Wir sitzen auf ihrer geschützten Veranda, ihrem Lieblingszimmer im Haus, die Sonne etwas abgeblendet durch das Sonnenschutzgitter. Drei Jahre nachdem ihre Jüngste aufs College ging, fing Bette wieder an, in Teilzeit als Camp-Beraterin zu arbeiten. Sie hatte von einem Franchise-Unternehmen in der Umgebung von Boston gehört, und auch wenn sie damit eigentlich keine Erfahrung hatte, klang es so, als wäre das etwas für sie. Dann erwies es sich als wunderbar passend, allein im ersten Jahr verdoppelte sie die prognostizierten Einnahmen. Hinzu kam, dass sie die Arbeitszeiten frei wählen konnte. Dasselbe traf auf Jackie zu, die bei Triple A arbeitete, ebenfalls als Beraterin. Als erfahrene Reisende machte es ihr Spaß, Reisen für die Kunden zu planen und mit ihnen die jeweiligen Einzelheiten zu besprechen. Bea ging zweieinhalb Tage pro Woche in Carls Büro, wo sie den Papierkram erledigte. Sie mochte die anderen Mädchen in diesem Büro und ging gerne mit ihnen zum Lunch. Auch sie hatte montags frei. Arbeit war zwar eine schöne Sache, aber Bridge war heilig.

»Ich fühlte mich befreit«, lacht Bette, als ich sie nach dem »leeren Nest« frage. Arthur richtete ihr ein Büro ein, und Bette zog sich dorthin zurück, um Texte für Broschüren zu schreiben. Sie besuchte Camps und machte mit den Kindern und ihren

Eltern Interviews, um deren Interessen herauszufinden. Schon bald war sie in der ganzen Gegend bekannt und als die »Camp Lady« hoch angesehen. Sie hätte es nicht Multitasking genannt, aber wie die meisten Frauen beherrschte Bette die Kunst, gleichzeitig vielseitige Verantwortung zu tragen und die Bedürfnisse anderer Leute zu erfüllen. Und dann gab es das Gehalt. »Ich habe viel Zeit dahinein investiert, weil es mir Spaß machte. Ich habe es wirklich gern getan, und ich habe viel Geld verdient. Es stellte sich als wirklich lukrativ für mich heraus.«

Bette wurde von der Hauptverwaltung extra dafür honoriert, dass sie mit Arthur zu den Camps fuhr statt mit der Gruppe der anderen Berater. »Zu dem Zeitpunkt war ich die Topverkäuferin, und sie wollten mich nicht verlieren.« Arthur saß gern am Steuer. Zusammen erkundeten sie die tiefste Provinz von Maine, New Hampshire und den ländlichen Teil von New York. Er setzte Bette bei einem Camp ab und suchte dann einen Platz fürs Picknick. Später trafen sie sich dann wieder zu einem netten Dinner. »Für mich war ganz entscheidend, zusammen mit Arthur unterwegs zu sein.« Die Dinge liefen sehr gut so.

Und dann änderte sich unvorhergesehen alles. Bei Bette wurde Gebärmutterkrebs diagnostiziert. So erschreckend dies auch war, ließ es sich doch gar nicht mit ihrer ersten Krebserkrankung vergleichen. Bette war Mitte vierzig, als sie erfuhr, dass sie Brustkrebs hatte. Die Kinder waren noch klein, und sie dachte immer nur daran, was aus ihnen bloß werden sollte, wenn sie die Krankheit nicht überleben würde. Es war fürchterlich, und der Mangel an Information war unglaublich. Bette gehörte noch der Generation von Frauen an, die sich operieren ließen und dann mit einer ein- oder beidseitigen Brustamputation aufwachten. Ihr Chirurg ließ sie nach sechs Wochen zur Nachsorge kommen, und dann entließ er sie. »Als sich mein Chirurg von mir verabschiedete, war dies das Ende der Arzt-

Patient-Beziehung. Es war furchtbar. Es gab keinerlei Unterstützung.«

1976 durchbrach Betty Rollin mit ihrem ersten Buch *Dieses eine Leben. Eine Frau besiegt den Krebs* das Schweigen um den Brustkrebs, und dies zu einer Zeit, als noch niemand das Wort *Krebs* auszusprechen wagte oder das Wort *Brust* überhaupt in den Mund nahm. »Soweit ich weiß«, schreibt sie, »gab es in meiner Umgebung viele Frauen, die nur noch eine Brust hatten, aber wir redeten nicht miteinander, weil wir unsere Krankheit für uns behalten wollten.«

Drei Ereignisse kamen zusammen, die Bettes Tage als Camp Lady beendeten: ihr Gebärmutterkrebs (den sie allerdings besiegen sollte), interne Fehden unter den Franchisenehmern der Camps und der Beginn des Computerzeitalters. Anfangs erledigte Bette ihre ganze Korrespondenz auf der mechanischen Schreibmaschine. Als sie sich dann schließlich eine elektrische Schreibmaschine gönnte, meinte sie, damit technisch in der Gegenwart anzukommen. »Holla, ich bin fortschrittlich.« Doch als am Arbeitsplatz schließlich Computer eingeführt wurden, zog sich Bette zurück. »Ich dachte: O Gott, was soll denn das alles? Ich hatte keine Ahnung von Computern, und ich wollte sie auch nicht verstehen. Aber ich wusste, dass die Zukunft des Jobs nicht ohne Computer denkbar war.« Genauso wie bei Jackie; sie machte auch nicht länger mit, als Datenbanken die Reiseindustrie zu beherrschen begannen.

Rhoda allerdings verließ ihre familiäre Geborgenheit, ehe die Kinder aus dem Haus waren, und passte sich den technischen Entwicklungen an. Sie kümmerte sich in ihrer Zeit als Geschäftsführerin um die Vernetzung der Bürocomputer in der Synagoge. Sie machte sich kundig und ließ das erste Softwaresystem einrichten und brachte damit letztlich B'nai Jacob aus biblischen Zeiten ins zwanzigste Jahrhundert.

Die Damen schauen immer noch lieber im Telefonbuch nach als bei Google. Wenn mit ihrem Computer etwas nicht in Ordnung ist, fühlen sie sich hilflos und sind erst recht überzeugt, dass Computer mehr Ärger als Nutzen bringen. Ich stehe meiner Mutter als technische Unterstützung zur Verfügung. Meistens kann ich das Problem in Sekundenschnelle lösen, und sie bewundert meine Fertigkeiten und dankt mir zutiefst, dass ich ihr erspart habe, »stundenlang« mit jemandem bei Apple in der Telefonleitung zu hängen.

»Der Himmel möge dem helfen, der deinen Anruf beantwortet«, sage ich.

»Die sind enorm geduldig«, sagt sie. »Neulich hat einer von ihnen über eine Stunde mit mir am Telefon zugebracht.«

Ich stelle mir den armen Techniker vor, der irgendwo mit einem Computerkabel um den Hals von einem Dachbalken hängt.

1970 hatte die biologische Uhr meiner Mutter aufgehört zu ticken. Sie hatte eine Lehrtätigkeit in Teilzeit bei einer örtlichen hebräischen Tagesschule aufgenommen, von der sie begeistert war. Die Schule war ein paar Kilometer von uns entfernt, und der Unterricht fand vormittags an ein paar Tagen pro Woche statt. Dann passierte das Unfassbare: Sie wurde schwanger. Sie war neununddreißig, nach biblischem Maßstab eine Sarah. Sie und mein Vater holten meine ältere Schwester und mich in ihr Zimmer, und wir setzten uns zu einer »Familienkonferenz« auf ihrem Bett zusammen. Nina war zwölf, ich war zehn. Das war eine neue Situation, und ich war nicht sicher, ob mir das Ganze gefiel, allerdings erinnere ich mich auch, dass mir das Bett wie ein Floß vorkam. Unsere Eltern fragten uns, was wir uns am meisten wünschten: noch einen Fernseher definitiv, ein Schwimmbecken, einen Fußballtisch. War uns warm genug?

Im Februar kam ein kleines Mädchen zur Welt, ein paar Tage nach dem Geburtstag meiner Mutter. Sie hatte bei der Geburt nicht die bläuliche Haut einer indischen Gottheit oder den schimmernden Schleier der Glückshaube, und doch schien es, als käme sie mit magischen Kräften von einem magischen Ort. Unsere Blumen blühten, und unsere Flüsse hatten Wasser. Das neue Leben brachte noch mehr Leben mit sich. Das kleine Mädchen wurde bald zu unser aller Liebling. Mit ihr zusammen verhielten wir uns ganz anders: Wir vertrugen uns besser, die Stimmung in der Familie wurde besser. Sie brachte das Beste in uns zum Vorschein, insbesondere auch bei meiner Mutter.

Als Nina und ich aus dem Haus waren, wurde Gail ein Einzelkind mit allen Privilegien dieser Sonderrolle. Meine Mutter nahm alles leichter, war entspannter und besserer Laune. Sie legte kleine Notizen in Gails Lunchbox und gab ihr kleine Geschenke, manchmal auch etwas Lustiges. Dabei machte Gail es uns allen leicht. Sie sah goldig aus mit ihren blonden Löckchen und blauen Augen, sie war schlau und immer zu Späßen aufgelegt. Sie war eine gute Schülerin; sie klaute nicht, rauchte niemals Pot und hatte auch keinen Sex in unserem Keller. Und auch auf sonstige Teenagerabenteuer ließ sie sich nicht ein.

♦

Als ich zum ersten Mal mit Gail über die Bridgedamen spreche, sind wir in dem ehemaligen Zimmer unseres bereits erwachsenen Neffen, die Bücherregale sind vollgestopft mit Fantasy und Science-Fiction in Paperback-Serien. Der Rest der Familie sitzt in Erwartung unserer jährlichen Chanukka-Feier unten zusammen.

Als ich sie frage, ob sie die Damen für komisch hielt, so

gegen den Feminismus eingestellt, wie sie waren, schüttelt sie den Kopf. »Nein, ich habe sie nie irgendwie beurteilt. Vielmehr habe ich ihre Ausstrahlung bewundert.« Sie erinnert sich, dass Bea regelmäßig Tücher trug und sie das enorm elegant fand und dass Bette immer makellos in Hosen und gerippten Rollkragenpullovern auftrat.

»Ein champagnerfarbener Rolli, sie sah einfach toll damit aus«, sagt Gail.

»Rauchen war in meinen Augen ausgesprochen frivol, und diese bestickten Zigarettenetuis fand ich toll. Ich sah mir gern an, welche erlesenen Speisen gereicht wurden, und liebte die schönen Platten. Ich weiß noch, wie ich ohne jede Hilfe auf den Tisch kletterte und Mom auf den Knien die guten Platten herunterreichte. Dabei fühlte ich mich, als holte ich die Tora aus dem heiligen Schrein.«

Ich möchte wissen, wann sie von Barbara erfuhr.

Sie braucht nicht erst in ihren Erinnerungen zu kramen oder lange nachzudenken. Sie erzählt mir sofort, dass unsere Mutter einmal in der Woche abends ausging, was mir höchst ungewohnt erschien.

»Ich fragte Dad, wo sie sei, und er sagte, beim Bridge, aber ich wusste genau, dass an diesem Abend kein Bridge stattfand.«

Sie hakte nochmals nach, und diesmal antwortete er, sie sei im Kino.

Gail wusste, dass unsere Mutter nie allein ins Kino gehen würde, also ließ sie immer noch nicht locker.

»Er sagte, ›Also, es spielt doch keine Rolle‹, und dann wollte ich es erst recht wissen. Schließlich setzte er sich zu mir und erklärte, dass sie an Barbaras Todestag zur Synagoge gegangen war.«

»Wie alt warst du da?«

»Sieben.«

Mein Vater sagte ihr, dass ein Baby gestorben war, noch ehe sie auf der Welt war. Und weiter, dass es unsere Mutter aufwühlt, darüber zu sprechen, und dass sie an diesem Todestag zum Beten geht.

»Und ich wollte wissen, warum wir sie nicht begleiten, worauf er meinte: ›Ich glaube nicht, dass sie das möchte.‹«

Dann ging er mit ihr ins Schlafzimmer und zog die obere Schublade ihrer grünen Kommode auf. Darin befand sich ein gerahmtes Bild von Barbara, vielleicht ein Jahr alt, in einem weißen Kleidchen mit einem schwarzen Lätzchen und Rüschenkragen. »Er zeigte es mir und betonte dann: ›Aber sag Mom nicht, dass ich dir das erzählt habe.‹«

Einmal erwähnte Bette bei einem Spaziergang mit meiner Mutter, dass ihre eigene Mutter nicht über den Tod ihrer jüngeren Tochter hinweggekommen sei. Hatte meine Mutter vielleicht ähnliche Gefühle bei der Geburt von Gail? Konnte sie je aufhören, um Barbara zu trauern?

»Über Barbara werde ich nie hinwegkommen«, antwortete meine Mutter, und Bette kam nie wieder auf dieses Thema zu sprechen.

Ich hatte immer den Eindruck, dass Gail vor der Tragödie, die wie ein Fluch auf unserer Familie lag, bewahrt wurde. Zu spät wurde mir klar, dass wir alle davon betroffen waren. So gesehen spielte es bei Gail auch gar keine Rolle, dass sie nach Barbaras Tod zur Welt kam. Sie gehörte zu uns, und keiner von uns, nicht meine arme Mutter und auch nicht mein Vater, fand sich in dem ganzen Schweigen, den Geheimnissen und der Scham zurecht. Als Nina noch klein war, meinte sie, für den Tod von Barbara die Schuld zu tragen. Gail dagegen meint, dass sie dann Nina diese Rolle abgenommen habe. Was wäre gewesen, wenn sie jene feinen Platten beim Herausholen aus dem heiligen Schrein hätte fallen lassen oder wenn all die Regeln, nach denen wir lebten, durcheinandergerieten und ein Teil der Wahrheit zum Vorschein käme?

Kürzlich, in einem seltenen, unerwarteten Moment, als ich meine Mutter nach Hause brachte und wir an unserer Synagoge vorbeifuhren, meinte sie, dass sie Thanksgiving liebe, andererseits sei dieses Fest für sie aber immer mit Trauer verbunden. Zuerst habe ich keine Ahnung, warum, und schaue sie fragend an.

»Barbara ist im November gestorben«, sagt sie.

Ihr Name klingt richtig erschreckend, wie meine Mutter ihn ausspricht. Ich würde mich ihr gerne zuwenden und sie berühren, aber dann zögere ich doch.

Es heißt ja, man soll den Menschen, die man liebt, jeden Tag sagen, dass man sie liebt. Für meine Mutter und mich gilt das allerdings nicht. Manchmal, wenn sie für einen Augenblick innehält, ehe sie aus dem Auto aussteigt, meine ich, dass sie es gleich sagen wird, aber dann passiert es doch nie. Und ich bin erleichtert. Solche Gefühlsäußerungen wären schlimmer, als nichts zu sagen. Ich beobachte immer, wie sie den Code für ihre Garage eintippt, sich umdreht und winkt und dann im Haus verschwindet. Ich sehe, wie das Licht im Flur angeht.

»Mom«, habe ich oft gefragt, »warum lässt du das Licht nicht an?«

»Warum sollte ich die Lichter brennen lassen?«

»Damit du sehen kannst.«

»Ich sehe genug.«

Ich habe mir immer eingebildet, dass meine Mutter darum nicht sagt: Ich liebe dich!, weil es eine Art Vorkehrung gegen weitere Katastrophen sein könnte, so wie die Israeliten in der Pessach-Geschichte ihre Haustür markierten, damit ihre Erstgeborenen nicht getötet werden. Wenn sie ihre Türen kennzeichneten, würde ihr Haus verschont bleiben. Unser Haus war nicht verschont geblieben. Die jüdischen Rituale rund um den Tod sollen den Betroffenen vor allem helfen, durch die Phasen der Trauer hindurchzugehen. Aber damit blieb sie allein: An einem kalten, dunklen Novemberabend fuhr sie allein zum Totengedenken.

»Nancy Pelosi hat angerufen«, verkündet Bea, alle wissen über diese impertinenten Telefonaktionen für die Demokraten Bescheid. Bridge findet bei Jackie statt.

»Ich habe eine Reise nach Bermuda gewonnen«, amüsiert sich Jackie über solchen Unsinn.

»Die Leute rufen immer noch an, weil sie Peter sprechen wollen«, sagt Rhoda. Eigentlich ist der Anruf eines Bittstellers ohnehin schlimm genug, und dann auch noch das. Und was soll man sagen: »Tut mir leid, er lebt nicht mehr.«

Alle nicken verständnisvoll. Sie werden ständig von allen möglichen Organisationen um Spenden angegangen. Ihre Telefone klingeln, und Bittsteller, Telefonverkäufer, Meinungsforscher und Betrüger sind dran.

Einmal ging meine Mutter ans Telefon, und eine junge Frauenstimme am anderen Ende der Leitung sagte: »Grandma?«

Sie war nicht sicher, welche Enkeltochter am Apparat war, und tippte: »Freddi?«

»Hallo, Grandma, ich bin's, Freddi.«

»Hallo, Schatz, ist alles in Ordnung?«

Die Anruferin sagte, sie sei in den Frühjahrsferien vom College in Mexiko und habe ihr Portemonnaie verloren. Ob meine Mutter wohl sofort etwas Geld schicken könnte? Freddi war noch ein Schulkind.

»Da habe ich sofort aufgehängt«, berichtet meine Mutter. »Ich war ja nicht von gestern.«

»Die meinen, wir sind Idioten«, fügt Bea hinzu.

Als sie sich zum Spielen setzen, beginnt eine heiße Auseinandersetzung, womit eröffnet werden soll. Meine Mutter hatte mit Trumpf eröffnet, was man normalerweise nicht tut, Bea sprang ihr an die Kehle. Meine Mutter sah zugleich gedemütigt und sauer aus.

»Warum machst du so etwas?« Bea wünscht eine Erklärung.

»Ich habe geschlafen.«

Beim nächsten Blatt macht Rhoda einen Fehler, indem sie ein Ass auf einen Stich wirft, den ihre Partnerin schon gewonnen hat. Ein Blickwechsel zwischen meiner Mutter und mir bedeutet: Wir haben es beide sofort gesehen. Das ist ein teurer Fehler bei einem Bridgeblatt. Es ist nichts Wichtiges, aber es wirkt wie eine Verschwörung, dass wir beide dies erkennen.

Rhoda beschimpft sich selber: »Dumm, dumm, dumm, Dummy.«

»Das passiert«, sagt Bea verzeihend, als man es gar nicht erwartet hätte.

Als sie verlieren, macht Bea keine große Sache daraus, aber ich merke, dass sie verärgert ist. »Betsy«, sagt sie, »die guten Blätter sind es, die einen durcheinanderbringen können.« Die Damen beruhigen sich. Zweimal hintereinander hat niemand genug Punkte, um zu reizen, und die Geberin ist noch einmal dran. In ihrer Aufregung zeigen sie sich gegenseitig, wie wenig Punkte sie haben.

Ehe wir gehen, holt Rhoda ihren Kalender, um das Spiel für die nächste Woche zu vereinbaren. Meine Mutter ist als Gastgeberin an der Reihe, aber sie bemerkt, dass sie nicht in der Stadt ist. Spontan stelle ich mich zur Verfügung. Die Damen schauen sich gegenseitig an: Warum nicht? Seit einem Jahr komme ich hier zum Lunch, und dies scheint mir nun das Mindeste, das ich für die Damen tun kann. Später ruft meine Mutter mich an und bringt eine Vielzahl von Gründen vor, warum ich mir die Mühe nicht machen soll, aber dann gesteht sie doch, dass sie sich freuen würde, wenn die Damen mein Haus sehen könnten, sofern ich es vorzeigen würde. Die widersprüchlichen Botschaften setzen sich fort. Sie bietet an, den Lunch vorzubereiten oder für ein Catering zu sorgen. Ich kann keines der beiden Angebote annehmen – geht es nicht darum, dass ich zum Lunch einlade? Zum Glück bietet sie nicht an, auch nur ein einziges Silbertablett zu polieren, aber mir ist klar, dass es sie quält. Dank meiner Therapeutin gelingt mir inzwischen ein annähernd erwachsenes Verhalten gegenüber meiner Mutter. Auf der Richterskala sind wir weit entfernt von den Erdbeben, die unter unseren Füßen ausbrachen, als ich damals hierherzog. Jetzt ist es eher wie ein Tauziehen, auch wenn nicht klar wird, was in diesem Szenario als Sieg definiert ist: festhalten oder loslassen.

Ich kaufe nie im Bioladen ein. Die Preise dort finde ich inakzeptabel, und die vielen Kohlsorten verunsichern mich. Trotzdem finde ich mich in der Gemüseabteilung wieder, fest überzeugt, dass das Essen besser gelingt, wenn ich hier einkaufe. Ich lege Gemüse und Obst in meinen Korb und hole sie wieder heraus. Ich bin keine große Köchin, und auch wenn ich die Unterstützung meiner Mutter abgelehnt habe, musste ich dann die ganze Woche verzweifelt darüber nachdenken, was ich kochen soll, oder vielmehr, was ich zustande bringe. Ich starre auf einen Korb mit leuchtend bunten winzigen Paprikaschoten, klein genug, um daraus eine Halskette zu machen. Ich bin fasziniert davon und auch von den winzigen gelben Kürbissen im nächsten Korb. Am Ende des Gangs sehe ich ein einzelnes Straußenei, das man nur mit zwei Händen halten kann. Die Schale ist geädert und gefleckt wie alternde Haut. Für welches

Rezept könnte man dieses prähistorische Ei wohl verwenden? Ich bin versucht, es zu kaufen, nur weil ich es so absurd finde. Vielleicht setze ich mich darauf, bis etwas ausschlüpft, und bringe irgendein glitschiges Wesen zur Welt, mit einem gebogenen Hals, so wie ein Schlüssel, mit Federn, die den Stacheln eines Stachelschweins ähneln. *Bist du meine Mutter?*

Ich bin jetzt seit einer halben Stunde hier, und noch immer hänge ich in der Gemüseabteilung fest. Allmählich bekomme ich kalte Füße wegen des Essens, das ich plane. Das kostet alles zu viel Zeit. Ich schaue nach meinem Telefon. E-Mails häufen sich. *Bleib bei deinem Plan.* Ich gehe weiter in die Fischabteilung. Thunfisch und Lachs glänzen, Shrimps sind zu einer Pyramide aufgehäuft. Für den Preis des Schwertfischs könnte ich mir einen Kaschmirpulli kaufen. Der Mann hinter der Theke ist erstaunlich gut gelaunt. Als ich ihn nach dem Schwertfisch frage, schmeichelt er mir: »Gute Wahl.« Als ich einen davon in der Form von Vermont auswähle und einen weiteren in der von Massachusetts, bestätigt er meine Wahl. Übertrieben, denke ich und gehe mit dem in Papier gewickelten Fisch weiter, der so schwer wie eine volle Windel ist.

Im letzten Moment sagt Rhoda ab. Ich bin enttäuscht. Die jüdische Note hatte in erster Linie sie beeindrucken sollen. Ich hatte sogar daran gedacht, noch Serviettenringe zu kaufen, hielt mich dann aber doch zurück. Die Beziehung, die Rhoda und ich aufgebaut haben, überrascht mich. Die Rhodas meines Lebens, Frauen, die unbeugsam in ihrer Meinung sind, haben mich immer an den Rand gebracht. Ganz zu Anfang, als Rhoda verkündete, sie sei viktorianisch in ihrem Stil, kam das nicht als Entschuldigung daher. Ich bin mir sicher: Wäre ich ihre Tochter gewesen, wären wir einander an den Hals gegangen. Oder vielleicht hätte sie mich auf Miss Porters Mädchenschule geschickt, wo ich eine weltbekannte Führungspersönlichkeit oder

Reiterin geworden wäre. Nachdem sie nun nicht teilnehmen kann, muss ich für sie einspringen. Anders gesehen: Ich war dabei, eine Bridgedame zu werden.

♦

Am Montagmorgen beginne ich, sobald ich aufwache, mit den Vorbereitungen, wie die Parodie einer Hausfrau aus den 50er Jahren, die sich um ein Essen für den Chef ihres Ehemanns bemüht. Natürlich habe ich im Laufe der Jahre viele Abendessen gegeben und den Tisch gedeckt, wie ich es bei meiner Mutter gelernt habe: Besteck genau neben dem Essteller, Gläser oberhalb des Messers in absteigender Reihenfolge. Emily Post hat mich auf dem Weg über Roz Lerner gut geschult. Aber es war nicht nur anerzogen. Als Kind habe ich ihr liebend gerne beim Tischdecken geholfen, ich öffnete den Mahagonikasten, in dem ihr Silber aufbewahrt wurde, ausgekleidet mit rotem Satin und Samtböckchen, Gabeln, Löffel, Messer, alle in derselben Richtung in ihren jeweiligen Positionen gehalten. Diese funkelnde Welt verkörperte allen Prunk und alle Ordnung, die mein Kinderherz ersehnte. In einem anderen Leben hätte ich eine Soldatin in der Königlichen Garde sein können.

Für Bea kaufte ich ihre Lieblingscola (»die richtige, nicht diesen Diät-Dreck«), Filterkaffee für Jackie und bereitete heißes Wasser für Bettes Tee vor. Ich hatte die Karten und die Punkteblöcke herausgelegt, wie die Damen es tun, die Weintrauben gewaschen und auf dem Küchentisch bereitgestellt. In den angespannten Minuten vor ihrer Ankunft fiel mir mein Spiegelbild im Küchenfenster ins Auge: Betsy Lerner, ehemals Fan von Grateful Dead, Dichterin und Kifferin, neben der Spüle stehend, wie sie auf ein Stück Butter starrt und überlegt, ob sie es in Portionswürfelchen schneiden soll.

Während ich mit den Lunchvorbereitungen herumwusele, denke ich daran, wie es war, als Teenager heranzuwachsen, während die Damen der Inbegriff dessen waren, wovon ich mich distanzieren wollte. War ich nicht das Mädchen, das sich auf unserem Schulparkplatz gemeinsam mit einem Jungen, auf den ich scharf war, zudröhnte, das Gedichte schrieb und nur Schwarz trug oder beim hiesigen Frisbee-Wettbewerb im Weitwerfen gewann? Ich spüre noch das Schnappen im Handgelenk, als das Frisbee losflog und einen günstigen Windstoß mitbekam, der es unerwartet weit trug. Erst jetzt, während ich diesen Tisch schön decke und das Essen vorbereite, frage ich mich, ob ich nicht in jeglicher Weise die Tochter meiner Mutter war, ob ich das nicht alles vor allem für sie tat.

♦

Die Unterhaltung beginnt mit einer Diskussion über Direktüberweisung versus Onlinebanking, vor allem Rechnungen online begleichen. Die Damen möchten wissen, was Tweets sind, recht voreingenommen, und begreifen es auch nicht, nachdem ich ihnen die Grundprinzipien erkläre. Ich ziehe mein Smartphone hervor und zeige ihnen die App, aber sie wiegeln das ab. (Ich schreibe mir hinter die Ohren: Bleib mit der Technik auf dem Laufenden.) Aber das Essen verläuft glänzend: die Damen sind von dem Schwertfisch hin und weg. Bea kippt ihre Cola hinunter. Jackie ist begeistert von den Erdbeeren, und Bette bittet mich um das Couscous-Rezept.

Ich bin wahnsinnig nervös, als wir uns dem Spiel nähern. Bis jetzt habe ich nur im Manhattan Bridge Club im Unterricht gespielt, wo reden und fragen erlaubt ist. Ich bin in Schweiß gebadet, ehe das erste Blatt ausgeteilt wird.

Bea ist meine Partnerin, und sie ist so schnell wie eine

Schlange. Bette und Jackie brauchen beide ihre Zeit beim Reizen und beim Abspielen. Entsprechend habe ich ihnen gegenüber weniger Angst, einen Fehler zu machen. Und dies ist das Besondere beim Bridge: Wenn man beim Reizen einen Fehler macht, wird das sofort klar, sobald »der Tisch die Karten auflegt«. Und zwar folgendermaßen:

Eines der beiden Paare »gewinnt« die Auktion, indem es am höchsten reizt.

Der Partner, der die Trumpffarbe (oder Sans-Atout) zuerst genannt hat, spielt das Blatt und wird zum Alleinspieler.

Der Partner des Alleinspielers legt seine Karten in vier Reihen auf den Tisch, die Farbe jeweils von der höchsten bis zur niedrigsten Karte geordnet (wie bei Solitär). Er ist der Tisch oder Dummy. Der Alleinspieler spielt sein eigenes Blatt und das des Tisches. (Der Tisch legt nur die Karte, die ihm der Alleinspieler jeweils nennt.)

Wenn alle Karten ausgelegt sind, sieht jeder genau, wie viele Punkte und wie viele Trümpfe der Tisch hat und ob die Reizung stimmte.

Dies ist der Moment der Wahrheit, und es ist, wie vor einem Liebhaber zum ersten Mal die Kleider abzulegen: Was hat man? Hoffentlich hat man, was man beim Reizen geboten hat: ein Versprechen von soundso vielen Punkten und Trümpfen.

Beim richtigen Spiel wird nicht gesprochen, und es gibt auch keine Kommentare über den Tisch hinweg; aber montags hier in Woodbridge wird endlos über den Dummy geredet. Wenn er viele Punkte und nützliche Trümpfe hat, sind die Damen voller Bewunderung und sagen Dinge wie: »Oh, das ist aber schön.« Und: »Dank deiner Partnerin.« Wenn es eine Enttäuschung ist, stellen sie den Alleinspieler in Frage: »Wie konntest du so reizen?« Oder: »Gab es einen Grund, deine Cœur nicht zu nennen?« Eine schlechte oder falsche Reizung kann den Partner in eine schwierige Situation bringen, indem er die Anzahl der Stiche, die im Kontrakt vereinbart wurde, nicht einholen kann.

Gleich zu Beginn bringe ich die Reizung durcheinander. Als ich den Tisch ablege, rügt mich Bea. »Betsy, mit so vielen Punkten müssen Sie Sans-Atout reizen«, oder: »Betsy, mit so wenigen Punkten können Sie nicht heben«, und so weiter und so fort, während ich bei jedem Spiel falsch reize. Ich habe die Regeln über steigende Reizung gelernt, aber ich habe eine solche Angst vor dem Auftritt, dass ich überhaupt nicht vernünftig denken kann. Bea ist sicher nicht gemein, aber sie klingt vorwurfsvoll und etwas schrill. Am liebsten würde ich nach Hause gehen. Aber ich bin zu Hause!

Erst dann sagt Bea: »Also, sehen wir mal, was sich machen lässt.«

Sie beruhigt sich so schnell, wie sie aufgebraust ist. Sie kennt sich mit den vier Seiten des Bridgetisches aus. Wenn ein Blatt zu retten ist, weiß Bea auch, wie.

Als Bette meine Partnerin ist, schaut sie mich mit großen ermunternden Augen an. Die ganze Zeit ist sie die Bridgedame gewesen, die am meisten dafür plädierte, dass ich es lerne, und die immer gemeint hat, ich solle, wenn sie spielen, bei ein oder zwei Spielen mitmachen. Ich habe immer völlig eingeschüchtert abgelehnt. Mit Bette als Partnerin reize ich etwas besser, vielleicht ihretwegen oder weil ich mich ein wenig gefangen habe, und tatsächlich gewinnen wir drei Spiele. Es kann auch sein, dass diese Blätter weniger kompliziert waren. Jedes Blatt ist anders. Manchmal ist es klar, wie man reizt oder ob man passt. Dann gibt es aber auch Grauzonen, mit einem unausgewogenen Blatt oder wenn die Partner sich nicht einigen können. Als Bette am Ende des Nachmittags die Punkte zusammenrechnet, kann ich kaum glauben, dass ich die große Gewinnerin bin.

Die Beute sind drei ganze Dollar, die ich in mein Büro mitnehmen und an die Wand pinnen werde, stolz wie ein Ladenbesitzer, der den Dollar für seinen ersten Verkauf einrahmt.

»Sehen Sie«, sagt Bette, »Sie können mehr, als Sie denken.«

Ich hatte nicht daran gedacht, dass ich für drei Damen koche, die im Schnitt kaum mehr als vierzig Kilo wiegen, und so habe ich reichlich Reste, die ich in Tupperware verstaue. Die Damen bedanken sich überschwänglich und versprechen, die Behälter am nächsten Montag zurückzugeben. Was sie auch tun.

Beim Herausgehen schaut Jackie zurück. »Ihre Mutter wäre sehr stolz.«

In der ersten angespannten Woche als junge Mutter kamen meine Schwiegereltern jeden Tag zu uns. Mein Vater hatte gerade seinen ersten Schlaganfall gehabt, und meine Mutter konnte ihn nicht allein lassen. Die Schwiegereltern kamen meistens an den Nachmittagen, wenn ich schon ahnte, dass das Baby ein oder zwei Stunden schreien und sich nicht beruhigen lassen würde. Meine wohlmeinende Schwiegermutter machte ständig Vorschläge, wie man die Kleine besänftigen könnte, doch nichts davon wirkte, und all die Ratschläge versetzten mich nur noch mehr in Angst: ein anderes Babymilchpulver, Kamillentee, lass sie in ihrem Kinderbettchen, nimm sie auf den Arm, schaukle sie. In meiner Sorge für dieses kleine Wesen fühlte ich mich ungeschickt und unsicher.

Ich hatte riesige Angst, dass ich meiner Aufgabe als Mutter nicht gewachsen wäre. Am meisten hatte ich Panik, dass ich das Baby nicht hören würde, wenn es nachts schrie. Was wäre, wenn ich so tief schliefe oder nicht den sechsten Sinn hätte, den sogenannten Mutterinstinkt? In der Schwangerschaft kaufte ich ein Babyfon, richtete es ein und testete, welche Geräusche ich hören konnte, das Ohr so an die Elterneinheit gepresst, wie sich im Zweiten Weltkrieg ein Spion über sein UKW-Radio beugte. Das Gefühl von Unsicherheit hatte mich voll im Griff. Ich hatte Angst, sie in etwas warmem Wasser zu baden! Ihre Nabelschnur ekelte mich! Zu meiner eigenen Überraschung hatte ich nur einen Wunsch: Ich sehnte mich zutiefst danach, dass meine Mutter da wäre.

Mitte der zweiten Woche tauchte sie an unserer Tür auf, bestens in Form, Haare füllig geföhnt, Nägel feuerrot lackiert. Ich war überglücklich, sie zu sehen, auch wenn ich mich zugleich etwas verwirrt und überfordert fühlte. Wer war jetzt die Mutter? Sie oder ich? Also, da sie nun doch hier war, was wünschte ich mir von ihr?

Ohne jegliche Begrüßung ging sie sofort nach oben und blieb in der Tür zum Kinderzimmer am Kinderbett stehen. Die Kleine schlief bäuchlings, ihren kleinen Hintern nach oben gestreckt. Seit wir sie nach Hause gebracht hatten, fiel mir auf, wie sie sich in ihrem Bett wie die Zeiger einer Uhr umdrehte. Ich habe meine Mutter nie weinen sehen, und auch in diesem Moment weinte sie nicht. Stattdessen sprach sie geraume Zeit kein Wort, und im Kinderzimmer herrschte eine so tiefe Ruhe wie sonst nur in einer Kirche.

Dann sagte sie, noch immer das Baby im Blick: »Schau, was du geschafft hast.«

Ich hörte an ihrer Stimme, wie überglücklich sie war, aber eigentlich hatte ich doch gar nichts »geschafft«. Dafür hatte ich mich nicht angestrengt. Wie sich mein Leben verändert hatte, fand eindeutig die Anerkennung meiner Mutter. Früher hatte sie gesagt, dass ich, erst wenn ich selber Mutter wäre, spüren würde, wie schön es ist, Mutter zu sein. Ich habe mich immer gegen die Vorstellung gewehrt, dass man die Dinge nur aus eigener Erfahrung verstehen kann. Muss ich ein Quarterback sein, um zu erahnen, wie viel Spaß es macht, einen über das

Feld schießenden Ball zu übernehmen? Muss ich eine Birke in einem Hain sein, um ihr Säuseln im Wind zu spüren? Ich hatte wirklich geglaubt, dass ich allein mit Empathie und Fantasie jegliche Erfahrung machen könnte.

Außerdem war ich der Meinung, dass eigentlich nicht erst die Geburt eines Kindes hätte nötig gewesen sein sollen, damit meine Mutter mich anerkannte. Aber in jenen wenigen Minuten am Kinderbettchen meiner Tochter, mit ihrem winzigen Körper, der bei zwei Uhr lag, merkte ich, dass all dies nur Worte waren. Die erstaunliche Wahrheit ist, dass meine Mutter sich für mich am meisten wünschte, was sich dann auch als das Beste für mich erwies.

Kapitel 16

Die ganze Wahrheit

♠

Ich verlasse gerade das Jüdische Gemeindezentrum, als der Anruf kommt. Es ist Rhoda, und ich weiß sofort, dass etwas nicht stimmt. Sie und meine Mutter waren anderswo bei einem Bridgespiel eingesprungen, und da ist meine Mutter gestürzt. Rhoda versichert, dass es keinen Grund zur Sorge gibt, aber ich solle sie in St. Raphael besuchen, wo sie im Krankenwagen hingekommen ist. Im Krankenwagen? Ich rufe meine Mutter an, die ihr Telefon selbst unter normalen Bedingungen kaum aus den Tiefen ihrer Handtasche hervorholen kann, aber wie durch ein Wunder antwortet sie jetzt. In ihrer typischen selbstverleugnenden Art sagt sie, es gehe ihr gut, sie habe nur eine Platzwunde auf der Stirn, die genäht werden musste. Ich versichere ihr, dass ich gleich bei ihr bin. »Lass dir Zeit«, sagt sie und tut so, als sollte ich inzwischen ruhig noch die Haushaltseinkäufe machen oder mir eine Maniküre gönnen.

Als ich sie dann in der Notaufnahme antreffe, plaudert sie gerade mit dem jungen jüdischen Assistenzarzt, als käme er als Freier für ihre Enkeltochter in Frage. Während er sie untersucht, lässt sie sich laut darüber aus, dass sie möglicherweise das schon bald bevorstehende Rosch Haschana nicht wird feiern können. Die Suppe und die Rinderbrust hat sie längst in ihrer Gefriertruhe. Da bin ich ganz erleichtert; wenn meine Mutter sich mit dem jüdischen Feiertag beschäftigt, kann es ihr nicht so schlecht gehen. Ihr Gesicht ist mit einem Papier bedeckt. Doch bei näherem Hinschauen erkenne ich, dass die Verletzung auf ihrer Stirn eine tiefe Schnittwunde ist, und sosehr sich der Arzt und die Krankenschwester auch bemühen, die Blutung lässt sich nicht stillen. Dann sehe ich, dass ihre Nase gebrochen ist und die Augen dunkelblau unterlaufen sind. *Wie ein Waschbär.* Ihr gelocktes Haar ist mit Blut verschmiert. Und ihre Handtasche ist wie ein zusammengefallener Luftballon auf dem Besucherstuhl zusammengesackt. Ich nehme ihre Hand. Sie wischt diese kleine Geste weg. So gehen wir nicht miteinander um. Auch hier nicht. Auch jetzt nicht.

Möglicherweise steht sie unter Schock, aber sie stellt mich dem Arzt vor, als wären wir bei einer Bar Mizwa, und tischt ihm die nennenswerten Dinge meines Lebens auf, vor allem, dass mein Mann der Verlagsleiter von Yale University Press ist und ich Literaturagentin bin. Der Arzt hört kaum zu. Er tut nicht nur so, als würde er das Supermodel Christy Turlington zusammennähen. Viel schlimmer ist, dass er sie in einem Ton als junge Dame anspricht, der eigentlich kleinen Kindern oder Tieren vorbehalten ist. Doch heute stört sie diese Art offenbar nicht. Vielmehr möchte sie wissen, wo er herkommt, wo er sein Grundstudium absolviert hat. Dann fragt sie ihn, seit wie vielen Jahren er an der Yale University arbeitet. Na ja, erzählt er uns, er ist Assistenzarzt, und zwar im ersten Jahr.

Als sein Funkgerät piept und er hinausgeht, bitte ich meine Mutter, dass sie mich einen Chirurgen holen lässt, dieses Kind ist ja kaum aus den Windeln. Aber sie lehnt entschieden ab, dafür bestehe kein Grund. »Jetzt werden sie mich schön herrichten«, sagt sie in typisch jiddischem Tonfall. Mit anderen Worten: Lass mich in Ruhe. Dann bemerkt sie selbstironisch, dass sie jetzt vielleicht die Nasenkorrektur bekommt, die sie sich schon immer gewünscht hat. Wie lange kann meine dreiundachtzigjährige Mutter diese Borscht-Belt-Komödie noch spielen, mit ihrer halb aufgeschlitzten Stirn?

In diesem Augenblick fängt eine Frau aus der Kabine auf der anderen Flurseite an, laut draufloszufluchen. »Warum verdammt noch mal hilft mir denn keiner? Wisst ihr, wie viele verdammte Stunden ich schon warte?« Ich kann sie durch einen Schlitz im Vorhang erkennen. Ihr blondes Haar scheint schon so oft billig gefärbt worden zu sein, dass es grünlich schimmert und flach wie ein Blech aussieht. Schwer zu sagen, ob sie dreißig ist oder fünfzig. Endlich wendet sich der Krankenpfleger ihr zu. Sie wimmert, als hätte man sie verletzt, hustet dann alle Schleimreste der Beulenpest ab.

Der Arzt kommt zurück und setzt eine Sicherheitsbrille auf und einen Apparat wie eine Minenleuchte, die durch eine schmale blaue Röhre einen hellen Lichtstrahl abgibt. Er möchte anfangen, aber solange die Wunde weiterblutet, kann er keinen einzigen Stich machen. Ich höre, wie er der Krankenschwester sagt, die Wunde könne bis auf den Schädel durchgehen, und da muss ich mich einen Moment hinsetzen, weil mir ganz flau wird. Meine Mutter plaudert weiter wie ein Wasserfall und stellt dem Arzt alle möglichen Fragen. Ich schäme mich, es zuzugeben, aber ich konnte ihn von Anfang an nicht leiden, zumal er der Typ jüdischer Akademiker ist, den ich, wäre es nach meiner Mutter gegangen, hätte heiraten sollen. Ich kann seinen Tonfall, sein Aussehen und seine lilafarbenen Clogs nicht ausstehen.

Als das Funkgerät des Arztes wieder piept, verschwindet er zum zweiten Mal. Auch die Schwester sagt, sie werde gleich zurück sein.

Die Frau auf der anderen Flurseite fleht den Pfleger an, mit noch lauterer Stimme und völlig verschleimt. »Ich habe schon ein Hustenmedikament. Ich brauche etwas Stärkeres.« Dann fängt sie an zu weinen und zu quengeln. Es ist oscarreif.

»Was meinst du, was mit ihr los ist?«, flüstert meine Mutter.

»Sie ist drogenabhängig.«

»Woher weißt du das?«

»Das weiß ich.«

»Na hör mal, da urteilst du ziemlich vorschnell.«

»Egal.« Ich habe keine Lust, mich jetzt vor meiner Mutter zu rechtfertigen, woher ich mich auskenne.

»Das weißt du nicht.«

»Mom, sie bettelt um Drogen. Das ist doch offensichtlich.«

Ich schaue mir die Stirn meiner Mutter unter der Abdeckung genauer an. Es ist eine schreckliche Vorstellung, wie sie mit dem Gesicht zuerst in einen Abgrund stürzt, und ihre Stirn wird geteilt wie das Rote Meer. Die Krankenschwester kommt mit einem Berg von Verbandsmaterial zurück und beginnt, ihr die Baumwollauflagen auf die Stirn zu legen. Sie arbeitet methodisch, mit beiden Händen legt sie einen frischen Verband auf, wenn sich ein blutgetränkter löst. Ihre gleichmäßigen Bewegungen beruhigen mich, und ich sage meiner Mutter, dass ich mal nach draußen gehe und meine Schwestern anrufe. Mom möchte keinesfalls, dass ich Nina damit belaste, aber ich weiß, meine ältere Schwester würde mich ermorden, wenn ich ihr nicht Bescheid gäbe. Wenn sie bei dieser Aktion der führende Kopf wäre, hätten wir bereits den plastischen Chirurgen aufgespürt und den jungen Assistenzarzt verzagt in seinem OP-Kittel zurückgelassen. Nina ist die Chef-Tochter und diejenige, die man im Notfall an der Seite haben möchte, vor allem in einem medizinischen Notfall. Aber jetzt bin ich hier.

Draußen stehen ein paar Leute dicht zusammengedrängt und rauchen. Eine Sicherheitskraft geht rein und raus aus dem Gebäude und lässt wie ein Kind, das von dem Effekt seiner Schritte fasziniert ist, die Automatiktür dauernd auf- und zugehen. Nina will genau wissen, wie es passiert ist, und ich erkläre ihr, was ich weiß: Der Flur zum Badezimmer im Haus der Gastgeberin ist aus Backstein, und auf beiden Seiten stehen Pflanzentöpfe. Sie ist mit der Ferse an einem dieser Töpfe hängen geblieben und mit dem Gesicht auf den Backsteinboden gefallen. Der Ehemann der Gastgeberin ist ein ehemaliger Zahnarzt und konnte die Blutung erst einmal stillen. Auch wenn meine Mutter meinte, sie hätte sich nichts gebrochen, hielt sie es doch für besser, sich mit dem Krankenwagen ins Krankenhaus fahren zu lassen. Sie sagt, sie habe nicht geahnt, dass die Wunde so tief sei und sie sich die Nase gebrochen habe. »Schaut mal«, wird sie später sagen, und dies nicht nur einmal, »ich hatte Glück, dass ich mir nicht die Hüfte gebrochen habe. Ich hätte ein Auge verlieren können!«

»Hat die Gastgeberin sie denn nicht begleitet?« Nina ist schockiert und empört, dass meine Mutter ohne Begleitung ins Krankenhaus gekommen ist. Meine Mutter verteidigt die Gastgeberin, indem sie erklärt, sie habe sich unsicher auf den Füßen gefühlt und Rhoda und den anderen Damen keine Unannehmlichkeiten zumuten wollen.

»Unannehmlichkeiten?«

Gerade als ich wieder ins Krankenhaus hineingehe, kommt die mutmaßliche Fixerin heraus und kramt in ihrer Jacke nach etwas, das sich dann als ein Päckchen Newports-Zigaretten erweist.

»Geht es Ihnen besser?«, frage ich, und mir fällt auf, dass sie etwas munterer aussieht, wohl wissend, dass sie wegen Opiaten in St. Raphael gelandet ist.

»Ich! Was ist mit Ihrer Mom? Die ist zäh.«

Ich nicke.

»Sie hat eine Platzwunde am Kopf und die Nase gebrochen, und dann redet sie ständig über ihre Feiertage. Rinderbrust! Suppe!«

Die Frau nimmt einen kräftigen Zug und brennt damit die halbe Zigarette herunter, die sie aus dem Mundwinkel heraushängen lässt. Dabei wühlt sie in ihrer Tasche.

»Gott segne sie«, sagt sie. »Ihre Mutter ist das Salz der Erde. Solche gibt es heute nicht mehr. Eine tolle Frau. Toller alter Vogel.«

Dann zieht sie etwas aus ihrer Tasche und reicht es mir.

Ich möchte es ablehnen, aber sie ist beharrlich und drückt es mir in die Hand.

»Gottes Segen«, sagt sie hustend und rauchend, alles gleichzeitig, bevor sie in das abendliche New Haven verschwindet. Als sie ihre Zigarette auf den Boden wirft, sprühen eine Sekunde lang orangefarbene Funken, die dann verglimmen.

Beim Hineingehen schaue ich, was ich da in der Hand halte. Es ist eine zerdrückte rote Mohnblume an einem Draht, ein Überbleibsel vom Memorial Day.

Als ich in das Zimmer meiner Mutter zurückkomme, hat die Krankenschwester endlich die Blutung gestoppt. Sie ist hier die wahre Heldin, doch das ganze Lob bekommt der Arzt, jetzt kann er nähen, drei Hautschichten tief. Als er fertig ist, schaut er mich an und fragt, wie gut er war. Darauf antworte ich nichts.

»Nein, wirklich, geben Sie mir eine Note.«

»Zwei minus.«

»Ach, wirklich?«

Er streift seine Kunststoffhandschuhe mit einem Schnippen ab und bietet meiner Mutter an, ihr ein Rezept für ein Schmerzmittel auszustellen, aber sie lehnt dankend ab.

»Nimm es, Mom, es kann doch sein, dass du später starke Schmerzen bekommst.«

Sie lehnt wieder ab. Aspirin reicht. Dann möchte sie allein gelassen werden, um sich zu sammeln, und bittet mich, ihr die Handtasche zu geben. Ich sage ihr, dass ich inzwischen das Auto hole.

»Es geht schon«, sagt sie. »Ich kann laufen.«

Ein paar Wochen später findet das Bridge bei Bette statt. Meine Mutter ist wieder fast ganz gesund. Ihre gebrochene Nase sieht nicht mehr wie eine der Spielzeugpuppen von Mr Potato Head aus, und die Spuren ihrer Prellungen deckt sie mit reichlich Make-up ab. Die Damen zeigen Besorgnis, aber sie wehrt das ab. Eine Abrissbirne könnte auf ihrem Kopf landen, und sie würde immer noch darauf bestehen, dass es ihr gut geht. Bette bittet die Damen inständig, mit dem Essen zu beginnen, und sie reichen den Korb mit Brötchen, den Salat und das Dressing herum, als wäre es ein Wonder-Ball-Spiel.

Bette bringt eine Kasserolle aus der Küche. Es ist wieder mal ein Rezept meiner Mutter, bemerkt sie und fügt dann selbstkritisch hinzu, dass der Auflauf nicht so recht nach ihren Vorstellungen geworden ist. Aber die Damen loben den köstlichen Duft in höchsten Tönen. Sie geht mit dem Heber wie mit einem kantigen Hobel um und teilt Stücke aus. Nachdem Bette alle bedient hat, sorgt sie für Gesprächsstoff, indem sie den Zustand der Nachrufe beklagt, die allmählich wie Schulklassenbücher aussehen, in denen alles erwähnt wird bis auf die bevorzugte Pizzasorte der Verstorbenen. Eine ihrer Bekannten ist verstorben, und sie empört sich über den Nachruf. »Wen interessiert es, dass sie Mah-Jongg gespielt hat?« Wenn man in New Haven stirbt, ist offenbar kein Detail zu belanglos für einen Nachruf.

Rhoda bricht eine Lanze für den Nachruf, sie meint, die Familie wollte es so.

»Was mich nervt«, sagt meine Mutter, »ist, dass sie den Namen der Katze nennen. Ich frage euch, ist das angemessen?«

Jackie schafft es, ernsthaft für die Katze zu plädieren. »Ich finde, es ist in Ordnung, Tiere zu erwähnen.«

Jackie ist die einzige Tierliebhaberin unter den Damen. Einmal hat sie verraten, dass ihre Katze gerne direkt aus dem Wasserhahn trinkt. Meine Mutter wird in Jahrmillionen nicht verstehen, wie man ein Tier auf den Küchentisch lassen kann; man könnte meinen, die Katze hätte an einem Espresso genippt, wenn man meine Mutter hört. Als Jackies Katze Monate später stirbt, lassen sie und Dick keine Zeit verstreichen und adoptieren gleich wieder eine Katze aus dem Tierheim.

Und auch hier ist meine Mutter erstaunt. »In ihrem Alter! Wozu brauchen sie die?«

Ich merke an, dass man sich um eine Katze kaum kümmern muss.

Das überzeugt sie nicht.

»Mom«, sage ich, »sie lieben Katzen. Warum sollten sie keine Katze mehr haben, bloß weil sie älter sind?«

»Egal.«

Wenn meine Mutter den abwertenden Sprachgestus meiner Generation annimmt, ist das kein gutes Zeichen. Ich möchte sie dazu bringen zuzugeben, dass sie Jackie und Dick gegenüber zu voreingenommen ist und dass sich eine neue Katze anzuschaffen nichts mit dem Alter zu tun hat. Aber sie begreift es nicht und beendet das Gespräch mit ihrem klassischen Spruch: »Möge es ihnen wohl ergehen.« Nur dass dies den herablassenden Ton eines Menschen hat, der es einfach besser weiß.

Bette kommt mit dem Dessert. Ein hübsches Tablett mit pastellfarbenen Kokosnusspralinen in Form von winzigen Jell-O-Desserts. Bette erklärt, dass sie aus Vermont sind, was in diesem Zusammenhang plötzlich exotisch klingt. Alle sind sich einig, dass sie sehr sättigend sind und man eigentlich nur eines davon essen kann.

Die Unterhaltung wendet sich wieder einer derzeitigen Nachrichtengeschichte zu: ob die umstrittene neue Oper *The Death of Klinghoffer* an der Metropolitan Opera inszeniert wird oder nicht. Seit die Inszenierung angekündigt wurde, wird die Met mit Protesten und Parolen gegen den angeblichen Antisemitismus dieses Werkes überschüttet. Die Damen verfolgen die Geschichte seit Monaten und sind besonders irritiert von einer auf einer wahren Geschichte basierenden Szene, in der ein älterer Jude im Rollstuhl von palästinensischen Terroristen umgestoßen und getötet wird. Sie sind alle überzeugt vom Recht auf Meinungsfreiheit, aber man macht im Kino auch keinen Feueralarm, womit meine Mutter rechtfertigt, dass die Oper aus ihrer Sicht abgesetzt werden sollte. Nur Jackie plädiert dafür, dass die Oper weitergespielt werden sollte. Auch wenn sie die Oper nicht gesehen hat, äußert sie ihr Unverständnis, inwiefern diese Oper propagandistisch sein soll. Im Gegenteil, sie meint, dadurch könne Gutes bewirkt werden, und ich schließe mich da ihrer Meinung an. Doch als die Met die internationalen Simultanübertragungen absagt, wird deutlich, dass entscheidende Stimmen für diese Absetzung gesorgt haben. Mir ist nicht klar, ob Zensur oder Sicherheit das entscheidende Kriterium war, aber die Damen sind erleichtert.

♦

In Berlin gab es eine Ausstellung im Jüdischen Museum unter dem Titel »Die ganze Wahrheit«, wo ein Jude oder eine Jüdin in einem Plexiglaskasten sitzt und die Besucher eingeladen sind, dieser Person Fragen über das jüdische Leben, jüdische Bräuche und jüdische Identität zu stellen. Die Ausstellung sollte einen offenen Dialog zwischen Juden und Deutschen fördern. Stattdessen löste sie einen Sturm der Empörung in der Öffentlichkeit aus. Einige Mitglieder der jüdischen Gemeinde waren der Ansicht, der Kasten erinnere an die Waggons, in denen die Juden in die Konzentrationslager transportiert wurden. Als die Damen davon in den Medien erfahren, sind sie einhellig der Meinung, das klinge ganz furchtbar. Sie gestehen auch, dass sie, wenn sie einem siebzig- oder achtzigjährigen Deutschen begegnen, sich fragen, wo er während des Krieges war. Nur Bea mit ihrer Gabe, einerseits offen und andererseits doch wohlwollend zu sein, hat einmal das Gespräch mit einer Deutschen gesucht, mit der sie im Seniorenzentrum Bridge spielte. »Ich habe sie gefragt, wo sie während des Krieges war. Sie sagte, sie stamme aus einer Kleinstadt und sei damals ein kleines Mädchen gewesen. Dabei habe ich es dann belassen.«

Die Damen sind schockiert, wie Bea so verwegen gewesen sein konnte. Bea bleibt ungerührt.

Immer wenn ich die Damen fragte, was sie über den Holocaust wussten, als sie noch jung waren, kommt da sehr wenig. Sie waren noch zu klein, und über die Schandtaten wurde in den Zeitungen nicht besonders ausführlich berichtet; die eigentlichen Gräuel des Holocaust kamen erst im Laufe der Zeit ans Licht.

In der Schule war Jackie mit einem Jungen namens Edward Lewis Wallant befreundet, dem späteren Autor des Romans *Der Pfandleiher*. Darin geht es um einen Holocaust-Überlebenden, dessen Familie umkam und der schließlich als ein verbitterter, gebrochener Mann in einem Pfandhaus in East Harlem landete. Ich frage Jackie, ob sie sich damals vorstellen konnte, dass ihn diese Dinge beschäftigten, und ob sie über den Holocaust sprachen.

»Überhaupt nicht. Ich dachte eigentlich, er würde einmal Maler werden.«

»Sind Sie in Kontakt geblieben?«

»Er ist gestorben«, sagt Jackie.

»Vor kurzer Zeit?«

»Nein, das ist schon lange her.«

»Sie meinen, als junger Mann?«

»Ja, er war Mitte dreißig und hatte ein Aneurysma oder irgend so etwas. Deshalb kann ich mich an ihn erinnern.«

Dann sind wir still, es ist fast wie eine Gedenkminute.

Schließlich fügt Jackie hinzu: »Er starb, kurz nachdem das Buch veröffentlicht wurde.«

♦

Auch wenn keine der Damen je mit offenem Antisemitismus konfrontiert war, sind sie sich der ständigen Bedrohung bewusst, etwa wenn in der Anti-Israel-Politik schon eine kleine Bemerkung falsch verstanden werden kann oder wenn eine Auseinandersetzung über etwas wie diese Oper vor ihrer eigenen Tür ausgetragen wird. Dass sie jederzeit das Opfer von Verfolgung werden könnten, verlieren sie nie aus dem Auge. Nicht dass sie immer ungesäuertes Brot in ihre Taschen gepackt haben, falls sie das Land verlassen müssen, aber sie sind sich der erschreckenden Zunahme des Antisemitismus, vor allem in Europa, sehr bewusst. Solche Nachrichten können ihrer Aufmerksamkeit gar nicht entgehen.

Als Kinder bekamen wir in der Hebräischen Schule weiße Zettel mit fetten hebräischen Buchstaben in Rot, die lauteten »Zachor!« Erinnert euch! Man wollte uns etwas einimpfen, was die Damen in den Knochen hatten: Angst.

Meine erste jugendliche Aufmüpfigkeit gegen die Religion war meine Weigerung, nach Camp Laurelwood zu gehen, wo alle braven jüdischen Mädchen und Jungen aus New Haven ihren Sommer verbrachten, und auch ich war, seit ich zehn war, dabei. Mein Vater stand als Vorsitzender des Camps zur Wahl, und meine Weigerung, den Sommer dort zu verbringen, traf ihn sowohl privat als auch öffentlich. Aber ich setzte mich durch und brachte meine Eltern dazu, dass ich in einem Camp mit künstlerischem Schwerpunkt teilnehmen durfte, und so fuhr ich in dieses Camp am Housatonic River im Litchfield County. Hier eröffnete sich eine ganz neue Welt für mich: Ich lernte junge Leute aus Manhattan kennen! Aus Scheidungs-familien! Ich verliebte mich zum ersten Mal in einen nichtjü-dischen Jungen, der sein schwarzes glänzendes Haar als dicken Pferdeschwanz trug! Noch verwerflicher kam mir vor, dass der Theaterlehrer sagte, Neil Simon sei ein Schreiberling! Wir wa-ren hier, um Kunst zu machen! Kunst!

Wenn der Theaterschuppen nachmittags zu heiß für die Pro-ben war, nahmen wir manchmal aufgeblasene Gummireifen und ließen uns flussabwärts bis zur überdachten Brücke in Cornwall treiben, wo wir uns dann Eis am Stiel holten. Wir waren auf unserer flachen Tortilla zusammen, aber doch allein, und über die Reifen gelegt – die wie riesige Donuts aussahen – paddelten wir mit Händen und Füßen durch das verschlammte Wasser. Das Muster des Laubs der Bäume über uns änderte sich ständig, während wir flussabwärts trieben, und die Sonne schien durch ein unendliches Gitter wie Spiegel in einem Kalei-doskop. Es war mein dreizehnter Sommer. Hier war alles, wo-nach ich mich sehnte und was meine Eltern fürchteten.

♦

Wie viele Juden ihrer Generation suchten auch meine Eltern den Trost einer vertrauten Welt. Aus Brooklyn stammend und ohne Collegeabschluss konnte sich mein Vater relativ schnell in der Geschäftswelt etablieren, indem er in der jüdischen

Gemeinde zu Ansehen kam. Ich fragte ihn einmal, warum er in die Synagoge gehe, wenn er doch eigentlich lieber Golf spielen wollte, vor allem an jenen herrlichen Tagen im Altweibersommer, wenn die Blätterspitzen sich verfärbten. Ich konnte seine Antwort nicht fassen: »Es ist gut fürs Geschäft.«

Damals war ich darüber schockiert; heute bin ich schockiert, wie naiv ich sein konnte.

Einmal habe ich Dick gefragt, ob die Haltung meines Vaters zutreffend war, ob man sich tatsächlich in der jüdischen Gemeinde anpassen musste, um es in New Haven zu etwas zu bringen. Absolut, meinte Dick. Seine Familie gehörte zur ersten Welle russischer Immigranten, die sich den 1880er Jahren in New Haven niedergelassen hatten, und sie waren sehr erfolgreich.

Als Dicks Großvater in New Haven anfing, gab es in der Stadt eine Synagoge und tausend Juden. In den 30er Jahren war die jüdische Bevölkerung auf fünfundzwanzigtausend angewachsen und hatte achtzehn Synagogen. Dick war in einem Soziologie-Seminar in Yale eingeschrieben und kann sich noch heute erinnern, dass der Professor das jüdische Leben in New Haven als ein »Ghetto-System« bezeichnete, wo die deutschen, polnischen, russischen und aschkenasischen Juden letztlich in getrennten Nachbarschaften unter sich blieben. »Und Woodbridge nannte er das Goldene Ghetto«, sagt Dick und meint damit den Vorort, wo meine Mutter und Bette noch immer leben. »Ich sage nicht, dass es stimmt, aber so hat er es gesagt.«

Gleichzeitig galt das Quotensystem, als Dick nach Yale ging, aber er behauptet, es sei ihm gar nicht bewusst gewesen. Dick stammte aus einer Yale-Familie. Er wollte auch dort studieren und ging davon aus, dass er angenommen würde. Er war sich dessen so sicher, dass er sich an keiner anderen Universität bewarb. Als sein Vater in Yale studiert hatte, durften Juden nicht an Bällen oder anderen gesellschaftlichen Ereignissen teilnehmen. Sie hatten auch keinen Zugang zu Studentenwohnheimen, Sport und zu Yales bekannten Geheimbünden. Dicks Vater durfte bei den Bällen nur dabei sein, weil er in der Band der Yale University mitspielte. Noch unglaublicher ist, dass Jackie einen Onkel hatte, der 1899 wohl als erster Jude seinen Universitätsabschluss in Yale erwerben konnte. Nur änderte er dann seinen Namen von Bernard Goodman zu Burnett Goodwin und trat einer Episkopalkirche bei.

»Hat Sie das nicht gestört, dieses Quotensystem? Die vielen Restriktionen gegen Juden?« Ich möchte mehr von Dick erfahren. »Ist Ihnen der Antisemitismus nicht nahegegangen?«

Er sagt, das wäre ihm nie in den Sinn gekommen. »Wenn ich nicht willkommen war, bin ich weggeblieben. Beim Militär war es genauso, wenn Sie es unbedingt wissen wollen.«

Dick berichtet auch, dass es Unternehmen gab, die keine Juden einstellten, und als junger Ingenieur kamen die für ihn eben nicht in Frage. »Vermutlich war ich arrogant genug zu meinen, dass es ihr Schaden war.«

Ich kann Dicks Einstellung nicht fassen. Musste er diesen Antisemitismus nicht als Selbsthass internalisieren? Hatte er nicht Philip Roth gelesen? Oder gelegentlich einen Woody-Allen-Film gesehen?

Während sich die Damen zum Esstisch begeben, erwähnt meine Mutter, dass Anfang der Woche eine gute Freundin von ihr gestorben sei. Bei der Gedenkfeier erzählten ihre Enkelkinder Geschichten darüber, wie warmherzig und großzügig sie war, und wie sie einmal bei dem Würfelspiel Kniffel haushoch gewonnen und dann das Ergebnis stolz an ihren Kühlschrank geheftet hatte. Als ich bei der Totenfeier neben meiner Mutter saß, drängte sich mir der Gedanke auf, dass eines Tages meine eigene Tochter Worte der Erinnerung an meine Mutter finden würde. Ich habe die beiden oftmals als unbeteiligte Außenstehende beobachtet und mich über die Beziehung zwischen ihnen gewundert. Sie sind begeisterte Schnäppchenjäger und verbringen endlose Stunden in den Umkleidekabinen diverser Kaufhäuser, wie ich selber in so manchen Härtezeiten meiner Jugend. Meine Mutter hat keine modische Entwicklung verpasst, sie glaubt nach wie vor an schmeichelnde Schnitte, figurbetonte Linien und frische Farben. Meine Tochter hat da keinerlei Einwände. Sie liebt ihre Großmutter uneingeschränkt. Egal, dass sie voreingenommen ist. Egal, dass sie sich in alles einmischt. Sie ist ihre Großmutter!

Meine Mutter hat diese gerade verstorbene Freundin bis zuletzt besucht, auch wenn ich merkte, dass es sie ganz besonders mitnahm. Die letzten Wochen und Tage waren ein grausames Ringen des Körpers um physisches Überleben, so eingeschränkt dies am Ende auch war. Als ich einmal bei Rhoda ankam, hatte sie gerade eine Freundin in einem Hospiz besucht. Es war zwar eine große Belastung, aber Rhoda besuchte diese Freundin weiter und weiter, solange die Frau am Leben festhielt, obwohl sie eigentlich nur noch körperlich am Leben war. Diesmal stand noch ein kleiner Eisbecher auf dem Tablett, auch wenn die Freundin schon tagelang nichts mehr gegessen hatte. Rhoda führte ihr einen Löffel Eiscreme zum Mund, und sie berührte ihn nur mit den Lippen. »Und wenn ich nicht da gewesen wäre? Sie hätte diesen Löffel Eiscreme nicht gehabt.« Rhoda und ich wissen es beide: In Wahrheit war ihre Freundin schon gestorben.

Rhoda hatte Tränen in den Augen, sie legte den Kopf zurück, hielt einen Moment inne und starrte an die Decke. Ich blieb ruhig und war mir nicht sicher, wie ich sie trösten sollte. Als ich ihr die Hand auf den Rücken legte, richtete sie sich bei meiner Berührung auf, und diese stolze, starke Frau nahm wieder Haltung an. Dann sagte sie, sie hoffe, Gott möge gnädiger mit ihr sein, wenn ihre Zeit gekommen wäre. »Hol mich einfach«, sagte sie und hob ihre Arme zum Himmel, so wie die Menschen manchmal um Regen bitten.

♦

Mir graut vor dem Tag, an dem eine der Bridgedamen stirbt, Frauen, die ich noch vor einem Jahr kaum kannte, die es mir auch nicht wert schienen, dass ich sie kennenlernte, außer weil sie die Damen waren, die mit meiner Mutter schon ewig Karten spielten. Ich fürchte auch, dass sich der Club dann auflöst. Darüber lacht meine Mutter. »Der Club löst sich nicht auf«, sagt sie. »Wir finden jemanden als Ersatz.«

Mir kommt das hartherzig vor, aber Bette bestätigt diese Einstellung. Vor ein paar Jahren, als ein ehemaliges Mitglied verstarb, fanden sie jemanden, der einspringen konnte, und schon in der Folgewoche spielten sie wieder. »Natürlich sind wir alle zur Beisetzung gegangen, und wir waren auch alle traurig, aber es hat uns nicht vom Spielen abgehalten.«

Als mein Vater nach mehreren Schlaganfällen starb, war unsere Familie erleichtert, dass sein Leiden ein Ende hatte. Ich glaube, meine Mutter war von der Beisetzung angetan, vor allem, wie meine Schwestern und ich uns verhalten haben. (Sie hat zwei Vorschriften für den Ablauf einer Beisetzung: Reden so kurz wie möglich halten und keine ärmellosen Kleider. Man könnte meinen, unsere Synagoge sei eine Moschee, so wie sie auf den Ärmeln besteht.) Von all den Bildern, die mir von jenem traurigen Tag geblieben sind, kann ich mich besonders an Mücken um ein riesiges Arrangement von Früchten erinnern, eine Skulptur aus Ananas und Melonen auf Holzspießen, die kreuz und quer von einer Styroporhalbkugel abstanden. Die Mücken schwirrten um das Bouquet herum, als wäre es ein toter Hund in Kairo. »Hast du je etwas Blöderes gesehen?«, bemerkte meine Mutter, als sie die halb verspeiste Skulptur in den Abfall warf.

Rhodas Mann Peter hatte auch mehrere Schlaganfälle. Als ich Rhoda bitte, mir davon zu erzählen, nennt sie mir ein paar Fakten: Er hatte einen Schlaganfall in einem Pendlerzug, er wurde ins Bellevue-Krankenhaus gebracht, und niemand hat Rhoda angerufen.

»Bis ich endlich jemanden fand, mit dem ich reden konnte, dachte ich, dass ich den Verstand verliere.«

Peter erholte sich zwar vollkommen, aber in den darauffolgenden sieben Jahren hatte er mehrere kleine Schlaganfälle, die ihn zunehmend beeinträchtigten, bis es schließlich zu Anzeichen von Demenz kam. Zwar erkannte er Rhoda noch immer und konnte sich nach wie vor verständigen, aber sein Verhalten wurde unberechenbar und manchmal gewalttätig.

»Ich war mutlos, ja verzweifelt. Es war eine schreckliche Zeit, ganz schrecklich. Ich wusste überhaupt nicht, was ich tun sollte. Ich konnte ihn nicht nach Hause holen, ich hätte ihn unmöglich versorgen können. Viel schlimmer war, dass niemand in diesem verdammten Krankenhaus mit mir sprach, man hätte mir doch sagen sollen: ›Sehen Sie, das passiert hier.‹ Niemand sagte irgendetwas, das verstehe ich bis heute nicht.«

Peter verbrachte die letzten anderthalb Jahre seines Lebens auf der Station für Alzheimer- und Demenz-Patienten in einem Pflegeheim. Ich frage Rhoda, wie sie damit fertigwurde, und sie reagiert ganz spontan. »Ich wurde damit fertig, indem ich mein Leben so normal wie möglich weiterlebte. Ich hielt mein Theaterabonnement, ging weiter in Konzerte und zu Veranstaltungen der B'nai-Jacob-Gemeinde. Und ich hatte viele gute Freunde, ohne die ich das nicht überstanden hätte.« In dem Pflegeheim gab es eine Selbsthilfegruppe, aber an der war Rhoda nicht interessiert. »Ich hatte meine eigenen Freunde, und ich hatte meine eigene Leidensgeschichte. Das war mir genug.«

Ich frage Rhoda, ob sie trauern konnte.

»Ja, allerdings, unbedingt. Das steht außer Frage. Ich trauere immer noch. Neunundfünfzig Jahre sind eine ziemlich lange Zeit für eine Beziehung.« Sie erzählt mir, dass sie gern an Peter denkt, als er noch gesund war. Vielleicht sogar als an den kräftigen jungen Mann, der mit seiner Freundin Schluss machte und beim ersten Eindruck verkündete, Rhoda werde seine Frau sein. Aber ich sehe auch die andere Seite: ihren Mann im Rollstuhl oder wie ihn eine Zugvorrichtung in die Badewanne hob und wieder herauswand. Mein Vater wurde auch an einer Schlinge mit einer solchen Hebemaschine bewegt, was mich an einen Storch erinnerte, der ein Baby im Schnabel hält. Rhodas Stimme klingt brüchig: »Das war mein athletischer Ehemann.«

Meine Mutter gehört nicht zu denen, die gerne auf den Friedhof gehen, aber am Tag der Beisetzung ihrer Freundin hat sie ein paar Steine aus unserem Garten geholt, die sie auf das Grab meines Vaters legen möchte.

»Ich weiß nicht, warum, ich hatte einfach das Gefühl.«

Auf dem Grab meines Vaters steht ein einfacher Stein, in den unser Nachname eingemeißelt ist. Kein »Geliebter Ehemann«, »Hingebungsvoller Vater«. Mir gefällt diese Schlichtheit. Er war ein Mann mit klaren Vorlieben, er besaß nichts, was er nicht brauchte. Nicht einmal einen zweiten Vornamen hatte er, und im Scherz sagte er manchmal, seine Eltern seien zu arm gewesen, sich einen leisten zu können. Ich weiß, dass meine Mutter nicht wie andere am Grab mit ihrem Mann spricht. Sie wüsste nicht, was sie sagen sollte: ihre Sorgen gestehen, von ihren Enkelkindern schwärmen oder zugeben, wie wütend sie noch immer ist, dass er krank wurde und sie zurückgelassen hat. Was soll das? Sie weiß ja, dass er es nicht hören kann. Die Steine sollen für sie sprechen.

Als ich beim letzten Mal am Grab meines Vaters war, kam ich voller Sorgen an; eine Situation am Arbeitsplatz eskalierte gerade. In solchen Phasen vermisse ich ihn am meisten, als eine Art beruflichen Mentor. Ich wusste zwar, was er mir geraten hätte, aber ich wollte ihn trotzdem besuchen. Als ich dann dort stand, kam mir diese Vorstellung künstlich vor, und es war mir irgendwie peinlich. Außerdem wurde das Wetter plötzlich schlechter – unter einem kittfarbenen Himmel. Ich machte mich nach ein paar Minuten wieder auf und wollte gehen, dabei blickte ich mich nach all den Gräbern der Männer um, die mein Vater gekannt hatte. Sie sind allesamt hier bestattet worden, die Männer, die in B'nai Jacob dabeigewesen waren, die das Gebäude des jüdischen Gemeindezentrums finanziert und Anleihen für Israel gekauft hatten. Alle Männer, mit denen mein Vater geschäftlich zu tun gehabt, mit denen er in unserem Country-Club Golf und im dortigen Herrenzimmer Karten gespielt hatte. Sie liegen alle hier: Katz, Kasowitz und Shapiro. Es klingt wie eine Anwaltskanzlei. Ich verneige mich vor ihnen allen, an diesem Ort, wo die *alter kockers,* die alten Zausel, ihre Ruhe gefunden haben. Alle Grabmale sind mit Steinen umgeben.

Plötzlich spüre ich das Bedürfnis, zu Barbaras Grab zu gehen. Einmal waren wir als Familie dort. Meine ältere Schwester hatte vom Totengräber erfahren, wo sie beigesetzt worden war, und arrangiert, dass wir nach der Beisetzung dorthin gingen. Es gab kein Grabmal, nur eine Tafel in der Erde. Ganz gleich, welche Katharsis meine Schwester sich für uns vorgestellt hatte, oder für unsere Mutter, nichts ereignete sich. Sie stieg kaum aus dem Auto aus, da stieg sie auch schon wieder ein, ihr Körper wirkte geschrumpft und vorgebeugt. Ich erinnere mich nicht mehr an die Fahrt zurück zum Haus unserer Mutter, nur dass es schon voller Menschen war, als wir ankamen.

Da waren reihenweise Tafeln, das Ganze wirkte wie Brachland. Ich ging hin und her, las die Namen, und dabei beunruhigte mich immer mehr, dass ich Barbara nicht finden konnte. Ich suchte den ganzen Friedhof ab, sicher, dass ich jede Reihe abgegangen war. Wieder war sie nicht da. Verschwunden. *Das ist so verdammt typisch.* Entschlossen, sie zu finden, begann ich noch einmal von vorn, diesmal suchte ich allerdings systematischer. Dann sah ich sie endlich, ihre Tafel neben einem Baum, mit Moos an den Rändern. Ich berührte sie, als könnte ich meine Schwester berühren. Ich legte drei Steine dort ab, von uns drei Schwestern. Und dann noch einen für meine Mutter.

Kapitel 17

Bette in Flammen

Es ist Monate her, seit die Bridgedamen sich zuletzt getroffen haben. Ihre Ferienpläne waren so unterschiedlich. Es herrschte strenges Winterwetter. Viel schlimmer noch, Arthur hatte eine schwere Gürtelrose, mit der er mehrfach ins Krankenhaus musste. Von dort verlegte man ihn immer wieder in eine Reha-Klinik, weil ihn die Krankenhausaufenthalte so schwächten. Folglich fiel Bette aus. Sie hatte zu viel am Hals, schon mit den vielen Telefongesprächen. Im Wesentlichen hält sie meine Mutter auf dem Laufenden, wie Arthurs Befinden sich bessert oder auch nicht, es gibt wenig Neues, und meine Mutter gibt an die Bridgedamen und einen größeren Freundeskreis weiter, was sie dahingehend erfährt. Als treue Freundin ist sie die prädestinierte Vermittlerin, auch wenn sie grundsätzlich Krankheit ungern in den Mittelpunkt stellt. Ich frage sie fast jeden Tag, wie es Arthur geht, und sie sagt immer dasselbe: Was soll ich sagen? Oder: etwas besser. Wenn ich sie sehe und mich nach ihm erkundige, neigt sie ihre Hand hin und her wie eine Flosse, was heißen soll: soso. Auf Bettes Anrufbeantworter hinterlasse ich Nachrichten, dass ich an sie denke. Auch wenn ich fürchte, dass dies hohl klingt, hoffe ich, es ist besser als nichts.

Als ich sie schließlich erreiche und frage, wie sie damit fertigwird, versucht sie, möglichst gut gelaunt zu klingen, aber ich höre deutlich, wie es sie belastet.

»Nicht toll«, sagt sie und fügt dann mit ihrem typischen halb ironischen Lachen hinzu, »und damit meine ich: ganz entsetzlich.«

Wir lachen beide darüber. Das ist besser, als zu weinen, wie meine Mutter sagen würde. Ich frage Bette, ob ich ihr etwas von dem Möhrenkuchen bringen kann, den ich für eine Party gebacken habe, und sie protestiert heftig. Doch ich bestehe darauf.

»Nur ein Stückchen.«

Bette ist selber bloß ein *Stückchen*, und ich mache mir Sorgen, dass sie sich nicht ausreichend ernährt. Ich mache mir Sorgen, dass es ihr die letzte Kraft raubt: diese ganze Angst und Unsicherheit wegen Arthurs gesundheitlichem Zustand, und dann kommt noch dazu, mit Krankenhaus, Reha-Klinik und Versicherungen fertigzuwerden.

Als Arthur für eine kurze Zeit zu Hause ist, bittet mich Bette zu kommen, sie möchte gerne mit mir reden. Unser Zusammensein soll sie auf andere Gedanken bringen. An der Haustür zögere ich noch. Die Hausfassade besteht aus grüngrauen Ziegeln mit Zement, der als Designelement zwischen den Ziegeln wie Tortenguss herausquillt. Ich berühre ihn, beinahe in der Erwartung, dass er weich ist. Als ich gerade klingeln will, öffnet Bette die Tür. Sie sieht sehr zart aus, sie hat kaum noch Farbe im Gesicht. Ich sage, ich könne ein anderes Mal kommen. Nein, nein, nein.

Wir sind wieder in ihrem offiziellen Wohnzimmer, wo wir uns schon beim ersten Mal unterhalten hatten. Sie entschuldigt sich, dass sie das Telefon in der Nähe behalten möchte, denn sie wartet auf einen Anruf wegen eines Arzttermins. Das Telefon klingelt zweimal, ehe wir loslegen können. Bette entschuldigt sich, dass sie die Anrufe annimmt: Als wenn Bette keinen wichtigen Anruf erwartete, ist es in beiden Fällen nur ärgerliche Telefonwerbung.

Bettes Anspannung ist spürbar, und ich biete noch einmal an, dass ich zu einem anderen Zeitpunkt wiederkommen kann. Aber sie besteht weiter darauf, dass ich bleibe, und ich merke auch, dass sie das Bedürfnis hat zu reden. Sie ist die typische Frau ihrer Generation, die den Männern alles überlassen hatten: für den Unterhalt sorgen, die Rechnungen bezahlen, sich um die Steuern kümmern, die Finanzen ordnen, den Rasen mähen, die Dachrinnen reinigen, das Auto tanken. Die Frauen hatten ausschließlich häusliche Pflichten, sie waren für Haushaltsführung und Kindererziehung zuständig. Bette hatte nie daran gedacht, dass eines Tages die Pflichten ihres Mannes auf sie zukommen würden, bis jetzt, wo sich die Rechnungen in ihren Sichtfensterumschlägen stapeln. Umgekehrt war früher Bettes Mutter diejenige gewesen, die sich um die Finanzen der Familie kümmerte.

»Meine Mutter hatte ein Budget, und sie legte das Geld in kleinen Umschlägen zur Seite, für Strom und Gas, dies ist für die Heizung, das ist fürs Essen. Ich dachte, dass man es so macht, aber als wir heirateten, sagte Arthur: ›Nein, wenn du etwas haben möchtest, dann schreib einen Scheck.‹ Also brauchte ich die kleinen Umschläge nicht.«

Bette wurde von ihrer Mutter verhätschelt und behütet, und später von Arthur. Im Krankenhaus geht Arthur mit ihr jeden Schritt durch, wie sie mit Buchhaltern, Anwälten und Gärtnern umgehen soll. Trotzdem fühlt sie sich der Aufgabe nicht gewachsen und ist schockiert, dass sie diese einfachen Dinge des Alltags nie selber gelernt hat. Arthur hatte nicht nur dafür gesorgt, dass die Züge pünktlich fuhren, er fing auch jedes Gefühl ab, jede Krise und noch das kleinste Ärgernis, das Bettes Gleichgewicht störte.

»Letzte Woche, als ich ihn in der Reha besuchte«, sagt sie, »hatte ich gerade etwas sehr Beunruhigendes erfahren. Ich war sehr besorgt, aber fest entschlossen, Arthur lieber nichts davon zu sagen. Ich wollte ihn nicht belasten. Doch schon in dem Augenblick, als ich in sein Zimmer trat, habe ich ihn damit überfallen und bin in Tränen ausgebrochen. Ich konnte mich nicht beherrschen.«

»Wie hat er reagiert?«

»Er hat mich getröstet, wie er es immer tut.«

Das Telefon klingelt, und Bette sieht, dass es eine Freundin ist.

»Das nehme ich nicht an.«

»Sind Sie sicher?«

»Wo waren wir stehen geblieben?«, fragt sie erleichtert.

»Sie sagten gerade, Sie hätten Arthur mit ihrem Problem überfallen.«

Bette lacht über sich selbst, als wolle sie sagen: krankhaft.

»Erzählen Sie mir von Ihrer Ehe«, wage ich zu fragen.

»Wenn wir uns fünf Mal in den sechzig Jahren unserer Ehe gestritten haben, dann war das viel. Ich denke, im Wesentlichen lag das an Arthur. Er war sehr tolerant und ausgesprochen friedliebend. Wir waren immer sehr glücklich miteinander, sehr zufrieden, wir passten besonders gut zusammen. Ich fühlte mich immer sicher. Wir waren unterschiedliche Persönlichkeiten, aber er hat sich mir irgendwie angepasst. Was auch immer ich wollte, es war okay, wo auch immer ich hinwollte, was für einen Film ich sehen wollte, er war einverstanden. Wenn ich mich unter allen Männern, die ich kenne, umschaue, habe ich das große Los gezogen.«

Jede der Frauen gebraucht irgendwann in unseren Gesprächen das Wort *sicher* in der Beschreibung von Ehemann und Ehe. Es ist kein Wort, das mich jemals sonderlich interessierte, vor allem nicht in meiner Jugend. Ich war fasziniert von tragischen Beziehungen: Anna Karenina und Graf Wronski, Cathy und Heathcliff. Ich war im ersten Semester an der New York University, als Nancy im Chelsea Hotel von Sid erstochen wurde; der Fall faszinierte mich, und ich schlich um das sagenumwobene Hotel herum, solange die Geschichte in den Nachrichten kursierte.

Das Telefon klingelt wieder. Diesmal erkenne ich an Bettes Ton und Körpersprache, dass es der Arzt ist. Als sie in die Küche verschwindet, winke ich ihr zu und verlasse das Haus.

Rhoda kommt zu spät, erst fünf Minuten, dann zehn und schließlich fünfzehn. Bea ist diesmal die Gastgeberin, und statt zum Griechen zu gehen, hat sie ein Thai-Restaurant in einer der vielen unscheinbaren Einkaufsmeilen in der Umgebung ausgesucht. Nun wird viel spekuliert. Ist Rhoda zum falschen Restaurant gefahren? Es gibt eine andere Einkaufsmeile in der Nähe, wo sich auch ein Thai-Restaurant befindet. Eine Suchkampagne nach ihr beginnt. Meine Mutter macht sich an ihre übliche archäologische Grabung, um ein kleines Spiraladressbüchlein mit wichtigen Nummern aus ihrer Tasche herauszuholen, die Seiten sind angeeckt und vom Gebrauch dünn. Erfolg! Bea klappt ihr Telefon auf. Meine Mutter ruft ihr die Zahlen zu. Dieser ganze Akt verdirbt mir die Laune. Rhoda hat die weiteste Anfahrt, doch sie wird es schon finden.

Ich weiß nicht, ob es auch für die anderen Damen zutrifft oder für das Altern generell, aber bei meiner Mutter ist das Sorgenbarometer außer Kontrolle. Schon eine Schneeflocke am Himmel hindert sie daran rauszugehen. Reisepläne überprüft sie immer wieder, Abfahrt, Ankunft, Richtung, als wäre es Winston Churchills Kriegszentrale. Sie möchte ständig wissen, wo meine Tochter, ein Teenager, in jeder Minute des Tages ist. Hat sie Proben? Wann kommt sie nach Hause? Bin ich dann zu Hause? Mache ich das Abendessen? *Nein, ich werde zum Pole*

Dance gehen, sodass sie für sich selbst sorgen muss. Und wenn ich in ihrer Gegenwart nur einmal schniefe, fragt sie mich über meine Gesundheit aus und beobachtet mich tagelang krähenartig. *Warst du beim Arzt? Das hört ja nicht auf, was, schon zwei, drei Tage? Klingt gar nicht gut.*

Kurz bevor wir die Hundeschlitten losschicken, betritt Rhoda das Restaurant. Verkehr auf der 95, sonst nichts. Als sich der ganze Tumult gelegt hat, wird es am Tisch merkwürdig ruhig. Am liebsten würde ich zum Ausdruck bringen, wie schön es ist, alle hier wiederzusehen, vor allem Bette, die keine Zeit zum Spielen hat, aber zum Lunch kommen wollte. Sie muss wieder zu Arthur zurück.

Inzwischen habe ich begriffen, dass ihre Zurückhaltung wesentlich mit ihrer Generation zu tun hat. Für sie bedeutet das Wort zu teilen so viel, wie ein Sandwich zu teilen, aber nicht Freud und Leid des eigenen Lebens zu teilen. Ich merke auch, dass stabile Beziehungen sich abnutzen können (wie letztlich alle Beziehungen). Trotzdem wünsche ich mir, dass die Damen einander mehr lieben, dass sie mehr Spaß haben und sich mehr freuen, sich zu sehen. Selbst nach all der Zeit und wohl wissend, dass sie grundsätzlich lieber reserviert als überschwänglich sind, bin ich immer noch erstaunt, wie vorsichtig und zurückhaltend sie alle sind. Einmal habe ich Bette gefragt, warum es bei den Lunches nicht lebhafter zugeht. Sie dachte einen Moment nach und sagte dann schließlich: »Wir sind füreinander langweilig geworden und auch langweilig für uns selbst.«

Bevor ich es spielte, hielt ich Bridge für langweilig und repetitiv. Inzwischen habe ich erkannt, dass Bridge unglaublich viel Spaß macht. Es nimmt einen völlig in Beschlag und vertreibt alle Sorgen. Man braucht mit dem Partner nicht befreundet zu sein, ein Teamgeist entsteht auf ganz natürliche Weise. Und außerdem, ein Bridgespiel zu gewinnen, ist wie im Wildwasser zu paddeln und zugleich einen Fuchs auszutricksen. Vielleicht ist es eher das Spiel, das sie zusammenhält, als die Freundschaftsbande. Vielleicht ist das Bridge der Kleister, der die Damen über fünfzig Jahre zusammengehalten hat. Manchmal muss man das Kind beim Namen nennen.

♦

Beim Lunch stellt sich heraus, dass Bette nicht weiß, wie sie Benzin in ihr Auto bekommt. Arthur hat ihren Wagen immer vollgetankt. Als sie dies gesteht, bin ich mehr als erstaunt, ich bin entsetzt. Das ist ja so, als wüsste man nicht, wie man Geld am Geldautomaten abhebt. Ich bin mir nicht sicher, ob Bette dadurch eine Prinzessin oder eine Invalidin ist. Vielleicht von beidem etwas, nur dass sie dadurch jetzt sicher eingeschränkt ist. Ihre Tochter Amy, die an den meisten Wochenenden zum Aushelfen kommt, meint ganz entschieden, dass ihre Mutter jetzt lernen muss, ihren Tank zu füllen. Sie hat Bette schon mehrmals gezeigt, wie man die Zapfsäule bedient, aber am Wochenende hat Amy darauf bestanden, dass Bette jetzt selber dran ist. Amy ging in den Tankstellenkiosk, und Bette holte ihre Kreditkarte heraus. Sie betont, dass bis dahin alles gut geklappt hatte. Sie hat den Tankdeckel aufgeschraubt, ihre Karte eingelesen und die Benzinsorte ausgewählt. Dann hob sie den Schlauch an und steckte ihn in den Tank, oder vielmehr glaubt sie das. Irgendwie, und sie wird nie herausfinden, wie, spritzte das Benzin ihr entgegen, sodass sie von Kopf bis Fuß damit übergossen war.

»Es war wie ein Vulkan«, sagt Bette und hebt ihre Arme, als würde sie noch einmal ganz mit Benzin übergossen. Daraufhin konnte sie nur noch schreien, fassungslos und handlungsunfähig. Amy und der Verkäufer eilten sofort herbei. Irgendwie konnte Amy das spritzende Benzin abstellen, aber erst als auch sie von oben bis unten damit überschüttet war.

»Und sie hatte etwas Neues an«, meint Bette weinerlich.

Mutter und Tochter hatten sich seit Wochen den ersten freien Nachmittag von ihren Besuchen bei Arthur in der Reha-Klinik gegönnt. Sie hatten Karten fürs Theater und waren entschlossen, es nicht zu verpassen. Sie fuhren so schnell wie möglich nach Hause und zogen sich um. Während des ganzen Stückes merkten sie, dass die Leute schnüffelten und über den Benzingeruch flüsterten, der aus ihrer Richtung kam. Bette und Amy schnüffelten und flüsterten auch, um die anderen Theaterbesucher von sich abzulenken. Bette lacht über ihren kläglichen Trick. Dann kam sie auf ihre typisch witzige Art zu dem Schluss: »Wisst ihr, ein Teil von mir wünschte, ich hätte ein Streichholz und könnte mit allem hier und jetzt Schluss machen.«

Als wir wieder einmal zum Bridge bei Bea sind, will sie uns unbedingt ihren neu eingebauten Treppenlift zeigen, der vom Keller über etwa zehn steile Stufen zum Treppenabsatz führt. Sie findet ihn großartig und transportiert damit Haushaltseinkäufe und Wäsche nach oben. Ob sie ihn selber braucht, vielleicht wegen Knieproblemen, einer Schleimbeutelentzündung oder Arthritis, erfahren wir nicht von ihr. Die Damen verstehen sich darauf, ihre Krankheiten zu überspielen. Vielleicht ist es Stolz, aber ich vermute noch etwas anderes, nämlich ihre Wachsamkeit. So wie ein Tier in der Wildnis eine Verletzung versteckt, weil es sich sonst noch verletzlicher und leicht als Beute erkennbar machen würde. Ich höre, wie sich die Damen über andere Leute äußern, einer braucht einen Stock, jemand anders einen Rollator. Eine Freundin fährt nicht mehr Auto. Eine andere ist ins Betreute Wohnen gezogen, und wieder eine andere ist weit weggezogen, um mehr in der Nähe ihrer Kinder zu leben. Dies alles sind Schritte in die falsche Richtung, ein Zugeständnis nachlassender Kraft.

Bea kann Jackie dafür gewinnen, den Lift auszuprobieren. Zuerst spielt sie mit und rutscht auf den Sitz. Als Bea den Lift dann betätigt, ruckelt er wie ein Riesenrad, das Passagiere aufnimmt oder entlässt. Jackie sieht sich um, wo sie sich festhalten kann, aber der Schwingarm ist nicht eingehakt. Erst ein Drittel der Strecke ist geschafft, und sie hat große Angst; es sieht fast so aus, als würde sie gleich herunterfallen. Bea sagt, sie solle sitzen bleiben, es sei doch völlig harmlos. Als der Lift am Treppenabsatz ankommt, ist das Aussteigen ein schwieriges Manöver, weil man den Sitz dabei drehen muss. Wir beobachten ratlos von unten, wie Jackie schließlich von dem Sitz zum Treppenabsatz hinübergreift. Der Seufzer der Erleichterung ist deutlich vernehmbar, als sie es geschafft hat. Niemand sonst möchte den Lift ausprobieren, wir gehen lieber auf der Treppe nach oben, einem langen Bridgenachmittag entgegen.

Während die Damen ihre Plätze einnehmen, legt sich draußen eine Schneedecke auf die Straße vor Beas Appartementhaus, und Unmut macht sich breit. Typisch für unseren Staat mit seinem verrückten Wetter: späte Schneefälle und Altweibersommer. Sorgenvolle Mienen um den Tisch, aber dann verschwindet der Schnee so schnell, wie er gekommen ist. Die Damen machen in der ersten Runde so viele Fehler, dass sie entscheiden, dass dies nicht gezählt wird. Beim Manhattan Bridge Club oder im Orange-Seniorenzentrum wäre das undenkbar, aber hier sind wir in der Frühstücksecke einer Wohnung in der Forest Road an der Grenze zwischen New Haven und West Haven. Keiner würde hier rausgeworfen werden, wenn er die falsche Karte abwirft oder das Spiel vermasselt. Ein paar Blätter später macht Rhoda einen schweren Fehler, indem sie mit vier Piks eröffnet; man braucht eine Fünferlänge in einer Oberfarbe für die Eröffnung. Selbst ich weiß das. Dies gehört zum Einmaleins des Bridge. Bea reagiert scharf auf Rhoda, geradezu vorwurfsvoll. »Wie willst du mit vier Karten in einer Oberfarbe eröffnen? Das habe ich ja in vierzig Jahren noch nicht gesehen!«

Funken sprühten vom Tisch. Rhoda wurde nervös, aber auch ärgerlich, und vermutlich war es ihr peinlich. Bea kann scharf klingen, nur hat sie meistens recht; wenn es um Konflikte geht, ist sie die anerkannte Autorität.

»Okay, lass uns weitermachen«, sagt sie. »Lass uns schauen, was wir tun können.«

Bea konzentriert sich darauf, ob sie genügend Stiche holen kann, um das Blatt zu gewinnen. Am Ende gelingt ihr das, aber es ist eine Zitterpartie.

»Du hast es geschafft, Bea«, sagt Rhoda und spielt damit auf ihre übertriebene Reaktion an.

»Gerade mal so«, entgegnet Bea.

Arthurs Gesundheitszustand wird immer kritischer. »Er ist alt«, meint Bette zu mir. »Er ist alt, und die Ärzte bemühen sich nicht mehr. Oder wenn sie es tun, dann ist eben nicht mehr viel zu machen.« In ihrer Stimme klingen Verzweiflung und Abscheu mit.

Ich erinnere mich so gut daran, wie mein Vater jede neumodische Behandlungsmethode ausprobierte, um wieder laufen zu können, eine exotischer als die andere, einschließlich einer Maßnahme, bei der sein gesunder Arm und das gesunde Bein an den Körper gebunden wurden, wodurch seine gelähmten Glieder unwillkürlich wieder funktionieren sollten, so wie man mit einer Binde vor einem gesunden Auge das andere zum Fokussieren bringen möchte. Niemand weiß genau, wie es geschah, aber irgendwelche Hilfskräfte ließen meinen Vater fallen, und er musste auf einer Trage mit dem Krankenwagen aus der Reha ins örtliche Krankenhaus gefahren und dann nach Hause geflogen werden. Das brachte meine Mutter dazu, alle experimentellen Behandlungen zu unterbinden, denn jede davon strengte ihn nur an oder verschlimmerte seinen Zustand. Allerdings merkte ich auch, dass mein Vater, nachdem er diese Bemühungen aufgegeben hatte, erst richtig depressiv wurde. Hinter der schief sitzenden Brille wirkten seine Augen übergroß. Er war ein Todgeweihter, aber so sollte er noch für ein paar Jahre leben, zunehmend in sich zurückgezogen und zahlreichen häuslichen Hilfskräften ausgeliefert, die ihn badeten und ihm auf die Toilette halfen und seine Tabletten in einen Wochendispenser abzählten.

Ich hatte meine Eltern noch nie so verletzlich gesehen. Ich glaube, meine Mutter fühlte sich am meisten gestraft. Fürsorglichkeit fiel ihr nicht gerade leicht, und manchmal konnte man sogar den Eindruck gewinnen, dass sie meinen Vater, seine Krankheit und die ganze belastende Situation ablehnte. Sie schwor, ihn nie in ein Pflegeheim zu geben, und daran hielt sie sich auch. Jeden Morgen stellte sie ihm eine Schüssel mit salzfreien Cheerios, zwei Pflaumen, ein kleines Glas Saft und seine Tabletten hin und sorgte für eine natriumfreie Kost. Das Ganze wirkte kaum lebenswert. Meine Mutter nahm ihm gegenüber Platz, biss in ihre Orangenviertel und lutschte den Saft heraus.

Eine Hilfskraft nach der anderen marschierte durch ihr gemeinsames Leben. Manche mussten gleich wieder entlassen werden, weil sie meinen Vater offensichtlich nicht heben konnten. Andere blieben länger, bis sie sich durch irgendein ungeheuerliches Fehlverhalten unbeliebt machten. Ein schwergewichtiger Mann mit gefärbten Haaren, in einem Orange, das nach Limonade aussah, spannte im Garten vor dem Haus eine

Wäscheleine zwischen zwei Bäume und hängte eine Bettdecke darüber. Dies brachte meine Mutter aus der Fassung. Sie rannte im Bademantel durch die Haustür nach draußen und zog die Decke herunter, wie ein Segler sein Großsegel vor dem Sturm einholt. Dann befahl sie, die Leine sollte abgenommen werden. *Okay, Lady, ganz entspannt.*

Derselbe Helfer sang oder pfiff ständig beim Arbeiten, als wäre er einer der sieben Zwerge. Meine Mutter konnte es nicht ausstehen, aber wie sagt man jemandem, er solle aufhören zu singen, ohne wie Mussolini zu klingen? Meine Mutter kündigte ihm erst, als sie eines Abends einen Anruf von der Polizei bekam. Er hatte mit dem Behindertentransporter meines Vaters eine Spritztour gemacht und wurde vor einem Nachtclub in New Haven aufgegriffen.

Nach diesem Vorfall befürchtete ich, eines Tages nach Hause zu kommen und meine Eltern Rücken an Rücken gefesselt vorzufinden, während alle Wertgegenstände entwendet wären. Eine Frau verschwand mit meinem Vater und dem Transporter für zwölf Stunden. Wir waren verzweifelt. Sie kamen dann ohne jede Erklärung zurück. Dass sie sich verfahren hätten, war alles, was wir erfuhren. Schließlich fand ich die verkrumpelten rot-weiß gestreiften Abfälle einer Essenz von Kentucky Fried Chicken auf dem Rücksitz.

Segensreich war die letzte Hilfskraft meines Vater, ein liebenswürdiger Mann, dem es gelang, mit den Stimmungen meiner Mutter zurechtzukommen und ihre genauen Vorstellungen von alltäglichen Dingen zu erfüllen: die Spülmaschine so und nicht anders zu beladen, die Putzlappen zu falten. (Ja, Putzlappen falten!) Und anders als ich, bügelfreie Kleidung punktgenau aus dem Trockner zu holen, bevor sie zerknitterte (eine Technik, die meine Mutter zu einer Kunstform stilisiert hatte). Noch erstaunlicher war, dass er die Bedürfnisse meines Vaters erahnte, ohne aufdringlich zu sein und ohne seine Schroffheit persönlich zu nehmen. Wenn ich mit meiner damals kleinen Tochter zu Besuch kam, spielte er Connect Four mit ihr, und er ließ sie gewinnen, indem er mit seinem Chip auf den Tisch klopfte, um sie vor gravierenden Fehlern zu warnen. Wir versuchten, unseren Vater zum Mitspielen zu bringen, aber nachdem er ein oder zwei Chips in die Plastikschlitze gesteckt hatte, verlor er das Interesse.

Immer wenn ich einen Artikel über die beachtlichen Vorzüge des Alterns lese, könnte ich verzweifeln. Es macht keinen Spaß, man wird nicht weiser, und das Leben geht zunehmend an einem vorbei. Das Alter verlangt vor allem, mit Verlusten umzugehen: physische Fähigkeiten, Aussehen, Gedächtnis, Ehepartner, Freunde, ökonomische Unabhängigkeit und schließlich Freiheit. Es stimmt schon, manche Leute erhalten sich ihre Fähigkeiten und Fertigkeiten länger. Oft hört man den jiddischen Begriff *Kaynahorah*, als abschließende Bemerkung gemurmelt: »Sie ist neunzig, fährt aber noch immer Auto. *Kaynahorah.*« Dieser jüdische Ausdruck soll den bösen Blick fernhalten.

Für meinen Vater gab es in seinen letzten Lebensjahren keinen Grund zur Freude, keine Zeiten, in denen er seinen Humor wiedergewonnen hatte und ein Kreuzworträtsel lösen oder eine ganz normale Runde Rommé spielen konnte. Am Ende seines Lebens kam mein Vater vom Krankenhaus in ein Hospiz. Auch hier musste er noch unter Schmerzen leiden, und oft war er tagelang bewusstlos. Es war unerträglich. Man sagte uns, er hätte noch ein paar Tage oder ein paar Monate zu leben. Wir meinten, das Hospiz würde ihm das Leben erleichtern. Wenn in jenen schwierigen Tagen die Frage aufkam, wann man den Stecker rausziehen sollte, erklärte meine Mutter mit Zorn in der Stimme: »Es gibt keinen Stecker.«

Bette kommt gar nicht mehr zum Bridge. Die Damen fragen immer meine Mutter, wie es ihr gehe und was los sei. Da gibt es nicht viel zu erzählen, und meine Mutter möchte auch nicht viel sagen. Dafür haben die Damen stillschweigend Verständnis. Sie haben alle diese Erfahrung durchgemacht, den Ehemann nach mehr als fünfzig Jahren zu verlieren, nur Jackie nicht. Dick spielt immer noch Tennis. Er reist noch in der Welt herum. Findet immer noch Masken für seine Sammlung. *Kaynahorah!* Alle haben Mitgefühl mit Bette, aber sie können nichts tun. Ich biete Bette an, sie abzulösen, sodass sie mal zum Frisör oder zur Maniküre gehen kann. Ich biete an, mit Arthur Karten zu spielen oder mit ihm zu plaudern, so wie wir es früher taten, wenn ich ihn im jüdischen Gemeindezentrum traf. Bette lehnt alle Hilfsangebote ab. Sie sagt, Arthur wolle keinen Besuch, er wolle niemanden sehen.

Alle Männer sind zuerst dran. Männer, die jeden Tag zur Arbeit gingen, Zigarren rauchten und Filzhüte trugen, Männer, die hätten fremdgehen können, aber ihre Frauen nicht verlassen haben, auch wenn sie stattdessen mit einer Jüngeren hätten losziehen können. Die mit ihren Söhnen Ball spielten und ihre Töchter bei ihren Hochzeiten in die Kirche geleiteten. Sie waren Männer, die ihre Gläser Whiskey herunterkippten und die Zeitung lasen, wenn sie nach Hause kamen. Männer, die am Wochenende Golf und Tennis, Binokel, Poker und mit ihren Frauen Bridge spielten. *GQ* oder *Esquire* lasen sie nicht, das hatten sie nicht nötig. Sie wussten, wie man eine Krawatte bindet, Liegestützen macht und einen Cadillac wachst. Sie machten Polaroid-Fotos bei Geburtstagspartys und bezahlten die Rechnungen. Dass ihre Frauen nicht arbeiten mussten, war eine Ehrensache, so wie die Kinder aufs College zu schicken und sich ein zweites Haus in einer eingezäunten Ferienanlage in Boca oder Palm Beach mit automatischer Bewässerung und gepflegten Putting Greens zu leisten. Den Notgroschen hinterließen sie, und vom Grab aus sorgten sie weiter für ihre Frauen.

Wenn Bette abends aus dem Krankenhaus nach Hause kommt, findet sie mindestens ein Dutzend Nachrichten auf ihrem Anrufbeantworter. Aber sie ist zu erschöpft, um darauf zu reagieren. Manchmal hat meine Mutter oder eine andere Freundin ein Essen auf die Veranda gestellt. Sie hat keinen Appetit. Ihr Kühlschrank und die Gefriertruhe sind gefüllt, und nichts davon rührt sie an.

◆

An dem Tag, als mein Vater starb, kam ich früh am Morgen ins Hospiz. Ich hatte keinerlei dunkle Vorahnung. Ich mochte es einfach gern, mit ihm in den frühen Morgenstunden allein zu sein, wenn der Parkplatz draußen noch leer war. Drinnen war es so ruhig, dass man das Pfeifen der Beatmungsmaschinen hörte. Auf dem Weg holte ich mir bei Starbucks einen Kaffee und saß dann still in seinem Zimmer, ehe die Krankenschwestern ihre ersten Runden drehten. An jenem Morgen schlief mein Vater auf der Seite, sonst lag er meistens auf dem Rücken. Ich streifte meine Schuhe ab, kletterte ins Bett und schmiegte mich an seinen Rücken, wie er es mit mir als kleines Mädchen oft gemacht hatte, wenn ich Hilfe beim Einschlafen brauchte.

Dann fing ich an, leise alle unsere Lieblingslieder zu singen: »Downtown«, »Winchester Cathedral« und was ich am meisten liebte: »If the Rain's Got to Fall«. Dabei fiel ich in unseren schönsten Dialekt: *Sonntag ist der Tag, da alles schön ist, weil ich mein Mädchen seh.* Ich war das Mädchen meines Vaters. Wir sahen uns ähnlich, wir hatten beide einen guten Geschäftssinn und waren sozial anpassungsfähig; wir verdienten Geld und verliehen es wieder, wir kämpften beide mit den Pfunden, und wir brachten die Leute gern zum Lachen. Er konnte mir nichts abschlagen, zückte einen Zwanziger und dann noch einen, wenn ich mit Freunden ausging.

Als ich fünfzehn und dann sechzehn wurde, verstand mein Vater meine Kleidung, meine Freunde und meine Musik nicht mehr und hatte keine Ahnung, was überhaupt mit mir los war, als die Depression mein Teenagerleben durcheinanderbrachte. Einmal sagte er einem Therapeuten, dass seine anderen Töchter in Ordnung seien, was implizierte, dass mit mir etwas nicht stimmte. Warum funktionierte ich nicht nach Plan? Warum roch ich nach Pot? Was war aus seiner Einser-Tochter geworden, die ihm früher über den Flur in die Arme gesegelt war, wenn er von der Arbeit nach Hause kam? Warum war ich so mürrisch und verschwiegen geworden; warum konnte er mich nicht mehr zum Lachen bringen?

Die Bridgedamen fanden mich verwöhnt. Und meinen Vater einen Schwächling, weil es nichts gab, was er nicht für seine Töchter getan hätte. Das stimmte in mancher Hinsicht. Oft widersprach er meiner Mutter und ließ Dinge zu, gegen die sie Einspruch erhoben hatte: also in der Schulzeit ins Kino gehen, etwas Unnötiges kaufen oder abends lange aufbleiben. Natürlich merkten sie nicht, wie diese ganze Nachgiebigkeit, seine ganze Großzügigkeit, zumindest was mich betraf, abhängig davon war, dass ich seinem Willen entsprach. Viele Auseinandersetzungen, und zwar die schlimmsten, endeten damit, dass er sagte: *Nach allem, was ich für dich getan habe.*

Was sollte man dazu sagen? Es war eine schmerzliche Double-Bind-Situation: Ich war zutiefst anderer Meinung als er und sehnte mich nach seiner Anerkennung. Am Ende überwogen unsere Differenzen in unserer Beziehung: Er war empört, als ich mit einem Freund eine Wohnung im East Village bezog (»Wenn du so leben willst«). Als er mein erstes veröffentlichtes Gedicht las, warf er die kleine Zeitschrift auf den Boden (»Wenn du so schreiben willst«). Und er tat so, als würde ich mein Leben und mein Geld verschwenden, als ich mich für einen Master of Fine Arts einschrieb, um Literatur und Schreiben zu studieren, statt einen MBA zu machen. (Gut, da hatte er recht.) Meine Mutter hatte ihn wegen seiner kühnen und fairen Entscheidungsfähigkeit oft mit König Salomon verglichen, und sie gab ihm da immer nach. Wir alle wissen, wie die Geschichte endet: Dem Kind bleibt das Schlimmste erspart. Warum fühlte ich mich immer in der Mitte durchgeschnitten?

Man konnte an dem Quietschen der weißen Keilabsatzschuhe hören, wie sich die Krankenschwestern aus dem Schwesternzimmer zu ihren Morgenrunden aufmachten, angefangen mit den Morphingaben, die sie zu irdischen Engeln machten. Mir ist klar, dass sich meine Mutter, wenn sie mich neben meinem Vater hätte liegen sehen, abgewendet oder mich aufgefordert hätte aufzustehen. In unserer Familie zeigt man nicht leicht Gefühle, schon gar nicht körperlich. Ich wusste, dass es für meine Mutter keine Selbsthilfegruppe geben würde, sie würde sich nicht mit den Trauernden in der mauvefarbenen Lounge im Hospiz treffen, wo auf den Couchtischen Flyer für Trostsuchende aller Glaubensrichtungen auslagen. Sie hatte ihre Trauer ein ganzes Leben lang verborgen. Warum sollte sich daran jetzt etwas ändern?

Meinen Vater so zu umarmen, war fast unerträglich. Ich sehnte mich danach, noch einmal mit ihm ins Kino zu gehen, noch einmal Rommé mit ihm zu spielen, noch einmal an einem kühlen Herbsttag mit ihm durch die Nachbarschaft zu gehen, wenn wir Holzbesen und Glühbirnen für den Lions Club verkauften und ich stolz die Zigarrenkiste hielt, in der wir wie beim Monopoly die Schecks und das Bargeld und die Rechnungen in ihren ordentlichen Fächern einsammelten.

Als die Krankenschwester kam, hatte ich Angst, sie würde mich hinauswerfen, doch sie sagte, sie käme wieder. Aber ich erhob mich dann, und die Szene war mir sehr peinlich. Als sie später kam, verabreichte sie ihm sein Morphin und sagte, es wäre bald so weit. Kurz darauf bildeten sich dunkelrote Flecken auf seiner Haut, als koche etwas unter der Hautoberfläche. Es war wie eine große Welle, die in einer gewissen Entfernung auf dem dunklen Meer Kraft zulegte. Ich lief, um die Krankenschwester zu holen, und rief danach von einem öffentlichen Telefon aus meine Mutter und meine Schwestern an. Dann rannte ich los, um meine jüngere Schwester zu holen. Ich wusste, dass er nicht mehr am Leben wäre, wenn ich zurückkäme, aber ich hatte zu große Angst zu bleiben. Ich konnte nicht zusehen, wie er starb.

Als wir zurückkamen, war ein Tuch wie ein Duschvorhang um sein Bett gezogen. Meine Mutter und Nina waren auf den Stühlen neben seinem Bett zusammengesunken. Nina war noch rechtzeitig gekommen, um sich von ihm zu verabschieden, aber meine Mutter war diejenige, die bei ihm gewesen war, als er starb. Ich brachte es nie über mich, sie zu fragen, was sie gesagt hatte, wenn sie überhaupt etwas gesagt hatte. Ob sie ihm gedankt hatte für all den Spaß, den sie gehabt hatten, für die Nächte unter der Seebrücke, die Broadway-Shows. Hatte sie ihm gesagt, wie sehr sie ihre Depressionen bedauerte, mit denen sie ihnen beiden die Freude an dem Baby verdorben hatte, als es endlich gekommen war, oder wie dankbar sie für seine Stabilität war, seine Haltung angesichts von Barbaras Tod? Ob sie gesagt hatte, was sie nie sagte? Dass sie ihn liebte.

Ich trat hinter den Vorhang. Seine Haut war wie Porzellan, als wäre das ganze Blut aus seinem Körper abgelaufen. Er sah wie ein Marmorheiliger auf einem Grab im Schatten einer italienischen Kirche aus. Ich schluchzte laut, ich kam nicht dagegen an. Dann wurden meine Mutter, meine Schwestern und ich in ein kleines Zimmer gebeten, um ein paar Dinge zu besprechen. Der Rest eines halb gegessenen Käsekuchens mit leuchtend rosafarbenem und grünem Zuckerguss vom Tag zuvor stand noch dort, und wir ermunterten uns erst gegenseitig, davon zu essen, und brachen dann in hysterisches Gelächter aus, wie man es tut, wenn das Leben am absurdesten und grausamsten ist. Meine Schwestern und ich umarmten uns, meine Mutter war unberührbar.

Kapitel 18

Ist der Schüler bereit, kommt der Lehrer

♠

Ich gehe wieder zum Manhattan Bridge Club. Der heruntergekommene, irgendwie schmuddelige Eindruck wirkt indessen beruhigend auf mich, auch mit den wackeligen Tischen und dem durchgewetzten Teppich. Diese regelmäßige Dienstagmorgen-Runde ist ein offener Kurs, nach einem kurzen Unterricht gibt es zwei Stunden Betreutes Spiel. Als sich die Gruppe versammelt, ist klar, dass die meisten Teilnehmer sich kennen. Small Talk über die Sommerferien wird ausgetauscht. Eine Frau berichtet, dass sie zum x-ten Mal nach Wyoming fährt. Sie liebt es! Ein Ehepaar schaltet sich ein, sie waren in den 70er Jahren dort, und nun suchen sie gemeinsam nach dem Namen des Hotels, in dem sie damals wohnten. Der Ehemann schnippt mit dem Finger an seiner Schläfe, um sich den Namen in Erinnerung zu rufen. Sie versucht es sprachlich: »Das West soundso. Das Western. Nein, das auch nicht.« Diese Art der Unterhaltung vertreibt gewöhnlich meine Selbstmordfantasien, aber ich lächele bei dem Gedanken daran.

»Gleich fällt es mir ein. Gleich fällt es mir ein.« Die Frau schließt die Augen und spannt den ganzen Körper an, als wollte sie ihren Darm in Bewegung bringen.

Wenn ältere Menschen etwas vergessen haben, werden sie richtig ärgerlich. Geht es jetzt los? Verlieren sie den Anschluss? Sie bedenken gar nicht, dass Menschen in jedem Alter vergessen, wo sie ihre Schlüssel hingelegt haben, sie vergessen, ihre Rechnungen zu bezahlen, und wissen nicht mehr, wie die Hauptstadt von Wyoming heißt. Die beiden zerbrechen sich noch immer die Köpfe, um sich an den Namen des Hotels zu erinnern. Neben ihnen sitzt eine Frau mit einer Kette aus Holzperlen, die so groß wie Eier sind, und ein Mann mit einem Strohhut. In dem Gespräch zwischen den beiden bedrängt sie ihn, wo er arbeitet und was er tut. Mir ist nicht ganz klar, ob sie auf ihn einredet oder einfach nur nett sein will. Das Verhältnis von Männern zu Frauen ist etwa eins zu zehn. Dann treten noch zwei Damen ein. Eine von ihnen sieht recht gut aus, eine gelangweilte Modigliani-Gestalt mit halb geschlossenen Augenlidern. Die andere ist lebhaft und nervig, während sie zur Damentoilette hastet und ihrer Freundin zuruft, sie möge auf ihre Tasche aufpassen. Das klingt, als wäre Uran darin.

Mit fünfzehn Minuten Verspätung kommt endlich der Lehrer. Er trägt eine schwarze Hose, ein schwarzes Hemd mit weißen Nadelstreifen, so dünn wie Seidenfäden, und schwarze Slipper. In meiner Fantasie kommt er gerade von seiner Arbeit als Dealer in einem Casino oder als Rumbalehrer einer Tanzschule. Er ist groß und hat einen athletischen Körperbau, aber in seinen Bewegungen ist er elegant und präzise. Im Alter ist er schwer einzuschätzen, vielleicht Mitte dreißig. Bei seiner Begrüßung entschuldigt er sich, dass er sich verspätet hat, aber dann geht er nicht weiter darauf ein und stellt sich vor, Jess Jurkovic. Er heißt uns willkommen und erinnert uns daran, dass dies hier der Dienstagsunterricht mit Betreutem Spielen ist, falls jemand in den falschen Zug gestiegen ist. Drei Schüler haben auf einem der Tische Biddingboxen aufgestellt und für ihn einen Platz freigehalten, den er einnimmt wie ein König seinen Thron. Tausende von Spielen sind schon an diesem Tisch gespielt worden, die Ecken vom Gebrauch rau und abgenutzt, das

Szenario vieler Siege und Niederlagen. Er ordnet ein Übungsspiel mit offenen Karten an, was bedeutet, dass alle Karten der vier Hände zu sehen sind, und er fragt uns, wie der Geber eröffnen würde (der Geber reizt oder passt immer als Erster). Ich bin erstaunt, wie tief und sonor seine Stimme klingt, fürs Nachtradio passend, und wie er Begeisterung und Erfahrung gleichmäßig in Überlegenheit und Zuneigung aufteilt.

Alle scharen sich um den Tisch und beginnen, die Punkte in jeder Hand zu zählen, die Aufteilung der Karten nach Farben zu beurteilen und Vorschläge zu machen. Er reagiert auf jeden Einzelnen. Nachdem wir alle falsche Antworten gegeben haben, genießt er es, uns in Verbindung mit diesem Blatt die beste Reizung zu zeigen, und dabei setzt er sich etwas aufrechter in seinem Stuhl hin und wirkt begierig, sich weiter darüber auszulassen.

Ich schaue mir die anderen Leute hier an und bemerke irrelevante Dinge: ein Schildchen, das aus einer Bluse hängt, orangefarbenen Nagellack, eine Frau mit braun gefärbten Haaren, die auf ihrem Kopf sitzen wie Schokoladenguss auf einem Cupcake. Wann hat meine Aufmerksamkeitsstörung begonnen?

Jess ist immer respektvoll, auch wenn die Leute mit ihren Vorschlägen falschliegen. Er ist auf Klarheit aus und fragt, ehe er fortfährt, immer wieder, ob wir alles verstanden haben. Er könnte nicht geduldiger sein und scheint sich darüber zu freuen, wenn wir etwas richtig machen. Mir fällt auf, wie elegant seine Hände über den Karten schweben, als würde er eine Planchette über ein Ouija-Brett führen. Er hat lange Finger mit gepflegten Nägeln und blasse, zarte Haut. Seine Gesten gehen alle von seinen Händen aus, und später werde ich erfahren (bei Google, ja), dass er Jazzpianist ist. Er nähert sich den Karten, als wären es die Tasten eines Klaviers, hält inne und ist dann bereit zum Anschlag. Ich vermute, Bridge und Musik kommen aus der Doppelhelix seines gewandten Geistes. Sein Unterrichtsstil ist eine Mischung aus Vaudeville, Western, Oper und Drama.

Zusätzlich zum Unterricht nimmt Jess auch an den dreimal im Jahr stattfindenden Bridge-Nationalturnieren teil. Manchmal kommt er »demütig« zurück, manchmal glücklich. Er hat mehr als zweitausendeinhundert Masterpunkte, entsprechend dem Bewertungssystem der American Contract Bridge League, dem führenden amerikanischen Bridgeverband. Der beste Spieler des Landes hat nach diesem Zählsystem über achtzigtausend Punkte. Man gewinnt Masterpunkte, indem man bei Turnieren mitspielt, die von diesem Verband zugelassen sind, und entsprechend dem eigenen Fortschritt, je nach Größe und Rang des Turniers. Wie die Farben von Karategürteln, die den Grad der Meisterschaft anzeigen, steigen Bridgespieler die Leiter hoch – vom Neuling zu Bronze, Silber, Gold, Diamant, Smaragd, Platin, und schließlich wäre der höchste zu vergebende Titel Life-Master. Die Bridgewertung belohnt Meisterschaft und verleiht Respekt.

Jess ist für mich der Erste, der sowohl Meisterschaft im Spiel zeigt, als auch die Begeisterung eines Klassenbesten ausstrahlt.

»Es ist ein hoch interessantes, substantielles und wissenschaftlich begründetes Spiel, und für mich ist es wie Musik, indem man immer weiterlernt. Ich finde es wunderbar und aufregend und schön. Außerdem hat es auch etwas Ästhetisches für mich. Ich liebe die Karten. Und ich liebe sogar die schönen Muster auf der Rückseite der Karten.« Das alles sprudelt aus ihm heraus, als wir uns beim ersten Mal zusammensetzen. Ich füge gleich hinzu, dass mir auch die schöne Gestaltung der Karten gefällt, und wir reden dann darüber, als wären es Bilder von Picasso.

Jess hat zuerst mit seinen Eltern und Großeltern gespielt. »Wir wurschtelten uns durch, ohne die Regeln wirklich zu kennen.« Dann entdeckte er ein Buch über Bridge (William S. Roots *Commonsense Bidding*, ein Buch über die Reizung beim Bridge), und das muss eine Offenbarung für ihn gewesen sein. »Ich merkte, dass man wirklich kommunizieren kann – es ist kein großes Ratespiel.« Wirklich nicht? Er ging mit dem Buch wie mit einem Lehrbuch um, indem er über jedes Kapitel eine schriftliche Zusammenfassung erarbeitete und sich selber danach abfragte. Dann lud er sich die Bridge-Baron-App herunter und fing an, auf dem Computer zu spielen, was für ihn ein Crash-Kurs gewesen sein muss. Im College spielte er dann mit anderen, und als er nach New York zog, fand er seinen Weg zum Manhattan Bridge Club, und mit seinen vollkommen autodidaktischen Kenntnissen begab er sich in die Welt der Bridgeturniere.

Mir fällt auf, dass der Mann mit dem Strohhut inzwischen eine andere Brille mit fliederfarbenen Gläsern aufgesetzt hat. Die Dame mit der Eier-Halskette schaut nach ihren E-Mails – eigentlich ein unausgesprochenes No-Go. Das in Wyoming verliebte ältere Paar wirkt sehr glücklich zusammen, sie nicken einander zu, wenn ihnen ein Licht aufgeht.

»Gehen wir?« Der Unterricht ist zu Ende, und Jess lädt uns ein, in der Halle mit mehreren Spieltischen bei dem Betreuten Spielen mitzumachen. Ich höre, wie sich einige der Schüler nach der Zukunft des Clubs erkundigen; es gibt Gerüchte, dass er mit einem anderen Club fusionieren oder umziehen soll, oder beides. Jess bestätigt dies, ja, der Manhattan Bridge Club schließt in zwei Wochen seine Türen und wird sich mit einem Club namens Honors auf der East Side zusammentun. Die jeweiligen Standorte der beiden Clubs am Rande von Manhattan stehen für den Stil des betreffenden Clubs. Der Manhattan Bridge Club ist ein West Side Club, was bedeutet, dass die Leute bodenständig sind, viele sind Lehrer oder Sozialarbeiter.

Wie jemand sich kleidet, lässt hier nicht darauf schließen, wie gut derjenige spielt. Die Frauen tragen lässig sitzende Kleidung, die Männer etwas zu hoch sitzende Hosen. Wenn jemand aufgeputzt ist oder irgendein Brooks-Brothers-Outfit trägt, dann ist er in der Minderheit und fällt auf.

Der Honors-Club, so wird uns vermittelt, ist eher etwas Schickimicki, so wie auch die East Side von Manhattan betuchter ist und die Bewohner mehr Wert auf Status und Aussehen legen. Als ich eine andere Lehrerin frage, wie die Leute dort sind, legt sie die Hände auf ihr Gesicht und zieht die Haut zurück, um ein Face-Lift anzudeuten. Als ich in den nächsten Wochen endlich den Weg zu Honors finde, sehe ich, wovon die Leute gesprochen haben. Es sieht so aus, als hätte der Manhattan Bridge Club ein Face-Lift bekommen. Die Ausstattung gleicht weniger einem Gemeinderaum als vielmehr einem Country-Club. Alle im Club ausgehängten Schilder sind laminiert, und an den Wänden hängen gerahmte Preise und Poster aus Kunstmuseen wie in einer feinen Arztpraxis.

Einige weitere Teilnehmer stellen sich für das Betreute Spielen ein, sodass wir dreizehn Schüler sind. Mit drei Spieltischen zu viert bleibt einer das fünfte Rad am Wagen. Als wir zu den Tischen hinübergehen, ist mir klar, dass ich als unerfahrenste Schülerin dieses fünfte Rad am Wagen sein werde. Die anderen kennen sich entweder oder sind als Partner gekommen. Als erwachsene Frau sollte ich fragen, ob ich einen Stuhl heranziehen, mich dazusetzen und dann beim Wechseln drankommen kann. Aber ich bin wie gelähmt. Der Tisch mit den Frauen, die am ehesten in meinem Alter sind, ist im Gespräch vertieft. Die beiden anderen Tische sind besetzt, sie mischen schon die Karten. Ich habe den Eindruck, dass keiner der Tische einen Hund aus dem Tierheim adoptieren möchte; mit einem fünften Spieler zu spielen bedeutet weniger Spielzeit für jeden Einzelnen.

Dazustehen ist auch demütigend. Schließlich kommt Jess herüber und zieht einen Stuhl an die Ecke des Tisches mit den Frauen und sagt, ich solle mich dort hinsetzen. Keiner sieht begeistert aus. Mit der gebotenen Wohlerzogenheit sage ich Hallo und stelle mich vor. Die vier Damen nennen rundum mechanisch ihre Namen.

Das Spiel beginnt, und sofort rufen die Frauen an unserem Tisch Jess zu Hilfe. Er stellt sich hinter jede und rechnet in wenigen Sekunden den Wert des Blattes aus – die Punktzahl und die Längen – und fragt, was sie tun würden. Wenn sie auf die Karte zeigen, die sie ablegen möchten, oder hinter dem Fächer ihrer Karten Gebote flüstern, schüttelt er den Kopf oder nickt zustimmend. Manchmal versucht er mit Fragen anzuregen: Wie viele Punkte haben Sie? Wie viele brauchen Sie, um zu reizen oder zu reagieren? Er möchte, dass wir selber denken, und ist nicht bereit, die Antworten zu geben. Nach zwei Stunden fällt mir auf, dass er häufiger zwinkert oder den Hals reckt, was sicher erste Zeichen von Ermüdung sind.

◆

Ich nehme nun ziemlich regelmäßig an Jess' Unterricht an den Dienstagvormittagen teil, der inzwischen im Honors Bridgeclub stattfindet. Ich hätte gern die Zeit, jeden Dienstag hinzugehen, weil es für mich das Highlight der Woche ist. Um das Bridge wird eine Art von Theater gemacht, die ich faszinierend finde. Auch wenn ich schon seit ein paar Monaten dabei bin, fühle ich mich immer noch als Außenseiterin. Jede Woche derselbe Drill: Die Spieler an den Vierertischen sind ins Gespräch vertieft, sie plaudern und bringen sich auf den neuesten Stand der Dinge. An einigen Tischen sitzen nur zwei oder drei Leute. Doch wenn ich schüchtern frage, ob ein Platz frei ist, fällt mir da oft der Blick eines Passagiers auf, der seine Taschen neben sich nicht wegnehmen möchte. Oder jemand entschuldigt sich: Die Plätze sind reserviert. So viel Ärger hatte ich nicht mal in der Schulcafeteria.

Trotzdem komme ich wieder. Jedes Mal finde ich schließlich einen Tisch mit Nachzüglern und Querköpfen. Die zwei Stunden vergehen immer wie im Fluge. Bei jedem Blatt lerne ich etwas dazu. Allmählich habe ich verstanden, wie das Schneiden funktioniert. Mir wurde immer klarer, dass man besser am Anfang ein paar Stiche verliert, um dann später mehr Stiche gewinnen zu können. Und die Grundregel: Zieh zuerst den Trumpf. Jess jede Woche zuzuhören hat meine Konzentration verbessert. Seine Stimme, sein Tonfall und sein trockener Humor sind da ausschlaggebend gewesen. Einmal sagte eine Frau, sie hätte zu viel Angst, eine bestimmte Karte zu spielen.

Jess sah uns alle an. »Die Karten haben aber keine Gefühle, oder?«

Ich war nur Gefühl, verängstigt von meinen Karten. Auch wenn ich allmählich in manchen Bereichen mehr Selbstsicherheit hatte, konnte sich das Abwerfen doch anfühlen, als stünde ich einem Ehrensalutkommando gegenüber. Ich war nicht die Einzige, die noch immer nervös war. Eine große Blondine wurde einmal ganz rot, als sie ein Blatt spielte, ihr Dekolleté, Hals und Wangen liefen rot an, als sei es Wein, der auf einer Tischdecke verschüttet wurde. Eine andere Frau musste während des Spiels zweimal zur Toilette gehen. Jess wurde von allen Seiten mit Fragen überhäuft, und er hastete von Tisch zu Tisch wie gerade abgestoßene Billardkugeln, die in alle Richtungen rollen.

Dann sagte Jess etwas, das meine Herangehensweise an das Spiel komplett veränderte. Er betreute den Tisch neben meinem, aber ich wurde darauf aufmerksam. Er sagte nicht: Hören Sie gut zu, dies ist eine wichtige Anregung. Er brachte es wie jeden anderen Rat vor, den er regelmäßig gab. »Sie erzählen eine Geschichte«, sagte er. »Sie und Ihr Partner unterhalten sich in der Sprache der Reizung. Jeder von Ihnen hat eine Geschichte zu erzählen.«

Damit veranschaulichte mir Jess etwas, das ich in dem ganzen Jahr, seit ich Unterricht nehme, nicht begriffen hatte. Mathematische Konzepte werde ich nie verstehen; ich kann mir kaum meine eigene Telefonnummer merken. Doch dies war die Sprache meiner Welt. *Ist der Schüler bereit…*

An einem regnerischen Morgen komme ich an und lasse mich taktlos an einem Tisch nieder, an dem zwei Stühle mit Mänteln belegt sind. Ich habe es satt, eine graue Maus zu sein. Als die beiden Frauen zu ihren Stühlen zurückkommen, sind sie immerhin so freundlich, sich vorzustellen. Mit Yolanda, einer eleganten Dame mit europäischem Akzent, habe ich schon einmal gespielt, aber sie erkennt mich nicht (so viel dazu, einen Eindruck zu hinterlassen). Esther, die leicht eine der Bridgedamen sein könnte, um die achtzig, hat leuchtend rotes Haar, das straff als ein winziger Pferdeschwanz zusammengebunden ist, wie die Spitze eines Pinsels. Dann steuert eine Frau auf den Tisch zu, die so aussieht, als würde sie ein Großunternehmen leiten, und stellt sich als Bailey vor. Sie ist ein Traum in Beige mit goldenen Akzenten: Knöpfe an ihrem Blazer, Ohrringe, vier oder fünf Goldarmreifen und eine Halskette mit Goldgliedern, die fast so groß wie Gürtelschnallen sind.

Nach ein oder zwei Spielen zeigt sich, dass Bailey, Yolanda, Esther und ich etwa auf demselben Niveau sind. Yolanda bekommt bei den Deals jeweils die guten Blätter, lauter Figuren oder Figurenpunkte, und sechs oder mehr Karten einer Farbe. Esther ist frustriert.

Sie und ich, wir haben immer nur Mist, alle niedrigen Karten, und wir können nur passen. Wir necken Yolanda, dass sie hier übel mitspielt und die Karten nicht mischt.

»Pass auf«, sagt Esther. »Beim nächsten Mal hat sie alle vier Asse.«

Als Yolanda das vierte Mal hintereinander ein gutes Blatt hat, wirft Esther die Arme hoch.

Darauf sagt Yolanda Folgendes: »*Chance en jeu, malheureux en amour.*«

Ich bitte sie, das zu übersetzen.

»›Glück beim Spiel, Pech in der Liebe.‹ Mir wäre Pech beim Spiel lieber.«

Ich sehe sie fragend an.

Yolanda erklärt, dass ihr Mann vor kurzem gestorben ist. Sie sagt es so leise, dass ich wohl die Einzige am Tisch bin, die sie verstehen kann.

»Oh, das tut mir leid.«

»Also werden Sie einsehen, dass mir nichts an den Karten liegt.«

»Könnten Sie das noch einmal sagen?«

»Was?«

»Das Französische.«

Jetzt spricht sie es noch langsamer, noch trauriger aus, »*Chance en jeu, malheureux en amour.*«

♦

Beim nächsten Spiel bekomme ich wie durch ein Wunder ein großartiges Blatt, viele Figuren und Punkte. Ich gewinne die Auktion und werde zur Alleinspielerin. Jetzt kommt der Lackmustest. Gewinnt man die Auktion, steht man im Rampenlicht. Es ist wie der Centercourt in Wimbledon, Fischer gegen

Spassky. Du bist Shaun White, und der Tisch ist deine Halfpipe. Es ist deine Chance, das Spiel zu beherrschen, um Könige zu schneiden, Verlierer zu Gewinnern zu machen, den Gegner zu übertrumpfen und zuzusehen, wie eine Karo zwei ein Pik-Ass holt, wenn man die Karten richtig spielt.

Der Kontrakt lautet 4 Pik, was bedeutet, dass wir zehn der dreizehn Stiche mit Pik als Trumpf gewinnen müssen. Als meine Partnerin den Dummy hinlegt, sehe ich, wie stark unsere beiden Blätter zusammen sind; wir haben mehr als genug Trümpfe und Figuren, um das Spiel zu beherrschen. Ich nehme zwei schnelle Stiche (klare Gewinner wie das Ass und den König einer Farbe), und dann beginne ich zu trumpfen. Ich weiß, ich muss versuchen zu schneiden, aber ich weiß um mein Leben nicht mehr, wie das geht. Soll ich versuchen, eine höhere Karte herauszulocken oder einen Stich zu gewinnen, indem ich eine höhere Karte ducke, damit meine nicht gefangen wird? Gerade da spaziert Jess zu uns herüber und sieht in meine Karten. Ich zeige auf die, die ich meine, spielen zu müssen, und er hebt zustimmend eine Augenbraue. Habe ich mich je im Leben so schlau gefühlt? ... *kommt der Lehrer.*

Jess verkündet, dass wir zum Schluss kommen sollen. Bailey wechselt ihre Schuhe und zieht Gummistiefel an. Esther holt ihr Telefon heraus und klappt es wie ein Feuerzeug auf. Niemand scheint mehr am Rest des Spieles interessiert zu sein. Vermutlich darum, weil klar ist, wer gewinnt, nachdem der Dummy so viele Könige und Damen hat. Dann herrscht Aufbruchstimmung an den anderen Tischen, und die Leute strömen nach draußen. Ich beeile mich und nehme die letzten Stiche schnell auf – wie ein Gewehr bei einem Jahrmarkt – und gewinne die Hand mit zwei Bonus-Stichen. Zeit für Lob oder Auf-den-Rücken-Klopfen bleibt nicht. Kein »Gut gemacht« oder etwas Ähnliches, wie wir uns normalerweise applaudieren, wenn wir einen Kontrakt erfüllen. Das Turnier ist vorbei, jeder geht wieder seiner Wege. In Wahrheit hätte ein Affe das Blatt gewinnen können. Ich schwebe ein paar Zentimeter über dem Boden nach Hause.

Und dann rufe ich stolz meine Mutter an.

Kapitel 19

Asche

Ende Juni und von Bette immer noch keine Spur. Jackie kommt wie üblich zu früh und sitzt an unserem gewohnten Tisch im Country Corner Diner. An den dicken Trinkgläsern perlt schon Kondenswasser herab. Jackie sieht hervorragend aus, Haare frisch vom Friseur mit einem großen folkloristischen Schmuckstück aus Knochen oder Elfenbeintafeln und Röhren, die mit schwarzem Bast zusammengehalten sind. Mir fällt auf, dass sie ihren Ring mit den drei Zacken wieder trägt. Als ich ihr dafür ein Kompliment mache, sagt sie: »Ich werde Ihnen den Ring in meinem Testament vermachen.« Ich bin zu Tode erschrocken. Natürlich war es ein Scherz, oder wollte ich ihn tatsächlich haben? Was genau will ich von den Damen? Was haben sie mir gegeben?

Eine neue Kellnerin bringt uns die Speisekarten. Ich frage mich, wo die Kellnerin ist, deren gutes Aussehen in diesem einfachen ländlichen Restaurant für so viel Gesprächsstoff sorgte.

Bea und Rhoda kommen gleichzeitig.

»Ich bin pünktlich!« verkündet Rhoda und scheint beeindruckt von sich. Bea fragt, ob sie einen Orden dafür erwartet. Dann kommt meine Mutter an, und damit ist der Tisch vollständig. Viele Fragen lassen sich nicht verdrängen: Werde ich in dreißig Jahren auch so sein? Ist das viel Zeit oder nicht? Werden meine Hände fleckig sein, mein Gesicht eine Walnuss? Wird mein Mann mich zu Grabe tragen oder ich ihn? Werde ich Lila tragen und mir jedes Jahr vornehmen, ein besserer Mensch zu werden, und mich ehrenamtlich betätigen, wie Bea? Oder werde ich wie meine Mutter zu Konzerten und Vorträgen und Broadway-Shows gehen und den *New Yorker* von vorn bis hinten lesen? Werde ich noch irgendwelche Freunde haben?

Rhoda ist diejenige unter den Frauen, die sich das größte Netzwerk an Freunden erhalten hat. Als wir uns zum ersten Mal trafen, hatte sie auf dem Küchentisch schon ihr Schuljahrbuch bereitgelegt. Auf dem Titelblatt war eine Hexe auf einem Besen zu sehen: »Die Hexe« hieß – nach den berühmten Prozessen von Salem.

»Da bin ich«, wies Rhoda auf ihr Foto in diesem heiligen Schulrelikt hin.

Vor Fran Kay gab es Rudie. Rhoda zeigte auf das Bild des Mädchens neben ihr. Die beiden Mädchen sehen fast identisch aus, wie sie den Betrachter anblicken, Köpfe aufrecht, Alabasterhaut und Frisuren wie die Filmstars ihrer Zeit. Nicht verbunden, aber an den Hüften fast zusammengewachsen, hatten die beiden Mädchen mit denselben Nachnamen, die auch gleich geschrieben wurden, die ganze Schulzeit zusammen verbracht und waren dann gemeinsam nach Russell Sage gegangen. Rhoda Belle Freedman und Ruth Helen Freedman: Rudie und Rho, Rho und Rudie.

»Unterwegs von der Schule an den Strand dachten wir uns Geschichten aus und sangen die ganze Zeit Lieder.«

»Haben Sie noch einen guten Kontakt?«, fragte ich.

»Nicht so wie damals«, gab Rhoda zu, erwähnte dann aber, dass sie sich bis zum heutigen Tag Geburtstagskarten schreiben.

»Tatsächlich habe ich gerade eine hier, die ich in die Post geben muss.« Und auf ihrem Küchentisch lag wirklich ein blauer Umschlag mit Rudies Namen und Adresse in Rhodas wunderbarer Schrift und auch schon mit aufgeklebter Briefmarke.

Bette wird mir von Barbara erzählen, mit der sie in Skidmore vier Jahre das Zimmer teilte. Sie verehrte ihre kluge und selbstsichere Freundin aus dem exotischen Brooklyn. Barbara hörte zu, wenn Bette wegen Donald weinte, und sie arrangierte Dates mit Jungen von Dartmouth. Und Barbara ermunterte Bette, wenn sie verzweifelt war, weil sie bestimmte Rollen nicht bekam und ihr Lebenstraum sich in nichts auflöste. »Ich liebe sie bis zum heutigen Tag.«

Meine Mutter stand mit Vivian und Sylvia an der Rollschuhbahn und am Boardwalk, die drei waren ein klassisches Mädchentrio. Vivian war ein von ihrem Wesen her verführerisches Mädchen, unglaublich gut aussehend, und sie servierte die Mädchen ab, wenn ein Kerl auftauchte. Sylvie war das liebenswerte Dummchen, und meine Mutter nahm eine Zwischenrolle ein. Jede von ihnen heiratete und machte ihren Weg. Bea hatte viele Freunde, auch wenn niemand Namhaftes darunter war. Jackie war die Vorsitzende ihrer Studentinnenverbindung, obwohl sie nicht zugeben möchte, dass sie beliebt war. (*Das sollen andere sagen.*)

◆

Ich weiß, meine Mutter wird Putenbrust auf fein gemahlenem Roggenbrot bestellen. Ich weiß, sie bestellt nichts zu trinken. Ich weiß, ein paar Krümel von ihrem Sandwich fallen auf ihre Brust, und während sie die abbürstet, beschimpft sie sich selbst, dass sie so wenig achtsam ist. Heute sieht sie reizend aus, ihr Haar ist frisch geschnitten und gefärbt, das Make-up sieht großartig aus, und sie trägt Frühlingsfarben und dazu eine Halskette aus Schildpattgliedern, die ich noch gar nicht kenne. Sie wirkt entspannter als sonst.

Als mein Vater starb, hatte ich zuerst den Eindruck, dass

meine Mutter ihre Zeit mit manischer Geschäftigkeit füllte. Vielleicht tat sie das auch. Mir war nicht bewusst, wie eingeschränkt ihr Leben geworden war, so wie sie an ihn und seine Behinderung gebunden war. Ich sagte zwar, ich hätte großen Respekt davor, dass sie für ihn sorgte, aber stimmte das auch wirklich? War ich nicht immer sauer auf sie, dass sie nicht netter oder freundlicher war oder mit der salzfreien Kost etwas lockerer umging? Wie brachte ich es fertig, ihr so wenig zu helfen? Wie konnte ich so voreingenommen, so gemein zu ihr sein? Mit über achtzig hat sie begonnen, Hebräisch zu lernen und sich für die Oper zu begeistern. Sie ist sogar mehrmals allein in die Met gegangen. Vielleicht lösen sich dort manche Sorgen in Luft auf – dank der Musik.

Bea ist stiller als sonst. Mir fällt auf, dass sie einen ovalen Ring mit einem dunkelgrünen Stein trägt, einen Männerring, der ihr am Finger hin und her rutscht. Als ich sie frage, woher er stammt, sagt sie, als hätte sie meine Gedanken gelesen: »Tut mir leid, dass ich Sie enttäuschen muss. Dahinter verbirgt sich keine romantische Geschichte.« Als ich sie frage, von wem sie ihn bekommen hat, wird sie etwas munterer: »Carl ging so gerne in die Antiquitätengeschäfte auf der State Street. Immer fand er dort allerlei komische Sachen.« Sein größter Fund war Bea, nehme ich an.

Die Schlagzeilen heute: In Orange, einer Stadt ganz in unserer Nähe, hat ein Junge seine Mutter getötet. Es ist der zweite Muttermord in dieser kleinen Stadt, was eine Koinzidenz ist, aber es klingt ungeheuerlich, wie der Stoff zu einem Stephen-King-Roman. In Milford, wo Rhoda wohnt, hat ein Junge ein Mädchen erstochen, nachdem sie nicht mit ihm zum Abschlussball gehen wollte. Die Damen werden das nie verstehen.

Eine weitere Freundin ist nach einem Autounfall ins Whitney Center gegangen, eine gehobene Einrichtung für betreutes

Wohnen. Eine Witwe aus New Haven, die nach Florida gezogen ist und geschworen hatte, sie würde nie eine Beziehung haben, hat jetzt einen Freund! Und zwar einen Nachbarn!

Bei Jackie sind dann Bea und meine Mutter Partner. Bea eröffnet mit einem Treff. Das kann heißen, dass sie eine Fünferlänge Treff hat oder auch nur drei. Ich bin stolz auf mich, dass ich das weiß. Wenn meine Mutter passt, könnte das Bea in der Patsche sitzen lassen, wenn sie wenige Treffs hat. Meine Mutter passt. Die Gegenspieler passen auch, sodass Bea nichts anderes übrig bleibt, als ein Treff zu spielen. Als meine Mutter den Dummy auflegt, droht Bea ihr: »Hoffentlich hast du weniger als fünf Punkte.«

Mit mehr als fünf Punkten hätte meine Mutter reizen müssen. Nun hat sie drei Punkte und hat es beim Reizen richtig gemacht. Bea ist verärgert, auch wenn meine Mutter mit diesem Blatt nichts tun konnte. »Manchmal kannst du deinen Partner nicht retten« – das ist eine Redensart, die meine Mutter liebt.

Etwa in der Mitte des Blatts macht Bea einen untypischen Fehler, der die beiden das Spiel kostet.

»Ich habe ein Gedächtnis wie ein Salzcracker«, sagt sie, als sie merkt, dass es ihr Fehler war, sich die Trümpfe nicht zu merken. Als sie schlechter punkten, tut sie es ab. »Was soll ich sagen, Betsy, wir sind unter die Räder gekommen.«

Nachdem ich ein paar Stunden zugeschaut habe, verliere ich wie immer die Konzentration und sehne mich nach meinem iPhone. Ich spüre, wie sich mein Posteingang mit E-Mails von den Autoren füllt, die ich vertrete, und von Lektoren, mit denen ich zusammenarbeite, mit unaufgeforderten Anfragen von Leuten, die Kunden bei mir werden möchten. Viele nehmen den Kontakt zu mir auf, weil sie Erinnerungen an Depression, Essstörungen, Geisteskrankheit, Sucht und Selbstmord geschrieben haben. Als junge Lektorin konnte ich gar nicht genug von diesen persönlichen Geschichten bekommen und wurde allmählich bekannt dafür, gerade solche Themen zu verlegen. Eine Kollegin nannte mich einmal die Verlegerin für Schmerz und Leid.

Ich wusste, dass Jackie jahrelang ehrenamtlich in Clifford Beers gearbeitet hat, der ersten Einrichtung für psychisch Kranke im Land, die nach ihrem Gründer benannt wurde, einem Mann um die Jahrhundertwende, der nach einem Selbstmordversuch und einer Krankenhauseinweisung am Ende ein Reformer im Bereich der Psychiatrie wurde. Zuerst arbeitete sie ehrenamtlich, dann wurde sie Sekretärin und schließlich die Geschäftsführerin, bis sie sich am Ende als langjähriges Vorstandsmitglied um Fundraising kümmerte, selber spendete und Benefizveranstaltungen organisierte. Als ich Jackie gegenüber einmal postulierte, dass viele Menschen in helfenden Berufen selber Hilfe suchen, ähnlich wie Beers, reagierte sie auffallend spöttisch. Ich äußerte die Vermutung, dass vielleicht jemand in ihrem nahen Umfeld Hilfe bräuchte. Auch darauf antwortete sie schnippisch. Bestimmt gab es etwas, das Jackies Begeisterung für die Arbeit mit psychisch Kranken antrieb. Doch sie betonte, dass es da keine Verbindung gebe. Ich bin sicher, dass es viele Zufälle im Universum gibt, aber in fast allen Büchern, an denen ich gearbeitet habe, kristallisierte sich dieses Muster heraus, wie eine Erweiterung meiner eigenen Erfahrungen: was ich verbarg, wovor ich Angst hatte und worauf ich hoffte.

Eines Abends, als mein Mann verreist und meine Tochter mit Freunden unterwegs war, lud ich meine Mutter zum Essen und ins Kino ein. Zuerst war es etwas komisch, wie ein erstes Date, weil wir so selten allein miteinander sind. Aber es wird schon besser. Sie bemüht sich, mich nicht mehr so viel zu kritisieren (oder Vorschläge zu machen, wie sie sagen würde). Ich versuche, mich von ihr nicht irritieren zu lassen. Wenn sie eine geistreiche Bemerkung macht, fühle ich mich wie eine Catcherin, die auf den Pitch wartet: Kommt ein Fastball, oder ist der Ball angeschnitten? Erst jetzt bin ich dafür bereit, ja, ich freue mich sogar und weiß, dass ich damit umgehen kann. Ich versuche auch, aufmerksamer zu sein, sie mehr einzubeziehen. Fast jeden Tag rufe ich meine Mutter an. Wenn wir auflegen, sagt sie immer dasselbe. »Bis nächste Woche!«

»Mom«, sage ich, zutiefst verzweifelt. »Ich rufe dich jeden Tag an! Warum sagst du, bis nächste Woche?«

Ich wünsche mir, dass sie anerkennt, wie oft ich sie anrufe. Wie viele Menschen rufen ihre Mutter jeden Tag an? Also!

Spontaneität ist nicht gerade die Stärke meiner Mutter, und als ich damals wieder in ihre Nähe gezogen war, hatte es sie gestört, wenn ich sie in letzter Minute zum Abendessen einlud.

»Also, wenn ich das gewusst hätte, hätte ich es mir in den Kalender eingetragen«, sagte sie meistens. Oder: »Ich bin nicht richtig angezogen«, oder »Ich habe mich schon ausgezogen«, und wir beendeten das Gespräch beide verärgert. Doch ich lud sie weiter ein, manchmal auch im letzten Moment. Allmählich sagte sie auch mal »Klar, warum nicht« oder »Ach, das ist ja reizend«. Oft beendete sie solche Telefongespräche auch damit, dass sie uns zum Essen einlud. Wenn sie bereits andere Pläne hatte, war das auch in Ordnung. Wir trafen uns dann zu einem anderen Zeitpunkt. Wir machen das schon ziemlich gut. Einladungen auszusprechen und anzunehmen ist selbstverständlicher geworden, weniger angespannt. Manchmal kommt sie tatsächlich im Jogginganzug und ohne Make-up, entschuldigt sich, dass sie so katastrophal aussieht, aber sie habe einfach kommen wollen. Uns ist es doch ganz egal, wie sie aussieht! Wir sind ja unter uns! Sie findet es immer noch unverständlich, dass wir im letzten Moment ein Dinner zustande bringen. »Ich begreife nicht, wie ihr leben könnt«, sagt sie, als wären wir Eskimos, so fremdartig sind unsere Gewohnheiten für sie.

Beim Dinner erzählt sie von einer Freundin, die ins Whitney Center gegangen ist und darauf schwört. Die Leute, denen es gefällt, werden missionarisch und wollen jeden überreden, dorthin zu ziehen. Dann fügt sie hinzu, dass das Whitney Center einen Rabatt von 20 % anbietet. Meine Mutter hatte sich das Seniorenwohnheim schon vor ein paar Monaten angesehen; sie denkt oft darüber nach, aber noch ist der Knoten nicht durchgehauen. Ich bin nie dort gewesen und frage mich, ob es das Richtige für sie ist. Ganz gleich, wie viele Menschen sagen, dass es ihnen dort gefällt, eigentlich möchte niemand dorthin. Von allen Bridgedamen äußert sich Bette am deutlichsten darüber. Sie hat zwei Gründe: Erstens möchte sie nicht ausschließlich mit alten Menschen zusammen sein. Sie möchte auch Leute mittleren Alters und Kinder sehen und mitten im Leben stehen. Einmal hat Bette eine Bemerkung darüber gemacht, wie schmerzlich es war, zu sehen, wie Maureen O'Hara den Oscar für ihr Lebenswerk erhielt.

»Warum musste sie sich da im Rollstuhl zeigen?«

Ich fand, O'Hara sah so gut und triumphierend aus, wie sie da mit dreiundneunzig den Oscar entgegennahm. Aber Bette wollte sie lieber als die Schönheit, die sie einmal war, in Erinnerung behalten. Ich glaube, dies trifft auch auf sie selber zu.

Ein weiterer Grund, dass Bette nicht umziehen möchte, ist der Umzug selber, die Vorstellung, mit dem in den letzten sechzig Jahre angesammelten Hab und Gut fertigzuwerden. »Wenn ich in diesem Haus sterbe, müssen die Kinder es räumen. Sie werden alles wegwerfen.«

Ursprünglich wohnten im Whitney Center nur wenige Juden. Doch die Zahlen sind beträchtlich angestiegen, und folglich kann sich meine Mutter vorstellen, eines Tages auch dort zu leben, zumal immer mehr Freundinnen von ihr hingezogen sind. Die Wohnungen sind geräumig, die Dienstleistungen vielseitig, die Pflege wurde mit fünf Sternen ausgezeichnet. Sie erwähnt immer wieder die Instandhaltungskosten ihres Hauses als Entschuldigung dafür, dass sie diesen Schritt in Erwägung zieht.

»Ich schaffe es nicht mehr«, sagt sie, »dieses Haus kostet mich ein verdammtes Vermögen.« Von Gesundheit, Mobilität oder Sicherheit ist nie die Rede, so weit ist sie noch nicht.

Der Film war düster und langweilig. Wir schliefen beide am Anfang ein und wurden von einem Gewehrschuss mitten im Film geweckt. Sie beugte sich zu mir und flüsterte laut hörbar: »Sollen wir gehen?«

Auf der Rückfahrt bat sie mehrmals, ich möge doch langsam fahren. Sie belehrte mich, dass ich beide Hände am Lenkrad halten solle. Sie nannte den Namen von fast jedem Laden, an dem wir vorbeifuhren und wo sie ein irgendwie unerfreuliches Einkaufserlebnis gehabt hatte, einschließlich der Geschichten über schlechten Service und Verkäufer, die von nichts eine Ahnung haben.

»Zum Glück hebe ich meine Quittungen immer auf«, sagte sie, die regelmäßig ein Drittel von allem, was sie einkauft, zurückgibt. Und ich weiß, dass dies stimmt, weil in ihrem Portemonnaie Quittungen stecken, die noch aus den Jahren von Jimmy Carters Amtszeit stammen. Sie drängt mich immer, meine Quittungen aufzubewahren, was der Grund dafür sein mag, dass ich es nie tue. Wenn sie mir Vorwürfe dafür macht, dass ich Sachen nicht zurückgebe, wie eine Bluse, die nicht passt, oder eine Packung Trauben, von denen die Hälfte schlecht ist, ist es wie ein Urteil über meine ganze Generation: die Verschwender, die Verwöhnten, die Wegwerfer.

Gerade wollte ich links abbiegen, als meine Mutter mich belehrt, ich solle einen Bogen fahren.

»Man weiß nie, wann ein Bordstein oder ein Trennstreifen auftaucht.«

Dann gestand sie, dass sie eines Abends, als sie wieder einmal sehr großzügig links abbog, von der Polizei angehalten wurde. »Eine große, korpulente Polizistin. Riesig!«

Die Polizistin fragte sie, ob ihr klar sei, dass sie eine sehr große Kurve gefahren sei.

»O ja.«

Dann wurde sie gefragt, ob sie getrunken habe.

»O nein, Frau Beamtin.«

»Hast du die Alterskarte ausgespielt?«, frage ich.

»Na, und wenn schon.«

»Hattest du etwas getrunken?« Ich weiß, dass meine Mutter gelegentlich ganz gern einen Wodka mit Eis trinkt.

»Nein, nicht an dem Abend. Gott sei Dank.«

Nicht auszudenken, wie die Polizei meine Mutter aus dem Auto zerrt und sie auf einer geraden Linie einen Fuß vor den anderen setzen lässt, falls sie das heutzutage noch tun.

»Weißt du, wer nicht mehr fährt?«, fragt sie rhetorisch.

Solche Äußerungen beantworte ich nie, und das ist auch gar nicht nötig.

»Millie Klarik. Sie ist über neunzig. Ich nehme sie immer mit. Sie meint, ich sei die schlechteste Autofahrerin, mit der sie je gefahren ist. Aber sie lässt sich immer noch mitnehmen. Wie findest du das?«

Ich hatte keine Ahnung, wie ich das finden sollte. Ist Millie lebensmüde? Bringt die schiere Verzweiflung sie dazu, sich von meiner Mutter mitnehmen zu lassen? War sie gekränkt? Offenbar fand sie es witzig. Aber viel dringender: Soll meine Mutter noch Auto fahren? Sie hat ein- oder zweimal bemerkt, dass die Leute unglaublich grob sind und ihretwegen ständig hupen. Das macht mich stutzig: Warum hupen sie? Fährt sie nur zu langsam, oder nimmt sie die Kurve mal wieder in großem Bogen? Mir ist klar, wenn man in dieser Lebensphase den Führerschein verliert, ist es, wie ein Bein zu verlieren. Da würde sich das Whitney Center mit seinen vielen Bussen anbieten, mit denen die alten Leute zum Einkaufen, in die Stadt, zum Theater, zu Arztterminen und nach New York kommen. Das klingt alles gut, aber nach einem unabhängigen Leben ist es doch eher eine Zumutung.

♦

Wir vereinbaren einen Termin, um das Whitney Center gemeinsam zu besichtigen. Ich möchte es mit eigenen Augen sehen. Wir warten auf dem Flur auf unsere Begleitung. Eine Wand besteht ganz aus Glas, auf der anderen Seite ist Kunst von lokalen Künstlern und von den Bewohnern selber ausgestellt. Es wirkt wie eine Kunstausstellung in einem idyllischen Stadtpark, mit anderen Worten: irgendwie deprimierend. Die Frau, die uns zu unserem Rundgang begrüßt, erfüllt alle Erwartungen – warm, professionell, kundig. Sie trägt ein Sommeroutfit, vermutlich von Ann Tayler, und abgetragene Pumps, die sie bestimmt unter ihrem Schreibtisch verstaut. Nachdem wir uns vorgestellt haben, heißt es: »Gehen wir?« Und wir steuern auf die Aufzüge zu.

Die erste Abteilung, die sie uns zeigt, heißt Esche. Ich weiß, dass es sich auf die Bäume bezieht, aber ich assoziiere unmittelbar Asche und einen erkalteten Aschehaufen am Morgen nach einem Lagerfeuer und ein Krematorium. (Immer wenn meine Mutter mir sagt, dass sie beigesetzt werden will, drohe ich an, dass sie eingeäschert wird und ihre Asche vor dem Kaufhaus Saks Fifth Avenue in Manhattan ausgestreut wird. Sie sagt dann, dass es jetzt reiche.) Fürs Marketing sollten sie hier wirklich bessere Leute einstellen. Ich würde den Flur nach den berühmten Persönlichkeiten von Connecticut benennen, Nathan Hale, Mark Twain, oder nach der Stadt Trumbull. Selbst die Blumen von Connecticut würden sich anbieten: Aster, Taglilie oder Hartriegel.

Aus dem Aufzug kommend betreten wir einen langen Flur mit rotem Teppich. Von der Abteilung Esche bin ich dann ganz erstaunt. Alles neu und sauber und hell. Nichts auf dem Flur würde einen darauf bringen, dass die Abteilungen selber so einladend sind. Hier kann ich mir meine Mutter durchaus vorstellen. Es sieht so ähnlich aus wie die Wohnungen von Bea und Rhoda. In der Küche ziehe ich an einem Vertikalrollo, und dahinter verbirgt sich ein Abstellraum. Meine Mutter kritisiert die Aufteilung, sie meint, sie würde nicht an die oberen Regalfächer kommen. Ich erinnere sie daran, dass sie zu Hause auch nicht an die oberen Fächer heranreicht.

»Stimmt«, sagt sie und beginnt in ihrer Handtasche nach etwas zu suchen.

Die Frau führt uns durch das Appartement. Beide Schlafzimmer teilen einen kleinen Balkon. Das Badezimmer ist neu und mit einer behindertengerechten Dusche und Haltegriffen an allen Wänden ausgestattet. Am besten gefällt mir ein begehbarer Kleiderschrank mit Borden und jeder Menge Fächern, Stauraum für sämtliche Ferragamo-Schuhe meiner Mutter.

Wir erfahren, dass man Hilfe beim Packen und Einrichten des Appartements bekommen kann.

»Das Einzige, was Sie tun müssen, ist aufzuschließen. Wir hängen Ihnen sogar die Bilder auf«, sagt die Frau, etwas zu beflissen. Natürlich weiß ich auch, dass dies ein Luxus ist, den sich nur die wenigsten leisten können. Aber es kommt mir doch merkwürdig vor, in das eigene Leben einzutreten, das jemand anders organisiert hat, wie ein Blinder, der die Ausmaße eines neuen Zimmers ertastet. Ich weiß auch, dass ich mich glücklich preisen könnte, wenn mir im Alter jemand die Bilder aufhängen, meinen Wäscheschrank einräumen, einen Flachbildschirm fürs Fernsehen aufbauen, Diätsäfte in den Kühlschrank stellen und einen regelmäßigen Bridgetermin organisieren würde.

Meine Mutter stellt endlose Fragen über Kosten und Versicherung und Reinigung und eingeschlossene versus nicht eingeschlossene Dienstleistungen. Inzwischen hat sie den Zettel herausgezogen, nach dem sie gesucht hat: ein Blatt mit Notizen, die so durcheinander geschrieben sind, dass selbst ein Computerexperte wie Alan Turing sie nicht entziffern könnte. Sie notiert sich noch mehr, während die Frau einen Anflug von Ungeduld erkennen lässt. Sie versichert meiner Mutter, dass alle Informationen schriftlich vorliegen und uns am Ende der Besichtigung übergeben werden.

»Ich möchte es im Kopf verstehen«, entgegnet meine Mutter. Ich schaue auf den Zettel, Moms vertraute Handschrift, elegante Schwünge, die zu Kringeln werden, wenn sie sich langweilt. Mir ist klar, dass es nichts ändert, egal, wie angestrengt sie auf diesen Zettel auch schaut, es wird keinen Sinn ergeben, weil hierher zu ziehen keinen Sinn ergibt.

Die Frau erklärt uns, dass die Wohnungen wegen des Rabatts schnell weggehen, und mit dieser Bemerkung geht sie zu einem anderen Verkaufsmodus über. Dann zeigt sie uns die Gemeinschaftsräume: drei Esssäle, einen mit vollem Restaurant-Service, ein Pub und ein Café. Man bekommt eine Chipkarte mit Punkten, und die gelten in allen Restaurants. Wie im College, sage ich zu meiner Mutter.

»Nicht in meinem College.«

Es gibt einen Spa-Bereich und einen Friseur, ein Fitnessstudio und ein Schwimmbad, außerdem eine Bibliothek mit Holzregalen. Und in manchen der offenen Sitzgruppen liegen Zeitungen mit Lupen aus, Schachbretter und an einer Wand ein schwarzer, glänzender Flügel, der aussieht, als wäre er schon lange nicht mehr gespielt worden. Diese großzügigen Räume sind menschenleer bis auf einen Mann, der allein an einem Fenster sitzt. Die ganze Sache wirkt wie ein Bestattungsunternehmen auf mich. Ich frage unsere Begleiterin, wo die Leute sind, und sie sprudelt wie der Reiseleiter eines Kreuzfahrtschiffs eine Liste von Aktivitäten hervor.

Der Rundgang ist beendet, und wir treffen uns im Büro unserer Begleiterin, das mit Schulfotos von ihrem niedlichen Sohn geschmückt ist, und dann fällt mir noch eine Garfield-Geburtstagskarte neben einigen offiziellen Unterlagen am Notizbrett auf, ein großer roter Button KEINE PANIK neben ihrem Computer und sonstiger Büronippes. Dann wird die Frau mit ihrer Verkaufsmasche aufdringlicher. Ich nehme an, sie hat uns als potentielle Kunden ins Auge gefasst, darum geht sie jetzt aufs Ganze.

»Die Sache ist die«, erklärt sie, »viele Menschen möchten zu uns, nur warten sie zu lang, und irgendwann entsprechen sie unseren Voraussetzungen finanziell oder physisch nicht mehr.« Sie erzählt uns von ihren Schwiegereltern, die einen Platz hätten bekommen können, aber zu lange gewartet haben, und nachdem sie jetzt verschiedentlich gestürzt sind, war Eile geboten, und sie kamen in ein Pflegeheim mit einem Zwei-Sterne-Rating. Auch wenn ich vermute, dass dies zu dem vorbereiteten Verkaufsgespräch gehört, gestehe ich, dass es mir einen Schrecken einjagt. Und dann bemerkt sie, dass die Menschen, nachdem sie schließlich hier eingezogen sind, froh gewesen wären, wenn sie es schon vor Jahren getan hätten!

»Es ist ein sorgenfreier Ort, wo Sie Ihren Lebensstil beibehalten können, für sich *und* für Ihre Kinder.« *Und Abgang.*

Die Frau gibt uns die Unterlagen für die Appartements, die

sie uns gezeigt hat. Meine Mutter faltet die Papiere zusammen und steckt sie mit einem herablassenden Dankeschön in ihre Handtasche.

Wir sitzen etwas verstört da. Ich habe das Bedürfnis, die Sache irgendwie aufzulockern, und so stelle ich mir vor, wie es wäre, wenn ich ihren Computer durch das Glasfenster werfen würde. Dann beuge ich mich vor und stelle konspirativ eine letzte Frage. »Gibt es denn hier Anschluss?«

»Wie bitte?«

»Sie verstehen, Anschluss?«

»Sie meinen Kabelfernsehen?«

Sie weiß genau, dass ich nicht davon rede.

»Meinen Sie Beziehungen? Ja, es gibt einige Beziehungen, die sich entwickeln.«

»Okay«, sage ich und stehe auf.

Ich schaue zu meiner Mutter hinüber; sie ist ganz entsetzt, den Kopf in die Hände gestützt.

»Betsy«, sagt sie beim Herausgehen, »du gehst zu weit.«

»Danke«, strahle ich, als sei es als Kompliment gemeint.

◆

Auf dem Weg nach draußen trifft meine Mutter mindestens sieben oder acht Frauen, die sie kennt. Alle sind verwitwet bis auf eine, deren Ehemann Alzheimer hat. Es sind zierliche Jüdinnen in weißer Sommerkleidung, mit weißen Haaren und weißen Turnschuhen. Sie könnten Schachfiguren sein, die auf einem Brett zusammenstehen. Alle schwärmen von dem Haus und drängen meine Mutter, auch hierher zu kommen. Das Wichtigste ist, dass sie alle Bridge spielen. Meine Mutter spricht sozusagen ihre Sprache und lässt sich leicht auf Nettigkeiten und kleine Scherze ein. Sie umarmen sich und sagen sich gegenseitig, wie gut sie aussehen oder wie froh sie sind, sich zu sehen. Es fällt nicht schwer, sich meine Mutter hier vorzustellen.

Das Auto ist erstickend heiß. Wir öffnen die Fenster und warten einen Augenblick, bevor wir die Klimaanlage anstellen. Wir sagen kein Wort. Ich schaue zu ihr hinüber, und sie ist ganz woanders. Die ganze Überschwänglichkeit, ihre Freundinnen zu treffen, ist verflogen.

Schließlich sage ich, »Möchtest du meine Meinung hören?«

»Ja«, antwortet sie. »Möchte ich.«

»Ich finde, es ist eine schöne Option, vor allem, so viele Menschen dort zu kennen, aber so weit bist du noch nicht.«

»Danke«, sagt sie und schaltet die Klimaanlage ein.

Es ist Ende Juni, und die Bäume, die raupengrün waren, sind nun dunkler, ein Grün wie Dollarscheine. Blockbuster-Filme beherrschen die großen Kinos, und immer mehr Obst- und Gemüsestände, auf denen sich bald dicke Tomaten und Berge von Mais aus der Region häufen werden, sprießen aus dem Boden. Arthur ist jetzt im Hospiz, und Bette und ihre Familie halten Wache. Sie muss panische Angst haben, ihn zu verlieren, so unsicher, wie eine Zukunft ohne ihn für sie ist. Arthur war bekannt für seinen Spruch, der Trick im Leben sei, nie die letzte Runde mitzumachen, dann, wenn der Berg blau und golden glüht, wenn die Schlangen und Abhänge leerer werden und man nur kurz warten muss, einen Lift zu bekommen, wenn der Körper erschöpft ist, aber du dich noch nach einer letzten Abfahrt sehnst. Dann ist es Zeit, nach Hause zu gehen.

Meine Mutter ruft am Sonntagabend an, ihre Stimme ist rau, sie kann nicht zum Bridge gehen. Ein chronisches Atemwegsproblem macht ihr zu schaffen. Sie fragt mich, ob ich einspringen kann. Wie können wir spielen, während Bette so leidet? »Wir spielen«, sagt meine Mutter, »so machen wir das.« Ich hoffe, es ist ein Trost für Bette, dass der Bridgeclub auf ihre Rückkehr wartet, auch wenn ich sicher bin, dass Bridge das Letzte ist, worum sie sich Sorgen macht.

Das Spiel findet bei Rhoda statt. Sie hat ihren Tisch auf dem Balkon gedeckt und erwähnt, dass Bette so besonders gerne draußen isst. Man hat einen Blick über die Bucht in eine Landschaft mit Industriebauten rechts und Villen links. Motorboote liegen am Dock, ihre Oberflächen glänzen wie weißes Emaille, und ein Stück Treibholz oder Industriestahl ragt wie ein kaputter Spielzeugbausatz aus dem Wasser.

Rhoda hat den Tisch mit einem ganz neuen Satz Sets und Servietten mit einem sommerlichen Motiv und dazu passenden Serviettenringen gedeckt. Sie bietet Eistee und Kaffee in hohen Gläsern mit silbernen Rührstäbchen, die auch als Trinkhalme dienen sollen, aus denen man aber nur sittsam einen Schluck nehmen kann. Jackie sieht sehr elegant aus, wie sie so anmutig beim Nippen das Röhrchen hält.

Ich hatte mich dreimal umgezogen, ehe ich mich für ein langes graues Leinenkleid entschied, ganz gerade geschnitten und hoffentlich günstig bei meinem Übergewicht. Darüber zog ich einen weißen Baumwollpullover und legte meine goldene Uhr an. Ich trug sogar etwas Make-up auf. Nicht viel, gerade genug, um die Ränder unter den Augen und die Flecken am Kinn zu kaschieren. Als ich hereinkam, bemerkte Rhoda, dass ich so gut aussähe und ja ein Kleid anhätte. Mir wird deutlich, dass ich ebenso genau beobachtet werde, wie ich die Damen beobachtet hatte. Bea fällt auf, dass ich mir die Nägel habe manikürren lassen. (Das stimmt, ich hatte morgens eine Maniküre und habe mir den pflaumenfarbenen Lack ausgesucht, wegen des Namens auf dem Fläschchen: »Für alle Fälle.«)

Bea weist auf fünf Kormorane hin, die auf dem abgebrochenen, aus dem Wasser ragenden Ast die Sonne genießen. Sie sind vollkommen schwarz, bis auf einen, der eine graue Brust hat. Es sind riesige Vögel, die gerade damit beschäftigt sind, sich zu putzen, jeder auf seine Art. Bea findet ein Fernglas und holt damit die Vögel näher heran, ganz fasziniert von deren eigenartiger Schönheit. Dann reicht sie mir das Fernglas weiter. Ich sehe fünf Detektive in schwarzen Mänteln, fünf Nonnen draußen in der Sonne, fünf gut aussehende Zeremonienmeister bei einer Hochzeit und fünf Sargträger. Rhoda berichtet, dass sie jeden Sommer kommen und es immer fünf an der Zahl sind. Mir schießen bei ihrer Bemerkung die Tränen in die Augen, so sachlich und gleichgültig, wie sie ist. Die Damen erkennen gar nicht die Symbolik: fünf schöne alte Vögel.

Meine Partnerin ist Bea. Wie immer ist sie schnell dabei, mich auf meine Fehler hinzuweisen, und ich leiste mir gleich auf Anhieb ein paar grobe Schnitzer. Als ich richtig reize, nickt Bea mir zu, was ich als großzügiges Schulterklopfen empfinde. Nachdem ich mich eingespielt habe, kann ich mich allein schlagen, und das kommt mir wie ein Wunder vor. Nur zwei Mal weist Bea darauf hin, dass ich bei der Reizung eine starke zweite Farbe nicht genannt habe. Aber sie gewinnt das Blatt in beiden Fällen. Es ist keine nationale Katastrophe. Als ich der Dummy bin, gehe ich wieder auf den Balkon. Jetzt sind es vier Vögel. Zwanzig Minuten später, als ich wieder der Dummy bin, sehe ich noch einmal nach: drei.

Heute scheint die Zeit langsam voranzugehen. Ich mache mir Sorgen um Bette. Ich mache mir Sorgen um Mom. Als das Spiel zu Ende ist, trete ich noch einmal auf den Balkon, um einen letzten Blick aufs Wasser zu werfen. Der Kormoran mit der grauen Brust ist noch übrig und steht allein auf dem Ast. Er hat seine riesigen Flügel geweitet, als würde er einen Kimono öffnen. Rhoda kommt zu mir heraus und erzählt, dass sie sich auf diese Weise trocknen. Ja, das erkenne ich. Ich spüre die

Wärme der Sonne im Gesicht. Auch Rhoda hält ihr Gesicht in die Spätnachmittagssonne. Ohne Vorwarnung hebt der Vogel ab und flattert mit seinen großen Flügeln knapp über der Wasseroberfläche in einer geraden Linie ans andere Ende der Bucht. Jetzt sind alle fünf Vögel verschwunden. Ich schwöre mir, nicht zu viel in diese Szene hineinzulesen, aber es ist zu spät.

Am nächsten Morgen ruft mich meine Mutter an, um mir zu sagen, dass Arthur gestorben ist. Sie sagt, jetzt sei der Friede mit ihm, und wir wissen beide, dass sie selber nicht daran glaubt. Das Ende des Leidens ja, aber kein Friede. Wir sind nicht sentimental, was den Tod angeht. Wir glauben nicht, dass wir mit unseren Nächsten wiedervereint werden oder so etwas. Mir kommen die Tränen; meine Mutter schweigt. Noch vor sechs Monaten machte Arthur Haushaltseinkäufe, er und Bette gingen ins Kino und in Restaurants oder in das jüdische Gemeindezentrum, wo er auf dem Laufband lief und gerne mit den Schwätzern ein Schwätzchen hielt. Als er krank wurde, tröstete Bette sich und jeden, der sich nach ihm erkundigte, dass es wenigstens nichts Lebensbedrohliches sei. Das alles ist in wenigen Monaten hinfällig geworden.

Meine Mutter meint, es sei in Ordnung, bei Bette hereinzuschauen; als ich dies dann tue, stehen keine Autos in der Einfahrt. Einen Moment denke ich, ich sei am falschen Ort oder die Zeit für einen Besuch sei unpassend. Ich hatte eher mit einem Menschenandrang gerechnet. Als ich klingele, kommt Bette zur Tür, wo sie mich so oft zu unseren Gesprächen und zum Bridge begrüßt hat. Sie sieht besonders zart und blass aus, und als ich sie umarme, spüre ich jeden Knochen in ihrem Rücken. Ich habe Angst, sie zu erdrücken. Sie begleitet mich hinein. Draußen auf dem Balkon befüllen ihre zweijährigen Enkelsöhne Plastikdosen mit Wasser und gießen die Blumen. Das Wasser wird auf dem ganzen Balkon verspritzt, und diese befreiende Komik wirkt wie ein kleines Wunder. Bette ist glücklich, dass Arthur die beiden noch erlebt hat.

Wir verbringen eine halbe Stunde vor allem mit Small Talk. Wie ich beim Bridge für sie eingesprungen bin, jegliche Belanglosigkeit, die mir einfällt, um meine Nervosität zu bekämpfen. Bettes Tochter Amy ist da und bietet mir ein Glas Wein an. Bettes Sohn Jack beschäftigt seine beiden Kinder, indem er einen Ball hochwirft, und sie kreischen und rennen wie junge Hunde im Kreis herum. Als ich Bette endlich frage, wie es ihr geht, zuckt sie zusammen oder zuckt die Schultern – mir ist nicht klar, was genau. Dann erzählt sie mir, dass sie früher am Tag vereinbart haben, was zu tun ist – Arthur wird eingeäschert –, und bis dahin hatte sie die Fassung gewahrt. Beim Verlassen des Krematoriums sagte der Chef zu Bette: »Keine Sorge, ich kümmere mich gut um ihn.«

Vermutlich sagte er das nur routinemäßig, als Geste. Aber Bette ist explodiert: »Wer sind Sie, sich um meinen Mann zu kümmern? *Ich* kümmere mich um meinen Mann.«

Später gesteht sie, dass sie nicht weiß, was sie tun soll, wenn die Leute sagen »Gottes Segen« oder wenn sie sagen, sie beten für Arthur. Sie weiß, dass es gut gemeint ist, aber sie hat keine Ahnung, was Gott damit zu tun hat. Sie würde ihnen am liebsten sagen, dass sie für sich selber beten sollen.

Jeder, einschließlich Bette, würde sagen, dass sich Arthur um sie gekümmert hat und für sie gelebt hat und dass sie der Mittelpunkt seines Lebens war. Er ist ein Leben lang klaglos einem Job nachgegangen, den er nie mochte und sich auch nicht ausgesucht hatte. Das Einzige, was er von ihrem Stoffgeschäft behalten hat, ist ein Glasschrank mit bunten Garnspulen in Reih und Glied, die wie Soldaten aussehen. Das war Arthur, in Reih und Glied mit den pflichtbewussten Männern seiner Generation. Bettes Kinder sind besorgt, wie sie es nun schaffen soll, allein zu leben. Amy wohnt in der Nähe, in Hartford. Davi, die mittlere Tochter, lebt in Paris. Ihr Sohn, der außerhalb der Stadt wohnt, macht sich Sorgen und fragt sich, wie sie durch den Winter kommen soll, als wäre Woodbridge Sibirien und als hätte sie nur eine einzige Ration Äpfel, mit der sie die Schnee-zeiten überstehen soll.

Manchmal stirbt ein Ehepartner, bald nachdem er den Lebensgefährten verloren hat. Dafür gibt es die Redewendung des gebrochenen Herzens, und in mancher Hinsicht hat diese Vorstellung einen ähnlich romantischen Reiz, wie wenn junge Liebende gemeinsam sterben, so wie Romeo und Julia. Allerdings überleben die meisten Menschen ihren Ehepartner um fünf Jahre oder mehr. Trotzdem gefallen uns solche zugege-benermaßen seltenen Geschichten. Wir möchten gerne daran glauben, dass die Liebe so stark bleibt und der eine nicht ohne den anderen leben kann.

»Sechzig Jahre sind eine lange Zeit«, sagt Bette, als ich gehe. »Wie viel mehr kann man verlangen?«

Kapitel 20

Die Bridgedamen

♠

Kaum dass ich meine Mutter auf dem Parkplatz sehe, bedaure ich schon, mir dieses ganze Outfit für Arthurs Trauerfeier ausgedacht zu haben. Es ist ein schwarzes Baumwollkleid, in der Taille mit einem abgewetzten braunen Ledergürtel zusammengerafft, der aus meiner Sicht durchaus nach Ralph Lauren aussieht. Leider hat der Kleiderstoff alle Fäden und Fusseln ganz Connecticuts angezogen, die wie unter einer UV-Lampe glühen. Das Kleid verlangte nach einem Schuh mit kleinem Absatz, also nicht nach den flachen Ballerinas, die ich seit letztem Sommer trage. Sogar meine Tochter meinte, ich müsse andere Schuhe anziehen.

Eine Woche nach Arthurs Tod traf der erste Hurrikan des Jahres mit Windstärken von über hundertsechzig Kilometern pro Stunde und Wirbelsturmwarnungen North Carolina, und an der Küste wurden Familien evakuiert. Dass dieser Hurrikan Arthur genannt wurde, mag man für grausam halten oder für ein Wunder. Das Ende des Unwetters erreichte dann Neuengland mit Springfluten, Straßensperrungen und Stromausfällen. Auch da sollte ich wohl nicht zu viel hineinlesen, und auch in diesem Fall ist es unmöglich, dies nicht zu tun.

Es ist einige Wochen her, seit Arthur gestorben ist, und es war unklar, wo Bette die Gedenkfeier anberaumen würde – sie und Arthur sind vor Jahren aus der Synagoge ausgetreten. Sie entschied sich für unseren alten Country Club, ein weiteres Wahrzeichen meiner Kindheit, das sich überhaupt nicht verändert hat, bis hin zu den Haken an dem Schlüsselbrett mit den Schlüsselbunden beim Concierge.

Meine Mutter und ich küssen uns auf die Wange. Wie üblich könnten wir nicht verschiedener aussehen. Sie trägt zu viel Make-up, ich gar keines. Ihre schwarze Lackhandtasche von Ferragamo ist so groß wie ein nierenförmiges Schwimmbecken, meine ist so klein wie eine Gartenbohne. Ihre Haare sind gefärbt und in Form geföhnt, meine sind noch nass und hängen schlaff herunter. Ich weiß, dass sie auch das nervt. *Wie kannst du nur mit nassem Kopf losgehen?* Und da wir schon einmal dabei sind: *Willst du dir nicht diese grauen Haare färben lassen?* Nur dass sie jetzt und hier nichts darüber sagen wird, wie ich aussehe. Wir, meine Mutter und ich, haben eine lange Geschichte hinter uns.

Nur kann sie dann doch nicht anders und zupft ein paar der besonders auffälligen Fädchen von meinem Kleid. Es passt mir gar nicht, dass sie mich entfusselt oder mich so anfasst, aber ich lasse es geschehen. Und ich kanzele sie auch nicht wegen ihres grünen Eileen-Fisher-Baumwollensembles ab, das wie der OP-Kittel eines Chirurgen aussieht. Dies ist immerhin ein deutlicher Fortschritt auf beiden Seiten. Sind wir durch die räumliche Nähe zueinander Freundinnen geworden? Wenn wir irgendetwas gelernt haben, dann würde ich sagen, ist es Folgendes: Wenn du nichts Nettes zu sagen hast, dann sage lieber nichts.

Mit dreizehn, mit einundzwanzig, in den Dreißigern und Vierzigern fühlte sich alles, was mir meine Mutter an den Kopf warf, wie ein Hammerschlag an. Heute ist es nicht mehr ganz so schlimm. Nach drei Jahren bei Anne war ich bereit, allein mit dem Leben klarzukommen. Als ich ihr sagte, dass ich so weit sei, die Therapie zu beenden, nickte sie zustimmend. Sie hielt dem nicht entgegen, dass ich noch immer Probleme habe, an denen ich arbeiten sollte, und sie verunsicherte mich auch nicht in meiner Entscheidung. Jeder Therapeut, den ich bisher aufgesucht hatte, versuchte, mich zum Bleiben zu überreden, und setzte manchmal die Stunden noch monatelang fort. Trotzdem war es schwer, nicht mehr zu Anne und zu unseren wöchentlichen Therapiestunden zu gehen, mir vorzustellen, dass jemand anders jetzt meinen Platz und meine Stunde übernähme und nun Anne gegenübersäße und Antworten von ihr erhoffte. *Viel Glück dabei.* Ich wünsche mir, dass sie mich und mein faszinierendes Leben vermisst. Ach, wie habe ich sie bewundert! Wie habe ich sie geliebt! Nie hat sie nachgegeben, mich verzärtelt oder mich herablassend behandelt. Ich brauchte nichts zu tun, brauchte nichts zu reparieren und auch niemanden zu unterhalten. Es gab keine Erleuchtung, die wie eine Chrysantheme bei einem nächtlichen Feuerwerk explodierte, keine goldenen Gerstenfelder. Ich musste mich nicht erst lieben lernen oder meinen Lebensweg akzeptieren, der mich erstaunlicherweise mit meiner achtzigjährigen Mutter am Arm in ein Multiplex-Kino führte. Anders als jede andere therapeutische Beziehung, in der ich mich je befunden habe, half sie mir wirklich zu erreichen, was ich erreichen wollte: Sie half mir, mich um meine Mutter zu kümmern und damit auch um mich selber.

♦

Wir sehen meine ältere Schwester auf den Parkplatz fahren und warten auf sie, bevor wir hineingehen. Nina ist aus Boston gekommen, und meine Mutter betont, wie nett es von ihr ist, dass sie sich die Mühe macht.

»Mom.« Sie klingt außer sich. »Natürlich komme ich.«

Unsere Mutter tut immer unwissend, wenn es um Herzensdinge geht. »Ich wusste nicht, dass du ihnen so nahestehst.«

Meine Schwester kontert. »Wirklich, du wusstest nicht, was ich für Arthur empfunden habe? Oder für Bette?«

Meine Mutter bleibt unbeirrt. »Ich sage ja nur, es ist sehr nett.«

Diese Reaktion irritiert meine Schwester immer mehr. »Mom, ich bin auch deinetwegen hier.« Dann wirft sie mir einen Blick zu: *Verstehst du sie?*

Als Erste erspähe ich in der Menschenmenge, die sich an der Kondolenzschlange staut, Bettes und Arthurs mittlere Tochter Davi. Wir beide waren in derselben Klassenstufe, im selben Alter, und wir sind Töchter von Bridgedamen. Aber in der Schule hatten wir eigentlich nie miteinander zu tun. Dann ging sie nach Paris, wo sie die längste Zeit ihres Erwachsenenlebens gelebt hat. Hatte sie sich dort einen Traum erfüllt, oder war Paris einfach nur weit entfernt genug von hier? Ob sie wohl fließend Französisch sprach und von der Arbeit mit einem Baguette im Fahrradkorb nach Hause radelte? Hatte sie viele Liebhaber? Genau wie ihre Mutter sieht Davi sehr gut aus. Als ich sie sehe, erinnere ich mich, dass sie in ihrem rechten Auge eine kleine weiße Wolke hat, nur ein Fleck, den ich immer so geheimnisvoll an ihr fand. Ob sie wohl die Welt dadurch gesehen hat? Als ich in der Warteschlange zu ihr vorrücke, sage ich: »Ist es nicht verrückt? Warum lächele ich?«

Dann lachen wir beide über die Absurdität, und ich merke, wie verschlossen das Lächeln in ihrem Gesicht ist. Genau so habe ich bei der Beisetzung meines Vaters gelächelt, als ich in dieser surrealen Kondolenzschlange stand.

Mittendrin entdecke ich Bette, umringt von Menschen. Sie hat wieder etwas Farbe. Ich weiß nicht, ob es Rouge ist oder ob sie wieder etwas zu Kräften gekommen ist, die ihr so ganz verloren gegangen waren. Sie trägt ein pfirsichfarbenes Oberteil und eine Hose in derselben Farbe, samt einem Reif mit Kristallen um den Hals. Konnte Bette den selber anlegen, oder hat Amy ihr geholfen, die Schließe im Nacken festzumachen, an der Stelle, wo unsere Mütter uns als Kindern die Köpfchen liebkosten und küssten?

Eine Diashow wird an die Wand geworfen, aber die Sonne, die durch die Fenster strahlt, hellt die Bilder zu sehr auf. Geisterbilder in einem sich wiederholenden Kreislauf: Arthur im Koreakrieg, Arthurs Collegeabschluss, Arthur mit Bette am Strand, sie mit ihrer beneidenswerten Figur. Arthur mit seinen drei Babys, beim Wandern mit seinem Sohn, in den Ferien mit Bette. Sie sehen alle gut aus, diese kleine Arthur-Crew, die Segler auf seinem Schiff. Die Bilder kommen und gehen.

Als Bettes Sohn zum Mikrofon greift, um alle zu begrüßen, klingt seine Stimme so furchteinflößend wie die von Arthur, als würde er im nächsten Augenblick hinter dem Vorhang hervortreten. *War nur Spaß. Bin noch da.* Aber die Vorhänge bleiben unbewegt, und im Saal ist es still. Jack erinnert sich an einen Tag am Strand, als er sechs oder sieben war.

»Es gibt ein sehr kleines Zeitfenster im Leben eines Jungen, wenn er an der Hand seines Vaters geht«, sagt Jack.

Jeder von uns hier Versammelten kennt sich mit kurzen Zeitfenstern aus: der unbeschreibliche Geruch eines Neugeborenen, die Kindheit, der erste Kuss. Und Fenster, die sich nicht schließen wollen: die erste Scham, der erste Betrug, etwas zu sagen, das man lieber nicht gesagt hätte.

Amy liest aus markigen Briefen Arthurs vor, die er ihr zu Beginn ihrer Collegezeit geschrieben hat. Sie sind wahnsinnig komisch und bezeichnend für seinen leicht absurden Humor. Aber unter diesem Humor ist die Sehnsucht des Vaters herauszuhören, der seiner Tochter sagen möchte, dass er sie vermisst, sie liebt und hofft, dass sie ihren Weg geht. Ich wundere mich, dass sie diese Briefe all die Jahre aufbewahrt hat, als hätte sie geahnt, dass sie sie noch einmal brauchen würde. Auch Davi, die Mittlere, die genau wie ich ein Leben mit vielen Konflikten und Nöten zu meistern hatte, ergreift das Wort. Bei ihr gibt es keine Geschichte oder Erinnerung, die ihrer Rede wie bei Jack und Amy als Aufhänger dient. Sie entfaltet ein Stück liniertes Papier aus einem gewöhnlichen Notizbuch, das wie ein Zettel aussieht, den man einem Freund in der Schule gibt. Und als sie zu lesen beginnt, verliert ihre Stimme an Kraft: »Ich möchte meinem Vater danken.«

Später wird Bette mir erzählen, dass Davi ihrem Vater äußerst nahestand. Sie ist Krankenschwester und war eine außerordentliche Unterstützung im Hospiz. Das kann man sich gut vorstellen: Sie geht langsam und mit großer Umsicht durch die Welt. »Er wollte sein Fernglas haben«, erzählt mir Davi. »Alle fanden das unsinnig, da er nicht aus dem Bett kam.« Davi brachte ihm das Fernglas. Dann wollte er seine Nagelfeile haben, und auch die brachte Davi ihm. Ich stelle mir vor, dass Arthur ausbrechen wollte, zu einem letzten Lauf, aber vermutlich war ihm die Sicherheit seiner Familie wichtiger, wie immer.

Als Jack die Versammelten fragt, ob sie sich an Geschichten erinnern, steht eine alte Freundin Bettes aus Schul- und Collegezeiten auf und stellt sich als Sis Levine vor. Ich mag sie sofort. Eine kräftige, ernste Stimme, ein breites Lächeln, ein Mensch, der einem das Gefühl gibt, willkommen zu sein, oder so stelle ich sie mir zumindest vor.

»Bette war immer Schauspielerin«, sagt Sis, »ich habe sie in all ihren Stücken gesehen.«

Später erzählt mir Bette, dass Sis ihr nach ihrer ersten Aufführung am Skidmore Blumen geschickt hat. »Ich habe das nie vergessen, können Sie sich das vorstellen, dass jemand so etwas tut?«

Bette hat mir einmal ein zwanzig-mal-fünfundzwanzig Zentimeter großes Foto von ihr als Lady Bracknell in einem langen dunklen viktorianischen Kleid mit schwarzem Hut von der letzten Vorstellung am Skidmore gezeigt. Sie war zwanzig, vielleicht einundzwanzig, und passte perfekt in diese Rolle. Bei meinem ersten Besuch fragte ich Bette, was sie an der Schauspielerei so liebte.

»Also, ich war immer sehr, sehr angespannt, bevor ich auf die Bühne ging. Den ganzen Tag vor der Aufführung war ich angespannt. In dem Augenblick, wenn ich auf die Bühne trat, fiel die Anspannung von mir ab. Es war, als hätte ich das Bedürfnis, jemand anders zu sein – nicht Bette Cohen. Und dann konnte ich mich entspannen, weil ich es nicht mehr war.«

Ich bin sicher, dass sie sich heute so fühlt und am liebsten ihr Witwenkostüm abwerfen würde.

♦

Mein Mann setzt sich zu mir an unseren Tisch. Er ist zu spät gekommen und muss früher wieder gehen, aber es rührt mich zutiefst, dass er sich bei seinem engen Terminplan die Zeit genommen hat zu kommen. Er wollte dabei sein. Er hat viele unserer gemeinsamen Festtagsessen mit Bette und Arthur erlebt und war den beiden herzlich verbunden. Trotzdem hätte ich ihn nicht gebeten zu kommen. Wir sind kein Ehepaar der Eisenhower-Zeit, und ich bin keine Frau der 50er Jahre. So läuft die Show hier nicht. Unabhängigkeitstrümpfe sind obligatorisch.

Als John und ich jungverheiratet waren, fiel ich in eine meiner schlimmsten Depressionen. Wie bei der postpartalen Depression meiner Mutter erschien es unbegreiflich, dass dies im Zusammenhang mit etwas passierte, das ich so sehnlich herbeigewünscht hatte. Ich funktionierte kaum und war unfähig, die einfachsten Entscheidungen zu treffen. Jede schöne Sache wirkte wie eine Bedrohung auf mich: Baumwurzeln, das entfernte Tuten des Morgenzugs, und wenn mich John zu einem Spaziergang am Meer mitnahm in der Hoffnung, dass mich das aufheitern würde, sah für mich die Sonne wie ein Papierkreis aus, der aus einem Loch herausgestanzt war, und die von den Wellen sanft geformten Sandrillen kamen mir wie geisterhafte Tierkadaverreste vor. Ich hatte panische Angst, den Job zu verlieren und John abzustoßen, nämlich mit meinen ungewaschenen Haaren, dem Mundgeruch und Kleidern, die ich kaum wechseln konnte. Eines Abends hörte ich ihn am Telefon sprechen, mit leiser Stimme.

Später sagte er mir, dass es meine Mutter gewesen war.

»Was hast du ihr gesagt?«

»Ich habe gesagt, dass ich Angst habe.«

»Was hat sie gesagt?«

»Sie sagte, ich soll durchhalten.«

»Und sonst?«

»Sie sagte, du seist es wert.«

Als John sich erhebt, um zu gehen, begleite ich ihn zur Tür. Ich danke ihm, dass er gekommen ist.

»Natürlich«, sagt er.

Die Ecken am Kragen seines Hemdes sind in der Sommerhitze nach oben gerollt, und ich glätte sie nach unten. Ich möchte ihn nicht gehen lassen.

♦

Die zwei Damen am Tisch hinter mir sind Siskel und Ebert vom Bestattungsservice. Sie sagen sämtliche Programmpunkte an, während Freunde und Familie Arthur die Ehre erweisen. Sie sind allerdings wenig diskret und halten sich mit ihrer Meinung nicht zurück: »Zu lang«, »Zu weitschweifig«, »Ist das Arthurs Cousine?« und »Ist sie krank?«

Als Letztes erhebt sich ein Freund der Familie und beginnt, etwas abzulesen, was nach einigen Seiten aussieht. *Stöhn.* Seine Art zu reden ist eine Mischung aus Politiker und Prediger, seine Ansprache eine Mischung aus Klischee und Moralpredigt. Die Zeit will gar nicht vergehen. Die Diashow läuft wieder und wieder durch. Arthur, Arthur, Arthur. Schließlich fragt er uns alle, ob wir wissen, was ein »Bindestrich« ist. Niemand scheint zu wissen, wovon er spricht. Er sieht sich im Raum um.

»Bindestrich? Irgendwer?«

Schließlich, als niemand eine Vermutung äußert, klärt er uns auf. Er meint den Bindestrich auf einem Grabstein, das, was zwischen dem Geburtsjahr und dem Todesjahr steht. »Der Bindestrich, das ist, wie du dein Leben gelebt hast. Was du zwischen diesen Jahren getan hast, das ist wichtig.«

Siskel kreischt hinter mir hervor: »Was hat er gesagt, der Windestrich? Was ist denn das?«

Dann sagt Ebert: »Ich verstehe nichts.«

Es ist, als würde man vor schwerhörigen Juden im Kino sitzen. Tatsächlich sitze ich vor schwerhörigen Juden.

Sonst meldet sich niemand mehr zu Wort, und es sieht so aus, als wären die Würdigungen vorbei.

Die Leute stehen herum und streben auf das Büfett zu. Erst in diesem Augenblick steht Bette mit Hilfe ihrer Töchter auf. Sie hat etwas zu sagen.

»Ich möchte allen fürs Kommen danken«, hebt sie an. »Arthur wäre erstaunt gewesen, so viele Menschen zu sehen, aber ich bin es nicht.«

♦

Bevor wir gehen, mache ich meine Runde, um mich von Rhoda, Jackie und Bea zu verabschieden. Sie haben es sich in den Ecken bequem gemacht, wie stabile Tischbeine. Bea sitzt mir am nächsten. Sie ist in Schwarz gekleidet. Wie gern sähe ich sie in Violett und Limonengrün.

»Hi, meine Süße«, sagt sie und drückt mir die Hand, und ich lächele die wenigen Menschen an, die bei ihr sitzen. Man kann sich kaum vorstellen, wie sie sich heute fühlt. Sie hat Carl nach einigen Schlaganfällen schon vor zehn Jahren verloren. Er saß im Rollstuhl und konnte sich nicht mehr verständigen, aber mit Betreuung rund um die Uhr konnte er noch zu Hause sein. »Es war schwer.« Mehr sagt Bea nie.

»Bea, Sie sind erstaunlich.« Das habe ich ihr mehr als einmal gesagt. Und sie antwortet immer dasselbe. »Betsy, es ist erstaunlich, an was man sich gewöhnen kann.«

Jedes Mal, wenn wir uns unterhielten, hat mich Bea gern mit Geschichten aus den Tagen schockiert, als Carl noch ein junger Assistenzarzt in der Augenheilkunde war.

»Wollen Sie wissen, wie sie das Operieren gelernt haben, Betsy?«

»Wie denn, Bea?«

»Am Kopf einer Leiche, nein, an einem halben Kopf«, korrigierte sie sich, und holte dann zum großen Schluss aus. »Sie nahmen nur das Auge und die Augenhöhle raus!«

Bea und Carl waren sechzig Jahre verheiratet. Beim Bridge holt sie die Cocktailservietten mit den Monogrammen ihrer Initialen an den Ecken hervor. Sie sagt, als Carl starb, habe sie einen Golfball auf sein Grab gelegt, statt eines Steins. Der war dann natürlich, als sie später einmal kam, nicht mehr da.

♦

Auf der anderen Seite des Saales sitzen Jackie und Dick mit drei anderen Ehepaaren. Zweifellos ist ihnen bewusst, wie viel Glück sie haben. In Ehen, die länger als sechzig Jahre dauern, spricht die Wahrscheinlichkeit eigentlich dagegen, dass beide Ehepartner noch bei relativ guter Gesundheit sind. Jedes Jahr schreiben sich Dick und Jackie Karten zum Hochzeitstag. Dieses Jahr, zu ihrem dreiundsechzigsten, haben sie beide dieselbe Karte mit einem Löwen und einer Löwin füreinander ausgesucht. Ich falle fast in Ohnmacht: Wie romantisch! Jackie wehrt das ab.

»Hören Sie mal, finden Sie das nicht unglaublich?«

Unabhängig voneinander schlendern beide an den Kartenständern in einem Drogeriemarkt entlang und suchen dann dieselbe Karte aus.

Sie zuckt die Schultern.

»Was meinen Sie denn, was das bedeutet?« Ich dränge sie zu einer Erkenntnis.

»Dass wir im selben Film sind?«

Einmal sagte mir Jackie, das Geheimnis ihrer Ehe sei, dass sie Dick als den annehme, der er sei. Mir erschien dies als ein ziemlich radikales Verständnis. Sollte ich meinen Mann als den akzeptieren, der er ist? Sollte ich mich selber akzeptieren? An guten Tagen sahen wir uns als unfertige Projekte. Unsere Eltern haben sich niemals gefragt, was sie werden würden, wenn sie erwachsen wären, oder sogar, ob sie erwachsen würden. Sie waren einfach erwachsen!

Mir fällt auf, dass Jackie ihren dreizackigen Ring trägt. Sie hatte mir vor einiger Zeit gesagt, es sei ihr Glücksring.

»Glück wofür?«

»Zuerst wegen des Fliegens. Ich bekam ihn, als wir mit dem Fliegen anfingen, und ich habe ihn immer getragen.«

»Und jetzt?«

»Für das Leben vermutlich.«

Rhoda ist allein gekommen, aber sie erwähnt, dass sie George später noch trifft. Er kommt jedes Wochenende, und freitags abends kocht sie für ihn ein Sabbatgericht. Mehr als einmal hat Rhoda erwähnt, dass George von ihren Kochkünsten begeistert und immer dankbar dafür ist.

»Selbst wenn du ihm nur ein Ei zubereitest, ist er schon begeistert!«

Sie gehen ins Kino, zu Vorträgen und ins Theater. Sie geben Einladungen und gehen auf Reisen. Sie machen zusammen Kreuzfahrten! (Die Damen glauben, dass sie sich eine Kabine teilen.)

»George ist ein Gentleman«, und um dies zu illustrieren, fügt Rhoda hinzu: »Ein Gentleman im wahrsten Sinne des Wortes. Er hält dir die Tür auf und zieht dir den Stuhl hin.« Sie haben nie getrennte Kassen gemacht!

Es ist klar, dass George Rhodas hohe Erwartungen erfüllt, und das will schon etwas heißen. Er wird sogar von Beth gebilligt. Rhoda fühlte sich natürlich etwas befangen, als die beiden sich das erste Mal trafen. Aber der Tag gelang außerordentlich gut, und am Abend schickte Beth eine E-Mail: »Ich finde ihn wunderbar. Er ist ein Fels in der Brandung.« Ihr Sohn freute sich auch für sie, er freute sich über diese Beziehung.

Einmal, als das Bridge bei Rhoda stattfand, fragte Bette, ob George die Blumen auf dem Couchtisch mitgebracht habe.

»George bringt immer Blumen mit«, sagte Rhoda, ein wenig anmaßend, und wer kann ihr das übel nehmen: In diesem Alter eine Liebe zu finden, ist schon etwas Besonderes.

»Warum heiratet ihr nicht?«, fragte Bette.

»Dann gäbe es keine Blumen mehr!« Rhoda lacht laut über ihren eigenen Scherz.

»Es muss schön sein, einen Begleiter zu haben«, meint Bette, »jemanden, mit dem man fernsehen kann.«

»Sei nicht so naiv, Bette«, schoss Rhoda zurück.

Rhoda und George sind seit drei Jahren zusammen. Als ich sie fragte, ob sie verliebt sei, wurde sie rot. Dann sagte sie ja, und zwar sehr.

Sie sind alle hier, die Bridgedamen. Wenn man sie nicht kennt, käme man nie auf die Idee, dass sie seit über fünfzig Jahren zusammen in einem Club sind und Tausende von Lunches und noch viel mehr Bridgerunden miteinander erlebt haben. All die Schalen mit Bridgegebäck, die Auseinandersetzungen über schlechte Reizungen, die Anzahl der gewonnenen und verlorenen Stiche. Ihr Club ist stabiler als die meisten Ehen. Geburten, Einschulungen, Wege ins Leben. Eine Flutwelle von Sorgen, eine Kette von glücklichen Tagen, eine Familie, die in einem Kombi auf einer langen Heimfahrt gemeinsam Lieder singt. Das Nest leer. Ehemänner beigesetzt. *Sonnenaufgang, Sonnenuntergang.*

Ich war davon ausgegangen, dass die Beziehung zwischen den Bridgedamen beneidenswert unzerstörbar ist. Ich dachte, sie teilten ihre tiefsten Geheimnisse, gestanden sich ihre größten Ängste, sorgten sich um ihre Kinder und nörgelten über ihre Ehemänner. Nach dem Motto: Was am Bridgetisch passiert, bleibt am Bridgetisch. Ich wünschte mir oft, die Damen hätten unsere Freiheit genossen, mit verschiedenen Kerlen zu schlafen, ehe sie sich für den einen entschieden. Meine Mutter sagte einmal, nachts sind alle Katzen grau. Soweit ich weiß, hatte sie keine Kontrollgruppe. Ich wünschte, die Damen wären sich dessen bewusst, dass sie einer Karriere hätten nachgehen können: Bette am Broadway, meine Mutter als Autorin, Jackie mit ihrer eigenen Reiseagentur und Rhoda als Rabbinerin. Bea hätte wohl alles tun können: die Hungrigen speisen, ein Social-Media-Unternehmen gründen oder es zum Life-Master im Bridge bringen. Ich wünschte mir so, dass sie sich einander anvertrauen und Trost spenden. Ich wünschte mir so, dass sie sich einmal in den Arm nehmen!

Ihre Periode war nie synchronisiert wie bei Mädchen im Studentenheim, sie standen nie auf Drogen, sie sind nie mit heruntergerollten Fenstern auf den kurvigen Straßen von Woodbridge gefahren und haben dabei Bruce Springsteen oder Bob Marley auf volle Lautstärke gedreht. Sie haben nie etwas richtig Dummes angestellt, Staub aufgewirbelt und sind auch kein Risiko eingegangen. Sie sind in keinen Krieg gezogen oder für etwas in den Streik getreten. Im Wesentlichen haben sie die Konventionen gewahrt, mit denen sie groß geworden sind. Und sie haben durchgehalten. Nachdem sie es ausgesprochen hatten, meinten sie es mit ihrem Ehegelöbnis ernst. Sie haben ihre Kinder großgezogen und ihnen weitergeholfen, wenn sie als Erwachsene in Schwierigkeiten gerieten und mit den Härten des Lebens konfrontiert waren: Verlust des Arbeitsplatzes, Scheidung, gesundheitliche Probleme, finanzielle Sorgen. Als ich im Startblock meines Lebens ins Stolpern geriet, sagte meine Mutter, sie halte viel von Spätzündern. Und als ich wieder stolperte, wiederholte sie es. Ich hätte nie gedacht, dass ich das einmal sagen würde, aber ich glaube wirklich, man muss die Bridgedamen bewundern.

Auf der Rückfahrt von der Gedenkfeier erwähnt meine Mutter einen Artikel über den Dichter Edward Hirsch, den sie gerade im *New Yorker* gelesen hat (und dazu muss ich sagen, dass sie der einzige mir bekannte Mensch ist, der mit der Lektüre des *New Yorker* immer auf dem Laufenden ist).

»Kennst du ihn?«

»Ich kenne ihn nicht, aber ich habe ihn gelesen.«

»Wirklich?«

»Mom, ich habe Literatur und Schreiben studiert.«

»Ach ja.«

»Warum?«

»Im aktuellen *New Yorke*r ist ein Artikel über ihn, hast du den gelesen?«

»Was ist damit?« Ich bin mit dem *New Yorker* eineinhalb Jahre hinterher.

»Also, er hat einen Sohn verloren und darüber ein Buch geschrieben. Irgendetwas daran hat mich wirklich angerührt.«

»Was denn?«

»Lies es, und du wirst es verstehen.«

»Erzähl es mir einfach.«

»Es geht um Leiden.«

Hier endet das Gespräch. Zu Hause suche ich den Artikel heraus. Sofort fällt mir der Vers am Ende des Artikels ins Auge:

Schau gut hin und dann siehst du
Fast jeder trägt Säcke
Mit Zement auf den Schultern
Also gehört Mut dazu
Morgens aus dem Bett zu kommen
Und in den Tag zu steigen.

»Mein Leben ist vorbei«, vertraut Bette meiner Mutter an, als sie etwa eine Woche nach Arthurs Tod wieder auf ihrem Spaziergang sind, ihre zweckmäßigen Schuhe zerdrücken das verdorrte Laub, während sie dem gewundenen Weg folgen.

»Es ist nicht vorbei, Bette«, sagt meine Mutter. »Es ist bloß erschüttert.«

Wie oft war das Leben meiner Mutter schon erschüttert? Ihr Vater ein Tyrann, ihr Mantel in Flammen, eine traurige Fracht mit einem erloschenen Gesicht. Und dann unsere Synagoge, mit ihren Buntglasscherben – gelb, orange, braun –, die zusammengelötet sind wie eine alte Landkarte. Was empfindet meine Mutter, wenn sie dorthin zurückkehrt? Ihr junges Leben erschüttert, die Stücke dort?

Als wir jung waren und die Winter härter waren als heute, kamen manchmal Enten an unseren halb zugefrorenen Teich geflogen, die meinten fatalerweise, sie könnten sich hier ausruhen, aber dann kamen sie um, weil sie sich von dem zufrierenden Eis nicht befreien konnten. Wir bestürmten unseren Vater, dass er aufs Eis gehen und sie retten solle. Er trat am Rand mit dem Stiefel auf das Eis, versuchte einen Schritt zu tun, und dann hörte man es: krachendes Eis unter der Oberfläche wie elektrischer Strom. Wir traten alle zurück, aufgeregt und erleichtert. Dann gingen wir wieder nach drinnen. *Mit leeren Händen.*

Bette kommt nach ein paar Wochen wieder zum Bridge. Sie sagt, sie fühle sich, als hätte sie eine Gehirnhälfte verloren. Sie kann sich nicht konzentrieren. Ich bilde mir keineswegs ein, dass es ein Wendepunkt für sie ist, wieder zum Bridge zu kommen, sondern vielmehr wird es ihr Wunsch nach Gesellschaft sein, das Bedürfnis, Lippenstift aufzutragen und Perlen anzulegen oder etwas Vertrautes in Händen zu halten wie ein Kartenspiel mit seiner eleganten Symmetrie und den stilisierten Farben: Pik, Karo, Cœur und Treff.

Der Lunch findet im Woodbridge Gathering statt, einem ganz einfachen Imbiss ohne jede Dekoration. Eine sehr freundliche Kellnerin bringt uns die Speisekarten. Ihre Ponyfransen haben sich gelöst und schwingen ihr vor der Brille hin und her wie Scheibenwischer. Bette kommt zu spät. Zwischen ihr und meiner Mutter gab es ein Missverständnis; sie wollten sich an der Tankstelle treffen, um vorher noch etwas zu besprechen.

Mitten in diesem Durcheinander schleicht Bette herein wie eine Katze, die man tagelang vermisst hat. Sie zieht sich einen Stuhl heran, und das ist alles: Keine würdige Begrüßung. Keine Umarmung oder Küsse. Niemand sagt etwas.

Ich bin fassungslos. Bette war sechs Monate lang nicht dabei. Sie hat ihren Mann verloren. Erlebe ich hier eine Parallelwelt, in der Gefühlsäußerungen mit dem Tode bestraft werden? Könnten sie nicht wenigstens einmal von Mount Rushmore herabsteigen und jemanden umarmen? Stattdessen schweifen die Gespräche von einem Thema zum anderen. Jackies Enkeltochter heiratet in Maine. Ihr gefällt der junge Mann sehr. Darauf folgt ein Gespräch über Einladungen ganz ohne Papier. Achtung, Alarmglocken: Den Damen missfällt das.

Als ich Bette das nächste Mal sehe, mag ich nicht darauf herumreiten, dass niemand ihre Rückkehr thematisiert hat, aber ich rege mich ihretwegen auf.

»Waren Sie nicht erstaunt, dass die Damen Sie nicht ausdrücklicher willkommen geheißen haben?«

»Nein, eigentlich nicht.«

»Sie meinen, es hat Sie nicht gestört, dass niemand Arthur erwähnte? Oder die Gedenkfeier?«

Bette denkt jetzt genauer nach, ehe sie antwortet. »Nein, war ich wirklich nicht. Ich hätte es angesprochen, wenn ich das Bedürfnis gehabt hätte. Ich nehme an, sie wollten meine Gefühle respektieren. Jedenfalls wollte ich nicht darüber reden. Es war schön, mal auf andere Gedanken zu kommen und einfach Bridge zu spielen.«

Epilog

Meine Mutter und ich springen ins kalte Wasser. Wir beschließen, als Partner zum Dienstagsspiel im Orange-Seniorenzentrum zu gehen, wo wir Bridgeunterricht genommen haben und ich mit Jonathan gespielt habe und dabei vor Angst fast eingegangen bin. Es ist Oktober, ich bin nicht dazu gekommen, in New York bei Honors zu spielen. Ich habe noch keine geeignete Gruppe zum Spielen in New Haven gefunden, und ich habe Sorge, dass ich alles wieder vergesse. Wir spornen uns gegenseitig an und finden schließlich einen passenden Dienstag zum Spielen. Ich habe mehr in meinen Bridgebüchern gelesen, auf meiner App gespielt und mir gesagt, dass ich ganz entspannt sein kann. Diesmal schaffe ich es. Meine Mutter ist diejenige, die eingeschüchtert und etwas neben der Spur ist, als würde sie mit jemand Fremdem schlafen, obwohl sie mit derselben Person schon ein Leben lang zusammen ist. Sie kennt sich mit dem Montagsspiel und den Damen aus, aber die Spieler hier sind bekannt dafür, dass sie stark sind; einige von ihnen spielen jeden Tag in der Woche.

Inzwischen habe ich großen Respekt davor, wie meine Mutter sich zurechtgefunden hat, seit mein Vater vor etwa zehn Jahren gestorben ist. Sie bittet selbst bei den wichtigen Dingen, bei Finanziellem oder bei Hausreparaturen, nie um Hilfe, und für alles andere, zum Auswechseln von Glühbirnen, zum Einrichten eines neuen Anrufbeantworters und zum Reinigen der Dachrinnen, hat sie ein Faktotum. Ich hatte sie immer für völlig unselbstständig und auf meinen Vater angewiesen gehalten. Das lag an der Dynamik zwischen ihr und ihm. Er war derjenige, der die Dinge erledigte. Als er nicht mehr da war, oblag es ihr, sich um alles zu kümmern. Und allmählich kam sie wirklich mit allem zurecht. Als ich sie frage, wie sie das geschafft hat, sagt sie, »Dad hat sich um alles gekümmert. Als er krank war, hab ich mich jeden Tag aufgerafft und mir gesagt: ›Du bist gesund, jetzt bist du dran. Es ist deine Chance.‹«

Inzwischen habe ich auch hohen Respekt vor den Senioren im Orange-Seniorenzentrum. Das kann einen schon nerven, mit all den Hörgeräten, Gehhilfen und sonstigen Gerätschaften, die einen aus der Fassung bringen. Die Männer kommen mit Klapptelefonen, die sie wie Pfadfinder in Lederetuis an ihren Gürteln angebracht haben. Aber sie sind energisch. Sie kennen sich mit einem Bridgeblatt aus – und vermutlich auch noch mit vielem anderen. Wie viele kollektive Kompromisse und gebrochene Herzen finden sich hier zusammen? Manche haben ihre Ehepartner betrogen oder sie nie geliebt; manche haben ihren Kindern das Rückgrat gebrochen; einige waren zweifellos selber gebrochen. Wie viele Zementsäcke gab es da?

Drinnen sind schnell alle Tische besetzt, und es ist wie bei der Reise nach Jerusalem. Meine Mutter und ich sorgen für Plätze mit einem Mann und einer Frau, auch wenn unklar ist, ob die beiden ein Paar sind. Nur als der Mann einen Fehler macht, zeigt sie ihm die Krallen, weshalb ich mir denke, dass sie verheiratet sind. Ich kann nicht sagen, ob es an unseren Karten liegt, aber wir reizen, und dann gewinnen wir drei von vier Spielen. Als Nächstes spielen wir mit Bea und ihrem Partner. Sie stellt uns vor, und wir plaudern ein wenig, aber als die Glocke ertönt, geht es geschäftlich zu. Ich bin an der Reihe, und als ich mein Blatt ansehe, habe ich genau dreizehn Punkte und fünf Pik, einschließlich Ass, König und Dame als Figuren.

»Ein Pik«, sage ich zuversichtlich.

»Ein Pik, sagst du«, antwortet meine Mutter konspirativ und streicht mit dem Fingernagel über den Kartenfächer, als sei es ein Glissando von Liberace.

Wir gewinnen dieses und dann noch weitere Spiele, ehe wir an den letzten Tisch wechseln, wo meine Mutter eine Frau wiedererkennt, die sie vor hundert Jahren mal kannte, und sie plaudern ein Weilchen. Sie flüstert mir zu, dass sie später noch etwas dazu sagen wird, was darauf schließen lässt, dass die Frau eine schwierige Nummer ist.

Insgesamt gewinnen wir die Hälfte unserer Spiele, und inzwischen sind wir sehr gut aufeinander eingespielt. Das Bridge hat ein Team aus uns gemacht. Drei Stunden später verlassen wir tatsächlich in guter Verfassung das Seniorenzentrum.

»Wir waren nicht die Schlechtesten«, sage ich.

»Weit entfernt. Du bist wirklich gut, Betsy. Du bist viel besser, als du denkst.«

»Würdest du wieder mit mir spielen?«

»Auf jeden Fall«, sagt sie.

Draußen ist es noch hell, aber inzwischen ist es kühler geworden. Als wir über den Parkplatz gehen, sieht mich meine Mutter an: »Willst du dir nicht den Mantel zuknöpfen?«

Danksagung

An allererster Stelle danke ich den Bridgedamen: Bette Horowitz geb. Cohen, Jackie Podoloff geb. Brody, Beatrice Phillips geb. Bernstein, Rhoda Meyers geb. Freedman und Roz Lerner geb. Cohen. Sie haben mich in ihrem Bridgeclub willkommen geheißen, sie haben mich jeden Montag zum Lunch und zum Bridge eingeladen, sie haben sich immer wieder zu Gesprächen bereitgefunden und mich in ihrer Runde mitspielen lassen. Dies war eine große Ehre.

Ich bin auch den Bridgetöchtern dankbar, die mit mir über ihre Erinnerungen an den Bridgeclub gesprochen haben: Lisa Podoloff Boles, Davi Horowitz, Amy Horowitz, Nancy Phillips Meredith und Beth Meyers Stubenhaus. Und Dick Podoloff, der immer ein begeisterter Teilnehmer war.

Meine Schwestern Gail Lerner und Nina Palmer hatten Zeit für mich und haben Erinnerungen mit mir geteilt. Beide haben mich bei diesem Projekt enorm unterstützt, zahlreiche Entwürfe gelesen und mich ermutigt. Ich danke euch beiden sehr.

Kollegen und Freunde, denen ich auch zutiefst dankbar bin, sind Amy Williams, Caron Knauer, Leah Hager Cohen, Sylvie Rabineau, Georgina Morley, Mizzi Vander Pluijm, Erin Hosier, Jennifer Carlson und Henry Dunow. Ich bin Rosemary Mahoney zu Dank verpflichtet, die wieder einmal ihren scharfen Verstand und Stift eingesetzt hat.

Meine Praktikanten Casey Blue James, E-Lynn Yap, Arielle Datz und Ana Barros haben mir im Laufe der Jahre enorm geholfen. Meinen Lehrern, die mir beim Spielen ein Stück weitergeholfen haben, danke ich: Ellen Friedman, Al Pol, Barbara Bayone, Jeff Bayone und Wendy Frieden. Mein größter Dank aber geht an Jess Jurkuvic, denn durch sein Fachwissen, seine Freundschaft und seine Gabe, dieses komplexe Spiel zu erklären, konnte ich es allmählich verstehen.

An meine Bridgefreunde: Barbara und Bernard Barkin, Anne Dailey, Jack Hitt, Rick Prum, Tina Pohlman, Dan Greenberg, Simon Lipskar, Eamon Dolan und Matty Goldberg. Danke, dass ihr mit mir gespielt habt. ;)

Ich bin meinem Agenten, David Black, enorm dankbar. Als Kollegin kann ich nur sagen, dass seine Begleitung in diesem Prozess für mich sehr inspirierend war. Seine Freundschaft, seine Unterstützung, sein Durchhaltevermögen, seine Kompetenz und Intensität erstaunen mich seit unserem ersten Telefongespräch. Mein Dank geht auch an die wunderbaren Mitarbeiter der Black Agency: Susan Raihofer, Sarah Smith, Jenny Herrera und Sarah Paolantonio.

Karen Rinaldi: danke! Selbst wenn ich manchmal froh gewesen wäre, wenn du aufgegeben hättest, bist du drangeblieben. Du hast mich gedrängt und herausgefordert und angespornt, und ich bin so dankbar für dein sorgfältiges Lektorat. Auch wir waren ein gutes Team. Danke, dass du an die Damen geglaubt hast, und auch an mich. Ich möchte ebenso Hannah Robinson erwähnen, eine außergewöhnliche Assistentin – alias Buffy die Vampirin –, die schon bald ein Unternehmen leiten sollte. Danke für alles. Das ganze Team von Harper hat mich unglaublich unterstützt und war sehr kreativ. Danke an Victoria Comella, Brian Perrin, Penny Makras, Tina Andreadis, Kathy Schneider, Virginia Stanley, Milan

Bozic, Bill Ruoto, Nikki Baldauf, Jonathan Burnham und Michael Morrison.

Nicht zuletzt danke ich meiner Tochter Raffaella Sweet, die einen sehr strengen Maßstab angelegt hat, groß herauszukommen oder abgelehnt zu werden. Und meinem Mann John Donatich, der mir mit Rat und Tat zur Seite stand, jeden einzelnen Entwurf gelesen und mir unermüdlich mein Bestes abverlangt hat. Und dafür hätte ich ihn meistens am liebsten umgebracht.

Elizabeth Strout

Die Unvollkommenheit der Liebe

Roman

208 Seiten, btb 71657
Aus dem Amerikanischen von Sabine Roth

**Eine Geschichte über Mütter und Töchter und über
die Liebe, die, so groß sie auch sein mag,
immer nur unvollkommen sein kann.**

Als die Schriftstellerin Lucy Barton längere Zeit im Krankenhaus
verbringen muss, erhält sie unverhofften Besuch von ihrer
Mutter, die sie seit Jahren nicht mehr gesehen hat. Zunächst ist
sie überglücklich. Doch mit den Gesprächen werden
Erinnerungen an ihre Kindheit wach, die sie längst hinter
sich gelassen zu haben glaubte ....

»Meisterhaft. Leidenschaftlich, heftig, klar.
So gut, dass ich Gänsehaut bekam.
Eine der besten Schriftstellerinnen Amerikas.«
Sunday Times

btb